Thomas Schultze und Almut Gross

# Die Autonomen

## Ursprünge, Entwicklung und Profil der Autonomen



Konkret Literatur Verlag

Umschlaggestaltung: Peter Albers
Umschlagfoto: PAN-FOTO/Marily Stroux
Satz: H & G Herstellung, Hamburg
Druck: Fuldaer Verlagsanstalt, Fulda
ISBN 3-89458-154-9

# Inhalt

# Einleitung

Die Autonomen bzw. autonome Gruppen treten seit Mitte der 70er Jahre und – auffälliger – seit der Hausbesetzerbewegung 1980/81, in der sich auch Frauen- und FrauenLesben-Gruppen bildeten, in der BRD in Erscheinung und sind seitdem (oder waren) ein wichtiger Bestandteil der radikalen, außerparlamentarischen Systemopposition. Trotz der erheblichen Resonanz, die die Autonomen in den Medien und bei Politikern finden, ist über ihre Struktur, Schwerpunkte der politischen Arbeit, revolutionären Konzepte, Strategien und Utopien wenig bekannt.

Das durch die Medien und Politiker transportierte Bild von den Autonomen reduziert diese auf »reisende Gewalttäter«, »Gewaltdesperados« und »Chaoten des Schwarzen Blocks«. Häufig geht die Berichterstattung so weit, daß das eigentliche Thema von Protesten aufgrund der Tatsache, daß Autonome daran beteiligt sind, völlig ausgeblendet wird, wie z. B. anläßlich der Castor-Transporte ins Wendland Anfang März 1997. Die »Gewaltfrage« wird so, völlig unhinterfragt, mal wieder zum Dreh- und Angelpunkt von Aktionen und bestimmt das Bild von den Autonomen.

Das staatliche Interesse an diesem Bild ist eindeutig. Nichts würde den Staat und seine männlichen Vertreter mehr in die Legitimationskrise stürzen als die massenhafte Aufkündigung der Staats/Männerloyalität und die Nichtanerkennung des staatlichen Gewaltmonopols. Um Diskussionen über die Ursachen anti-staatlichen und anti-patriarchalen Widerstands in der bürgerlichen Gesellschaft zu vermeiden, die das gesamte System delegitimieren könnten, wird sozialer Protest, der sich auch militant ausdrückt, entpolitisiert, kriminalisiert und der Repression ausgesetzt. Radikaler Protest und Widerstand werden so isoliert.

Allerdings haben die Autonomen, entgegen ihres propagierten Anspruchs, durch die mangelnde Vermittlung ihrer Vorstellungen in weitere Bevölkerungsteile, durch ihr teilweise martialisch-männliches Auftreten und die Abgrenzung gegenüber anderen Protestgruppen und Widerstandspotentialen selbst zu ihrer Isolation und Reduktion auf die Militanz beigetragen.

Das Interesse dieses Buchs besteht darin, aufzuzeigen, daß die Autonomen mehr sind als der »Stein in der Hand« und die »Haßkappe vor dem Gesicht«, da Militanz nur ein Bruchteil autonomen Politikverständnisses ist. Dahinter stehen Diskussionen um Strategien, Organisierung, Interventionsmöglichkeiten, Aktionsfelder, Lebensformen und interne Auseinandersetzungen. Letztere betreffen sowohl system- als auch der autonomen Bewegung immanente Hierarchien, Rassismen, Ausbeutungs- und Unterdrückungsmechanismen.

Ein weiteres Anliegen ist es, die Hintergründe und Motive der einzelnen und der Gruppen für Widerstand, der heue so nötig ist, etwas zu erhellen, nicht immer wieder bei A anzufangen und bloß den Niedergang der Linken zu beweinen.

Wenn hier die Geschichte der Autonomen und autonomen FrauenLesben zusammengetragen wird, geschieht dies, um eine kritische und reflektierte Auseinandersetzung zu ermöglichen. Nur in dem »offenen Versuch«, sich über die eigene Geschichte bewußt zu werden, über die Hinterfragung des eigenen Politikverständnisses und der Handlungsgrundlagen, über die Bündelung von Strategien, Motiven, Utopien sowie durch die permanente soziale Konfrontation mit dem eigenen Fehlverhalten in bezug auf den Umgang mit Frauen oder Ausländern, insbesondere Nicht-Weißen, und die Vermittlung von Erkenntnissen an jüngere Generationen kann sich Widerstand entwickeln und konsolidieren. So ließe sich, möglicherweise, mittelfristig die vielbeschworene rechte, kulturelle Hegemonie – forciert in den Medien, getragen von einem völkischen Konsens und auf der Straße ausgedrückt in rassistischen und sexistischen Attacken und Pogromen – brechen und ein Gegenpol setzen.

Die Autonomen waren in ihrer Erscheinungsform ein Abbild der fordistischen Gesellschaft und durch diese geprägt. Sie waren Nachfolger der im »Deutschen Herbst« 1977 zerschlagenen oder integrierten Linken. Herrschaftsformen und Widerstandspotentiale sind in ihren jeweiligen Ausprägungen Ausdruck von Aktion und Reaktion in Wechselwirkung. So wie sich Herrschaftsformen durch Widerstand von unten verändern, so antworten auch Widerstandspotentiale auf sozio-ökonomische Herrschaftsstrukturen und sind dem Wandel unterworfen.

Da die autonome Bewegung nur sehr unwillig auf die Veränderungen seit 1989 reagierte, erlitt sie einen starken Substanzverlust. Der triple-oppression-Ansatz, die Organisationsdebatte oder die mit der Frage nach Theorie und Praxis des Antifaschismus verbundenen Analysen des Zustands der BRD-Gesellschaft zeigen jedoch, daß die autonome Bewegung weitaus lebendiger ist als andere Teile der Linken. Die Mobilisierungen nach Wurzen, Gorleben oder Hellersdorf belegen dies, auch wenn sie Einzelfälle im Vergleich zu früher darstellen und nicht abschließend bewertet werden können.

Letztlich ist es aber gleichgültig, ob das Etikett »autonom« bleibt, wichtig ist vielmehr, ob relevanter linker Widerstand von Frauen und Männern, mit oder ohne deutschen Paß, praxisfähig ist und sich artikulieren und über die internen Differenzierungen hinaus verbreitern kann.

Der Umfang dieses Buchs war auf etwa 200 Seiten festgelegt – die zugrundeliegende Diplomarbeit umfaßt hingegen 300 Manuskriptseiten. Neben den Kürzungen wurden Aktualisierungen vorgenommen und das gänzlich neue Kapitel über autonome Frauen und FrauenLesben geschrieben. Da die Einfügung des Frauen-Kapitels in den gemischten, aber männerzentrierten Teil einer eigenständigen Position autonomer FrauenLesben innerhalb des autonomen Spektrums nicht gerecht wird, steht der Beitrag für sich. Daß dieses Kapitel den hinteren Teil im Buch einnimmt, ergibt sich aus seinem Gesamtaufbau und auch aus der Tatsache, daß die Autonomen eine Bewegung sind, die primär von männlichen Mustern bestimmt wird. Aufgrund der unterschiedlichen Schwerpunkte des Frauen- und Männerteils wurden zwei getrennte Resümees verfaßt. Im männlich-gemischten Teil wurde auf die Schreibweise mit großem I verzichtet, was allerdings nicht bedeutet, daß der Anteil der Frauen nicht stets präsent blieb.

Die Literatur speziell zu den Autonomen setzt sich vorwiegend aus Zeitschriften, Broschüren, Flugblättern, Reader u. ä. zusammen, die die Grundlage unserer Arbeit bilden (im Literaturverzeichnis wurden allerdings weiterführende Publikationen mitaufgenommen) und als Quellen, soweit verifizierbar, angegeben werden, um auch zum Weiterlesen zu animieren (Zitate wurden originalgetreu übernommen).

Darüber hinaus flossen selbstverständlich die aus persönlichen Erfahrungen sowie Interviews gewonnenen Ansichten in den Text ein. Bei der Heterogenität autonomer Sichtweisen erhebt das Buch keinen Anspruch auf allgemeingültige Repräsentanz der Autonomen.

Hamburg im März 1997 Thomas Schultze und Almut Gross

# 1. Zum geschichtlichen Hintergrund: der Fordismus, das sozialdemokratische »Modell Deutschland« und die Neuen Sozialen Bewegungen

Fordismus wird verstanden als eine spezifische Akkumulationsdynamik des Kapitals, seiner Regulation und Instanzen. In diesem Akkumulationsmodell erweitert sich die Rolle des Staats hin zu einem »ideellen Gesamtkapitalisten« (Brand/Rüsser/Rucht; 1986: 22), der in bisher außerökonomische und private Bereiche der Gesellschaft eindringt und alles, von Sexualität über Psyche bis hin zur Phantasie aggressiv vermarktet, sprich durchkapitalisiert. Dieser nahezu vollständig warenförmig strukturierte Reproduktionsbereich, das Konsummodell, hat eine normative Wirkung auf die Gesellschaft, indem es die mit der Restrukturierung des Kapitalismus einhergehenden Desintegrationstendenzen (Auflösung alter Sozialmilieus, Individualisierung u. a.) abfangen und gleichzeitig neue Absatzmärkte erschließen soll.

Tatsächlich wurden jedoch immer mehr Menschen durch die Umstrukturierungen im Produktions- und Reproduktionsbereich marginalisiert, die BRD-Gesellschaft konnte allein durch das Konsummodell nicht zusammengehalten werden. Der aus den Fugen geratene gesellschaftliche Zusammenhang mußte deshalb in zunehmendem Maße über staatsbürokratische Administrationen gesichert werden, um die Folgen der Desintegration zu verhindern bzw. ihnen entgegenzusteuern. All diese keynesianischen Maßnahmen – in Form von Kontrollen, aber auch Sozialleistungen – machen die Durchstaatlichung aus, die heutzutage, auf dem Weg zum Toyotismus und zur Dienstleistungsgesellschaft sowie im Zeichen massiven Sozialabbaus, kaum noch zu dämpfen, vielmehr zu kontrollieren versucht.

Dysfunktionale Entwicklungen, d.h. Spaltungs- und Marginalisierungsprozesse auf verschiedenen gesellschaftlichen Ebenen, sind gewissermaßen in der Logik des Systems von Durchkapitalisierung und Durchstaatlichung angelegt. So gesehen produzierte der Fordismus seinen Widerstand zum Teil selbst.

Als die fordistische Akkumulationsstrategie im sozialdemokratischen »Modell Deutschland« Mitte der 70er Jahre in eine Krise geriet und diese auf fast alle Bereiche der Gesellschaft übergriff, ließ die Staatsloyalität vieler, v. a. jüngerer Menschen, drastisch nach, und es entstanden Neue Soziale Bewegungen (im folgenden mit NSB abgekürzt). Diese durchaus heterogene soziale Basis agierte als außerinstitutionelle und außerparlamentarische, als autonome Systemopposition, und zwar hauptsächlich im Reproduktionssektor im Kampf gegen die Folgen der verschärften Restrukturierungspolitik. Die NSB sind weder dem Kontext der Arbeiterbewegung erwachsen noch konnten sie auf bestimmte Theorien und Parteien (wie SPD oder KPD) oder auf die gemeinsame Erfahrungswelt eines geschlossenen Sozialmilieus zurückgreifen.

Der Fordismus prägte neue Subjektstrukturen aus, die Identität stellte sich nunmehr wesentlich über Konsum her. Da also die Wertigkeit eines Menschen von seinem Anteil am Konsumprozeß abhängig gemacht wird, erfährt jeder jeden als Kontrahenten: am Arbeitsplatz, beim Einkaufen, auf dem Wohnungsmarkt etc. Der fordistische Individualisierungsschub führte demnach keineswegs zu individuellen Werten, Bedürfnissen und Verhaltensweisen der Bürger, sondern zu sozialer Isolation, Normierung, Standardisierung, Kompetenzenteignung, Fremdbestimmung bei der Arbeit und in der Freizeit sowie zu bürokratischer Regulierung und Überwachung.

Diese Form der Subjektprägung schuf neue Probleme und – zusammen mit der neuen Sozialstruktur der Bevölkerung – neue Akteure, d.h. eine neue Trägerschaft des Protests. Das bedeutet allerdings nicht, daß derartige Veränderungen in der Gesellschaft zwangsläufig zur Thematisierung von Konfliktfeldern und Entstehung von NSB führen. Es müssen mehrere mit den Entwicklungsphasen des kapitalistischen Systems in Verbindung stehende Momente zusammenwirken (s. Hirsch/Roth; 1986:194f.):

1. Krise: Die Entwicklung der NSB Mitte der 70er Jahre steht in einem systematischen Zusammenhang mit den Krisenerscheinungen des Fordismus, indem die NSB auf strukturelle Folgelasten der herrschenden Produktionsweise in bezug auf Umwelt, Sozialmilieus und Lebensweisen sowie auf die nachlassende politische und kulturelle Integrations- und Vermittlungskraft der politischen Regulationsformen reagierten.

2. Ressourcensteigerung: Die NSB knüpften an die individuelle Ressourcensteigerung (Schul- und Hochschulreform) des Fordismus an, die dieser zur Durchsetzung seiner Produktionsweise benötigte und die nicht-intendierte »überschießende Faktoren« beinhaltete (Hirsch; 1986:151). Freizeit, Bildung, Einkommen und sozialstaatliche Absicherung erwiesen sich als notwendig für ein dauerhaftes nicht-institutionelles Handeln.

Entscheidend ist also ein Zusammentreffen von Krisenerfahrungen und erweiterten individuellen Ressourcen.

3. Selbsterzeugung: Die NSB entstanden in einem Prozeß der Selbsterzeugung, in dem sie gemeinsame Deutungen, Organisationsformen, kulturelle Praktiken und Symbole entwickelten. Es bildeten sich neue kollektive Identitäten heraus, die sich durch Sub- und Gegenkultur, Netzwerke, Treffpunkte, neue Sozialmilieus und eine Vielfalt von Organisationsformen stabilisierten.

4. Politische Kultur: Soziale Bewegungen bringen ausgegrenzte Interessen, Erfahrungen und Betroffenheiten gegen eine politisch dominante Kultur zur Geltung und erweitern den herrschenden Politikbegriff, indem sie die Politisierung dieser persönlichen Motive fördern. Weil sie andere Interessen verfolgen, geraten sie notwendigerweise in Konflikte mit Verbänden, Parteien und Instanzen des Staatsapparats. Für ihre Entfaltung benötigen soziale Bewegungen entweder ein legales oder ein zeitweise zugestandenes Terrain (sog. Freiräume), das die »sozialen Kosten« für die Akteure kalkulierbar macht und das Überleben der Bewegung ermöglicht.

5. Lernprozeß: Soziale Bewegungen entwickeln sich prozeßhaft. »Die sozial-strukturellen und politisch-institutionellen Rahmenbedingungen lassen alternative Definitionsformen zu, vor allem, wenn es den Bewegungen gelingt, eigene Öffentlichkeiten auszubilden, die kollektive Lernprozesse tragen können.« (Hirsch/Roth; 1986:194f.)

Die NSB resultieren also einerseits aus den Krisen des Fordismus-Konzepts und Wohlfahrts- und Sicherheitsstaats, dem – gescheiterten – sozialdemokratischen »Modell Deutschland«, und andererseits aus der Verarbeitung und Umsetzung der heterogenen individuellen Krisenerfahrungen.

Die Geschichte dieser neuen (neu sind kollektive Lebensbedrohungen, Identitätsverlust und sinkender materieller Wohlstand) alltäglichen Krisenerfahrungen nimmt ihren Anfang eher im Reproduktions- als im Produktionsbereich. Schon die erste Phase des allgemeinen Massenkonsums traf auf Unbehagen hauptsächlich intellektueller Gruppen, deren Kulturkritik im anhaltenden »Wirtschaftswunder« jedoch kein Gehör fand. Es herrschte das Bild einer relativ widerspruchsfreien »eindimensionalen Gesellschaft« (Marcuse; 1969:40). Erst als die Grenzen und Folgekosten des »Wirtschaftswunders« 1966/67 deutlich wurden und eine Sättigung des Grundbedarfs bei fortschreitender Produktionsdifferenzierung eintrat, fanden kulturkritische Analysen der bestehenden Gesellschaft (zuerst bei der »Provokationselite« der Studenten Ende der 60er Jahre) größeren Anklang. Die Zurichtung des Alltags auf fordistische Produktions- und Reproduktionsbedürfnisse wurde zu einem zentralen Kritikpunkt der sog. Achtundsechziger.

In der Krise jener fordistischen Verwertungsstrategie zerbrach schließlich die politisch-kulturelle Verbindlichkeit der fordistischen Vergesellschaftung und ihr massenintegrativer Charakter. Marginalisierungstendenzen, das Herausfallen aus der Zugewinngemeinschaft des Produktionspakts, die Zunahme von »Armutsinseln« und die Entkoppelung von Bildungs- und Beschäftigungssystem machten die individuell erfahrbare Zukunftsperspektive des Fordismus zweifelhaft. Des weiteren wurden ökologische Forderungen zugunsten arbeitspolitischer und v. a. profitorientierter Erwägungen vernachlässigt, und die Bedürfnisse nachkommender Generationen und der nach Gleichberechtigung strebenden Frauen blieben unbefriedigt und provozierten neue Konflikte (Hirsch/Roth; 1986:200). Zu den Zersetzungserscheinungen »vor Ort« kamen Gefährdungen globalen Ausmaßes: atomare Bedrohung, Verelendung des Trikonts, imperialistische Kriege. Die Katastrophen des vermeintlichen Fortschritts, die durch zum Teil neue Technologien (Atomanlagen, Chemiewaffen) herbeigeführt werden, Folge von Ressourcenverschwendung sind, internationale Ausbeutungsverhältnisse einschließen und sich aus der Dominanz des »globalen Fordismus« ergeben, verstärkten die Unsicherheiten und Überlebensängste in der Bevölkerung.

Diese Gefahren und Bedrohungsgefühle der Menschen erzeugten resp. verstärkten deren Skepsis gegenüber dem Modernisierungsprozeß und seinen Legitimationsgrundlagen und wurden zum eigentlich neuen Konfliktzentrum in der Gesellschaft. Jedoch fand die Verarbeitung der vielschichtigen Krisenerfahrungen zunächst individuell statt, in vereinzelten, »negativen«, fragmentierten Identitäten (Hirsch; 1986:101) – und nicht in Formen kollektiver Gegenwehr mit Gestaltungsansprüchen. Aus dem Blickwinkel individueller Betroffenheit blieben die meisten Menschen passiv. Nur langsam entwickelten sich auch auf Veränderung drängende Ansprüche und neue soziale Bewegungsmilieus, die politische Orientierung boten, Rückhalt gaben und kollektive Identität vermittelten.

Solche Bewegungen gewinnen v. a. dort an Stärke und Dauerhaftigkeit, wo der Klassenkonflikt institutionalisiert, der Wohlfahrtsstaat ausgebaut, die Rechts/Links-Polarisierung im Parteiensystem gering ist, kommunistische oder linkssozialistische Gewerkschaften fehlen und die politische Kultur gegenüber neuen Themen abgeschottet ist (Hirsch/Roth; 1986:213f.).

Als Gemeinsamkeit von sozialen Bewegungen in westlichen Gesellschaften gilt eine individuelle Mobilisierung als Folge eines moralischen Bewußtseins, das eher defensiv ausgerichtet ist auf die Erhaltung von sozialen und politischen Errungenschaften der jüngsten Vergangenheit und auf die Sicherung des Überlebens gegen administrative Eingriffe und Gefährdungen (Frank/Fuentes-Frank; 1990:174ff.). Soziale Bewegungen entwickeln sich hauptsächlich aus den durch die wirtschaftliche Umstrukturierung größer gewordenen Mittelschichten, die nach mehr Autonomie vom Staat streben und sich eine eigene Lebenswelt aufgebaut haben.

Es lassen sich folgende Merkmale und Widersprüche der NSB konstatieren (Hirsch, in: Breyvogel; 1983:93ff.):

– Sie sind nicht programmatisch geschlossen, sondern sehr heterogen, da die einzelnen Bewegungen unterschiedliche Ansatzpunkte haben und sich auf unterschiedliche gesellschaftliche Konflikte beziehen.

– In die Bewegungen sind gesamtgesellschaftliche Konflikte eingebaut (z.B. das Frau-Mann-Verhältnis), ohne programmatisch vorentschieden zu sein.

– Bewegungen wie z.B. die Hausbesetzer-Szene sind in hohem Maße an Symbolen orientiert, wobei in diesem Fall hinter dem Haus um des Wohnens willen auch der Protest gegen Kahlschlagsanierung und Spekulantentum sowie der Kampf für alternative Formen des Zusammenlebens stehen. Darüber hinaus haben Symbole wie die Startbahn-West die Funktion, innere Widersprüchlichkeiten von Teilbewegungen in bezug auf Militanz oder Organisation aufzuheben oder wenigstens gleichberechtigt nebeneinander bestehen zu lassen.

– Ein neuer Politikbegriff hält Einzug, der Bedürfnisse, Subjektivität, Geschlechterrolle und Formen des Zusammenlebens thematisiert. Dadurch sind Bewegungen untereinander durchlässig und relativ offen für viele Menschen, die diese Themen berühren. Verschiedene Interessen treffen zusammen, aus denen sich neue Gemeinsamkeiten ergeben, für die es sich zu kämpfen lohnt.

– Zu den Widersprüchlichkeiten zählen ein entpolitisierter Begriff von gesunder Natur, neue Mütterlichkeit, das Sich-Einrichten in Nischen des Arbeitsmarkts oder die Förderung von Sozialstaatsabbau durch Selbstinitiative im sozialen Bereich.

Es kann also eine zunächst individuelle Betroffenheit im Verbund mit neuen sozialen Strukturen zu kollektiven, situativen Bedürfnisdefinitionen führen, die in eine soziale Bewegung münden. So gesehen handelt es sich, auch bei den Autonomen, um kulturrevolutionäre »Suchbewegungen«: nach neuen – kollektiven – Identitäten und Lebensformen, nach neuen Deutungsmustern, »Sinn des Seins« außerhalb des Akkumulationsmodells, und um emanzipative »Abwehrbewegungen«: gegen administrative und industrielle Eingriffe in das Privatleben und den sozialen Raum, gegen besondere Risikofaktoren oder gruppenspezifische Belastungen und Zumutungen.

NSB kämpfen um den Erhalt bzw. die Wiederaneignung von Lebenswelten, verstanden als der Bereich, in dem gegenkulturelle Entwürfe und reformierte, selbstbestimmte, um nicht zu sagen autonome Lebensweisen zu neuen sozial-moralischen Milieus heranreifen können. Die Proklamation vom Anspruch auf ein selbstbestimmtes Leben in besetzten Häusern stellt in exemplarischer Weise diese Suche nach einem alternativen Regulationsmodell dar, bei dem sozial-moralischen Maßstäben der Vorrang vor politischen und wirtschaftlichen »Sachzwängen« der Subsysteme gegeben wird.

Die Lebenswelt und der Sozialraum »Stadtteil« gewinnt als Identifikationsort an Wert. Intakte lokale Bewegungsmilieus mit einer angelagerten, vermittelnden Kultur sind für die Entstehung, Stabilität und das Überleben in »Durstphasen« von sozialen Bewegungen dringend notwendig. Eine Infrastruktur von Kneipen, Info-Treffs, Alternativläden, Food-coops, besetzten Häusern, Wohngemeinschaften, Selbsthilfegruppen, Sport- und Auftrittsmöglichkeiten für Musikgruppen etc. bildet das Rückgrat, worüber Mobilisierungsschübe ausgelöst, Themen formuliert und Aktionen organisiert werden.

Wo diese sozialen Milieus fehlen, bleiben soziale Bewegungen kurzfristig und verschwinden bei Erfolg oder Nichterfolg einer Kampagne wieder. Sind die sozialen Milieus vorhanden, kann eine Bewegung in ihrer Infrastruktur »überwintern«, ihre Netzwerke ausbauen, kulturell experimentieren und ihr politisches Engagement vertiefen. Nur eine gewisse Alltäglichkeit in alternativen Strukturen und in unkonventionellen Lebensformen ermöglicht die Konsolidierung einer oppositionellen Identität (sei sie nun individuell oder kollektiv) und einer sozialen Bewegung.

Je größer die Repression und Marginalisierung sind, desto stärker kann der Zusammenhalt von sozial-moralischen Gruppen und deren Identitätsgefühl werden. Aus der Zugehörigkeit zu einer abgesonderten Szene, d.h. durch die Identifikation mit dem Stigma und durch die Verweigerungshaltung gegenüber gesellschaftlich geforderten Anpassungsleistungen und Rationalitäten, kann eine sog. »negative Identität« (Homuth; 1987:106) erwachsen. Analog dazu lassen sich »negative Sozialräume« bestimmen (vgl. Rucht; 1984). Beispiele sind die Standorte von AKW, WAA und Endlagerstätten für Atommüll, Flughafenprojekte oder Militäreinrichtungen, denn hier wird die geballte räumliche Gewalt von ökonomischer, technokratischer und administrativer Staatsmacht sichtbar, wobei Großverbände der Industrie kraft ihrer gesellschaftsgestaltenden Macht als Repräsentanten der Staatsmacht gelten. Die Orte wurden stets auch exemplarisch-symbolisch genutzt, um die Unmenschlichkeit des herrschenden Systems aufzuzeigen und anzuprangern. Diese negativen Sozialräume spielen, wie noch dargestellt wird, in der Entwicklung der Autonomen eine wichtige Rolle und zählen zu ihren Hauptaktionsfeldern.

Der politisch-theoretische Rahmen sozialer Bewegungen reicht vom entideologisierten Ökologiebewußtsein über feministische Emanzipationsforderungen und eine neue Unmittelbarkeit, die ihre Chance auf radikale Veränderung v. a. auf das »Selbst« reduziert und diese sofort verlangt, bis zu kritischen Diskussionen über Konsum, Industrialismus, Rationalismus, Patriarchat und die Ausbeutung des Trikonts. »Das ideologische Spektrum ist ebenso heterogen, wie für den einzelnen unverbindlich geblieben ...« (Hirsch/Roth; 1986:203) Die Toleranz gegenüber schnellen politischen Orientierungwechseln und Begründungszusammenhängen ist groß (Hirsch/Roth; 1986:203).

Auch wenn die kritischen Gesellschaftsanalysen der meisten sozialen Bewegungen dem Grundgehalt eines linken, antikapitalistischen Selbstverständnisses entsprechen, tritt die Zuordnung linkspolitischer Etiketten (trotzkistisch, maoistisch, marxistisch, anarchistisch etc.) als gemeinsamer Bezugspunkt hinter die Thematisierung globaler und nationaler ökonomischer, technischer, kultureller und ökologischer Probleme zurück. Diese Entwicklung entideologisierte zwar viele Bewegungen, schuf aber gleichzeitig ein größeres, schichtübergreifendes Mobilisierungspotential – entlang von »Risikobetroffenheit« und quer durch heterogene Gesellschaftskonflikte, die nicht nur ein gesellschaftliches Subjekt, sondern im Prinzip alle betreffen.

Ob sich eine offensive Gegenkultur wie bei den Hausbesetzern oder der Rückzug ins Private, auf den eigenen Körper oder gar ins Übersinnliche, d.h. eine neue Innerlichkeit als »defensive« Gegenkultur durchsetzt, scheint von noch nicht näher erforschten Bewegungszyklen abzuhängen. Fest steht, daß es zwischen den heterogenen Bewegungsmilieus kein gemeinsames oppositionelles Selbstverständnis gibt.

Neben der politischen zieht sich in zunehmendem Maße eine soziale Heterogenität durch die Szene, und zwar zwischen den Akteuren der Bewegung, die in relativer Reproduktionssicherheit leben, und denen, die durch die Krise des fordistischen Wachstumsmodells eine erzwungene Marginalisierung und erhöhte Reproduktionsunsicherheit (Geld, Wohnung u.a.) erleiden. Einer alternativ-kollektiven, teilweise professionalisierten Unternehmerschicht, die sich nur schwer den staatlichen Integrations- und Instrumentalisierungsleistungen entziehen kann, steht eine größere und wachsende Schicht in der »Scene« der Bewegungsmilieus gegenüber, die einzig und allein auf die Aneignung materieller Existenzgrundlagen (vorzugsweise durch Hausbesetzungen, Kaufhausdiebstahl oder Sozialhilfebetrug) ausgerichtet ist. Die sozialen Differenzen sind also mitverantwortlich für die unterschiedlichen (politischen) Handlungsweisen der Akteure.

Zusätzlich zum äußeren Druck birgt diese soziale Heterogenität einen inneren Sprengstoff zwischen der arrivierten älteren und der nachdrängenden jüngeren Generation innerhalb der alternativen Milieus und bietet darüber hinaus dem Staat Ansatzpunkte zur Ausgrenzung, Spaltung, Kriminalisierung und Ghettoisierung einzelner Bewegungsteile, wie z. B. den Autonomen. Das führt häufig zur Selbstghettoisierung der betroffenen Gruppen und bestimmt ihre Motivation und Aktionsformen.

Im folgenden soll aufgezeigt werden, wie sich autonome Gruppen in diesen heterogenen Bewegungsmilieus entwickelten und wie ihre Themen und ihre spezifische Praxis von den Konflikten der fordistischen Vergesellschaftung und von den NSB abhingen resp. sie umgekehrt beeinflußten.

# 2. Politische Vorläufer und reale Gründe für die Entstehung der autonomen Bewegung

Wie jede andere politische Bewegung knüpfen auch die Autonomen an politische Ideologien und Formen der Auseinandersetzung ihnen vorhergehender Strömungen und Organisationen an, modifizieren und transformieren sie. Um die Bezugspunkte der Autonomen zu den NSB klären und sowohl ihre spezifischen politischen Vorstellungen als auch ihre handlungsstrategischen Perspektiven diesen gegenüber abgrenzen zu können, ist es nötig, die politische Entwicklung der den Autonomen vorhergehenden Bewegungen darzustellen. Die ideengeschichtliche Entwicklung der Autonomen in Wechselwirkung mit gesellschaftlichen Vorkommnissen bestimmt sie sodann als besonderer Teil und eigenständige Gruppierung der NSB.

Wenn auch kein exakter Zeitpunkt der Entstehung, kein alleiniger Ursprung der Autonomen angegeben werden kann und ihre Entwicklung nicht als stringent zu betrachten ist aufgrund lokaler bzw. überregionaler Ungleichzeitigkeiten und unterschiedlichster politisch-theoretischer Ansätze, soll hier doch versucht werden, ihre entscheidenden politischen Vorläufer und die realen Gründe für ihr Zustandekommen herauszuarbeiten.

## Politische Vorläufer

### Der Sozialistische Deutsche Studentenbund (SDS) und die außerparlamentarische Opposition (APO)

Zur Zeit der Notstandsgesetzgebung, der großen Koalition, der ersten großen Wirtschaftskrise und des Vietnamkriegs sowie im Rahmen der Aufarbeitung des Faschismus bildete sich die außerparlamentarische Opposition, die APO. Der Sozialistische Deutsche Studentenbund, der SDS, war in der Phase 1967/68 ihr wichtigster Bestandteil und Antriebsmotor. Insbesondere unter den Antiautoritären innerhalb des SDS und der APO allgemein lassen sich Anknüpfungspunkte zu den Autonomen finden.

Im Gegensatz zu den »Traditionalisten« im SDS, die für leninistische Eliteparteien eintraten und auf die Arbeiterschaft setzten, um die Revolution voranzutreiben, waren die Antiautoritären eher von den Gedanken der kritischen Theorie, des Anarchismus und den Ideen Rosa Luxemburgs beeinflußt. Angestrebt wurde eine Kultur ohne Unterdrückung und repressive Mechanismen, wofür nach Überzeugung der Antiautoritären auch bürokratische Parteiapparate im Sinne Lenins untauglich sind (Langguth; 1983:36). Das Endziel sollte die Zertrümmerung des kapitalistischen Staatsapparats sein. Zu ihrer Durchführung ging die antiautoritäre Revolte von einer Randgruppenstrategie aus (a.a.O.:38). Das heißt, unter Voraussetzung der Manipulationsthese, die unterstellte, daß die Arbeiter über Konsum und Gewerkschaften weitgehend in das kapitalistische System integriert sind und als revolutionäres Subjekt ausfallen, sollten neue revolutionäre (Rand-)Schichten angesprochen werden: nicht ins System integrierte Studenten, deklassierte Intellektuelle, die sich weigerten, in den Apparaten mitzuarbeiten, und ein Lumpenproletariat, das durch die Strukturkrise arbeitslos wurde oder dessen Stellung im Produktionsprozeß gefährdet war. Diese neuen revolutionären Subjekte, erweitert um die Gruppe der nicht der Intelligenz zuzurechnenden Systemverweigerer, kommen den Autonomen recht nahe.

Wenn vom SDS betont wurde, daß auch Randschichten und Arbeiter einbezogen werden müßten, so bedeutete dies jedoch nicht, daß auf das eigentlich revolutionäre Subjekt im Marxschen Sinne, den Proletarier, beim Vorantreiben der Revolution gewartet werden dürfe.

Durch neue, spontane Aktionsformen, wie z.B. Sit- oder Go-ins, sollten breitere Schichten der Bevölkerung für die Anliegen der Studenten mobilisiert werden. Ziel war dabei ein Rätesystem als Form der direkten Demokratie, das allen Menschen – im Gegensatz zur repräsentativen Demokratie – die politische Teilnahme ermöglichen sollte.

Nach Ansicht der Theoretiker des SDS, Hans-Jürgen Krahl und Rudi Dutschke, waren ein neues Bewußtsein, die spontane Selbstkonstituierung (wie z.B. nach der Ermordung Benno Ohnesorgs in Berlin 1967) sowie provokative, regelverletzende Kampfformen unverzichtbar für den revolutionären Prozeß zur Emanzipation der Massen (Kraushaar; 1990:66). Gerade die regelverletzenden Taten wurden zum Schlüsselerlebnis bei der Konstituierung eines neuen Bewußtseins: Die Agitation in der Aktion und die sinnliche Erfahrung der organisierten Einzelkämpfer in der Auseinandersetzung mit der staatlichen Exekutivgewalt wirkten ungemein mobilisierend, trugen damit zur Verbreiterung der radikalen Opposition bei und eröffneten einen Bewußtseinsprozeß für agierende Minderheiten innerhalb der passiven und leidenden Massen (a. a. O.: 66f.).

Die Einheit von Theorie und Praxis, die eine rationale Bewältigung der Konfliktsituationen in der Gesellschaft impliziert, war für die Aktion konstitutiv, denn Aufklärung ohne Aktion bleibt Konsum, und Aktion ohne rationale Bewältigung der Problematik schlägt in Irrationalität um (Geronimo; 1990: 17). Das Vorantreiben des revolutionären Prozesses war also von seiten des SDS im Zusammenwirken direkter Aktionen und politisch-theoretischer Aufklärung und Weiterbildung geplant (Baumann; 1977: 17ff.).

**Autonome Basiskomitees, undogmatische Gruppen u. a.**

Nach dem gescheiterten Kampf gegen die Notstandsgesetzgebung, dem Einmarsch des Warschauer Pakts in die ČSSR 1968 und infolge der Orientierung des SDS an einer Politik der »befreiten Gebiete« und der direkten Aktion kam es an diversen Stellen des ohnehin heterogenen Bündnisses von APO und SDS zu Spaltungen (Brand/Büsser/Rucht; 1986: 68).

Im September 1968 schied die KP-Fraktion aus dem SDS aus. Die in diesem Monat neu gegründete DKP war durch ihre Befürwortung des Einmarschs in die ČSSR diskreditiert und mit ihr diejenigen, die im SDS mit der DKP sympathisierten. Auf der anderen Seite fielen Gruppen aus dem Kuratorium »Notstand der Demokratie« aus dem Verbund heraus – erstens aufgrund der Verabschiedung der Notstandsgesetze und zweitens, weil etliche Gruppen nicht-realisierte demokratische Rechte einklagen wollten, aber nichts mit der zunehmenden Militanz des SDS anzufangen wußten.

Im Zuge der Dezentralisierung von Aktionen über die SDS-Hochburgen hinaus bildeten sich autonome Basiskomitees und Projektgruppen, die unabhängig agierten. Quer zu den Fraktionierungen zwischen den Traditionalisten und Undogmatischen in der APO bzw. im SDS verlief die Abspaltung der SDS-Frauen, deren spezifische Interessen im männerdominierten SDS nicht vertreten waren, und die den Grundstein für die autonome Frauenbewegung legten (Geronimo; 1990:23).

Mit dem Niedergang des SDS und der APO gewannen im Laufe des Jahres 1969 unter dem Eindruck der wilden und legalen Streiks der deutschen Arbeiter die marxistisch-leninistischen Gruppen und Parteien an Stärke, die bereits 1968 auf der SDS-Deligiertenkonferenz ihre Forderungen nach strafferer Organisierung gestellt hatten und auf Betriebsinterventionen zur Agitation der Arbeiter setzten (Brand/Büsser/Rucht; 1986:68f.).

Um die Jahreswende 1969/70 waren SDS, APO und Studentenbewegung quasi verschwunden oder hatten sich in unterschiedliche Strömungen der Neuen Linken aufgelöst. Aus den Antiautoritären im SDS, die sich weder bei der DKP und K-Gruppen wiederfanden noch über Jusos und andere Parteien den Weg durch die Institutionen suchten, entstanden seit 1970 die undogmatischen Gruppen, die Stadtteilgruppen, die Anarchos und Spontis sowie diejenigen Gruppen, die sich bei der politischen Arbeit in Betrieben an den italienischen Arbeitskämpfen (z.B. bei Fiat) und deren autonomen Ansatz orientierten (a.a.O.:70).

### Folgen der Revolte von 1967/68 für die weitere Entwicklung in der BRD

Auch wenn die APO nach 1968 in Ermangelung eines umfassenden Handlungskonzepts und einer Gesellschaftsutopie auseinanderfiel, hatte sie politisch und kulturell viel erreicht. Die politische Leichenstarre in der BRD der Adenauer-Zeit war durchbrochen, der strikte Antikommunismus, der alle gegengesellschaftlichen Entwürfe tabuisierte, war partiell aufgehoben, die Verdrängung des Faschismus und seine personelle Kontinuität in der BRD-Gesellschaft wurden thematisiert, und die Herrschenden waren zu – wenn auch nur marginalen – institutionellen Reformen gezwungen.

Mindestens genauso wichtig waren für alle, die sich in der APO engagierten, die Erfahrungen auf der subjektiven Ebene und deren Weitergabe an die nachfolgenden Politgenerationen. Dazu gehörten: neue kollektive Lebens-, Arbeits- und Besitzformen, die sexuelle »Befreiung« und die Verweigerung deutscher Primärtugenden wie Ordnung, Sauberkeit und Arbeitsdisziplin. Es war möglich, Obrigkeitsdenken, Gehorsamkeit und Pflichtbewußtsein gegenüber dem Staat aufzukündigen und der strukturellen Gewalt der Herrschenden – gegebenenfalls militant – entgegenzuwirken. Außerdem ist es ihnen gelungen, breitere Schichten der Gesellschaft durch eine Gegenöffentlichkeit (z. B. Flugblätter, Demonstrationen) für die Folgekosten der Industrialisierung, die antidemokratischen Tendenzen in der Gesellschaft, die Bedeutung des Imperialismus oder auch die Bedürfnismanipulation zu sensibilisieren.

Indem die APO außerhalb der bestehenden Parteien, Verbände und anderer Institutionen agierte, machte sie klar, daß jeder Mensch in der Lage ist, für sich und mit anderen politisch Einfluß zu nehmen nach den Prinzipien der Selbstbestimmung und Selbstorganisation.

Im Niedergang der antiautoritären Studentenbewegung entstanden hauptsächlich in Großstädten Gegenmilieus mit einer autonomen Infrastruktur alternativer Projekte (Kneipen, Zeitungen, Druckereien, Cafés, Kinos u. a.), in denen Erfahrungen des Protests und Vorstellungen von Widerstand auch in Zeiten der relativen Schwäche von Bewegungen weitergegeben und konserviert werden konnten. Im Zusammenhang der Randgruppenstrategie bildeten sich Stadtteilgruppen zu bestimmten Themen, Obdachlosen- und Gefangenenprojekte, Patientenkollektive sowie die autonome Jugendarbeit (Jugendzentrumsbewegung) zur Politisierung durch Basisarbeit (Brand/Büsser/Rucht; 1986:70). Gruppen, wie z. B. die Proletarische Linke, gingen in Betriebe, um im Sinne des antiautoritären Charakters der Studentenbewegung die Frage der persönlichen Emanzipation und die individuellen Bedürfnisse der Arbeiter zu erkunden.

### Die frühen Hausbesetzer

Bereits 1970 kam es, organisiert von Aktivisten aus dem antiautoritären Flügel der Studentenbewegung, zu ersten Hausbesetzungen in Göttingen, Frankfurt am Main und Hamburg.

Einen Aufschwung nahmen die Hausbesetzungen nach dem Scheitern der betriebsinterventionistischen Politik nach italienischem Vorbild. Diese Art der radikalen und autonomen Arbeiterorganisation außerhalb von SPD und DGB hatte ihren Höhepunkt beim Ford-Streik 1973 in Köln. Da sich aber die gewerkschaftsunabhängigen Arbeiterkämpfe nicht ausbreiteten, gingen viele politische Gruppen zur Stadtteilarbeit über. An Problemen wie Kahlschlagsanierung, Wohnraumspekulation und Luxussanierung von Altbauten ließ sich das Vordringen des Kapitals in immer größere Reproduktionsbereiche der Gesellschaft exemplarisch aufzeigen: »Häuser besetzen bedeutet den kapitalistischen Plan in den Vierteln zu zerstören. Bedeutet keine Miete zu zahlen, bedeutet die kapitalistische Schuhkartonstruktur aufzuheben. Bedeutet Kommunen und Zentren zu schaffen, bedeutet das gesellschaftliche Leben des Stadtteils zu reorganisieren, bedeutet die Ohnmacht zu überwinden. Im Besetzen der Häuser und in Mietstreiks liegt der Angelpunkt für den Kampf gegen das Kapital außerhalb der Fabriken.« (Geronimo; 1990:39)

Hauptort der Hausbesetzerbewegung war in den frühen 70er Jahren Frankfurt am Main. Ende der 60er Jahre hatten Großbanken ein Konzept erarbeitet, um die Stadt zu einer Banken- und Dienstleistungsmetropole umzustrukturieren. Betroffen davon war der in City-Nähe gelegene Altbau-Stadtteil Westend. Große Grundstückskomplexe wurden aufgekauft und mit Arbeitsmigranten, vorwiegend aus Italien, überbelegt. Die Mieten wurden drastisch erhöht, und die alteingesessene Bevölkerung wanderte ab. Daneben gab es unzählige leerstehende Häuser. Die Mieterhöhungen im Westend ließen Studenten, Lehrlingen und anderen Jugendlichen keine Chance mehr, mit neuen Wohnformen (wie z.B. Wohngemeinschaften) zu experimentieren.

Die ersten Hausbesetzungen fanden zwischen September und November 1970 in Frankfurt am Main statt. Wichtig für den autonomen Ansatz hierbei ist, daß die Besetzergruppen politisch heterogen und multikulturell waren: Ein Teil der ehemaligen Studentenbewegung, der nun Randgruppenarbeit leistete, Arbeiter, Lehrlinge und Arbeitsmigranten aus Italien, also ungelernte Massenarbeiter (hauptsächlich von »Lotta Continua«, »Permanenter Kampf«, einer linksradikalen Organisation, die ihre Erfahrungen mit militanten und autonomen Arbeiter- und Stadtteilkämpfen in Italien Ende der 60er bis Anfang der 70er Jahre nun in die Hausbesetzerbewegung einbrachte), bildeten das Rückgrat (*Wildcat*; 38/1986:35; auch *Autonomie NF*; 9/1982). Im Verlauf der nächsten Jahre konnten beachtliche Erfolge verbucht werden, sowohl in bezug auf Hausbesetzungen als auch hinsichtlich der Mietstreiks nach dem Motto »Nicht mehr als 10 Prozent vom Lohn« (*Wildcat*; 18/1986:35).

Einige Probleme und Techniken der damaligen Hausbesetzer, ohne im Detail darauf eingehen zu können, tauchen auch bei den Autonomen auf. Das sind Streß innerhalb der Häuser mit Frauenfeindlichkeit, Alkohol und illegalen Drogen, der oftmals politische Aktivitäten nach außen überlagerte, unterschiedliche politische Positionen zwischen Verhandlern und Nichtverhandlern mit der Stadt, die Bildung von politischen Fraktionierungen und Besetzer- und/oder Häuserräten, interne Machtstrukturen (weniger durch das Machtstreben einzelner Menschen als durch das Deligieren von Arbeit an wenige Menschen, die sich dabei spezialisierten), die Überwindung von Isolation in den Häusern durch gemeinsames Arbeiten und Kochen, gemeinsame politische Aktionen wie Besetzungen, kollektive Mietstreiks, Mobilisierung einer Gegenöffentlichkeit über Flugblätter, Wandzeitungen, Funk und Fernsehen, Pressekonferenzen und »Besuche« bei den politisch Verantwortlichen (z. B. in Bauausschüssen), Militanz und organisierte Gegengewalt wurden diskutiert, Überlegungen zum Schutz von verbotenen und Massendemonstrationen vor Polizeiübergriffen wurden angestellt, so wurden beispielsweise in Selbstverteidigung ausgebildete Kleingruppen gegründet, die blitzschnell Aktionen vornahmen und dann verschwanden (*Wildcat*; 38/1986:33f. und 40/1986:4ff.). Viele dieser Techniken und auch Probleme finden sich, wie gesagt, bei den Autonomen wieder.

Die Hausbesetzerbewegungen und ihre Aktionen waren in anderen Städten ähnlich, allerdings weniger kontinuierlich, wie in Frankfurt am Main. Die Gruppe, die sich als Träger von Hausbesetzungen herauskristallisierte, waren die Spontis.

### Die Spontis

Die Spontis sind wahrscheinlich in bezug auf Auftreten, Aktionen und Organisation die klarsten Vorläufer der Autonomen. Sie gehörten in Abgrenzung zu den marxistisch-leninistischen Gruppen an den Universitäten zur undogmatischen Linken und resultierten wie diese aus dem Zerfall des SDS. Während die traditionellen Konzepte zur Veränderung der Gesellschaft nicht mehr griffen, ließen sich die Spontis phantasievolle, teils provozierende, teils militante Aktionen einfallen.

Bis Mitte der 70er Jahre waren die Spontis vornehmlich an der Universität und bei Hausbesetzungen anzutreffen, danach verlagerte sich ihr Aktionsfeld auf den Aufbau von Gegenmilieus in Großstädten, verbunden mit Stadtteilkämpfen, und später auf den Anti-AKW-Kampf.

Die Spontis traten für Autonomie, die Selbstorganisation der Unterdrückten, für die Spontaneität von Aktionen, aber auch von eigenen Gefühlsäußerungen (mehr aus dem Bauch als aus dem Kopf leben) ein (Langguth; 1983:235). Die Arbeit der Spontis beruhte auf Basisgruppen und fand in diversen Publikationen ihren Ausdruck (z.B. Info Berliner Undogmatischer Gruppen, abgekürzt Info-BUG).

Nachdem aus dem Göttinger Sponti-Studentenmilieu unter dem Pseudonym Mescalero (vgl. *Kursbuch* 58; 12/1979) ein Buback-Nachruf erschienen ist, der im Prinzip eine Kritik an der RAF-Politik enthält, lief im Rahmen des »Deutschen Herbsts« 1977 auch gegen die undogmatische Linke eine Repressionswelle an, um sie an der Gewaltfrage zu spalten. Ein Teil der linksalternativen Szene sollte integriert werden und sogar innovativ an der Erneuerung des Staats mitwirken. Der militante Rest sollte desintegriert, isoliert und kriminalisiert werden, um der Bevölkerung als einfaches Feindbild zu dienen (Brand/Büsser/Rucht; 1986:177).

Im Januar 1978 gelang auf dem Tu-nix-Kongreß in West-Berlin, an dem 6000 Menschen teilnahmen, die teilweise Reorganisation der radikalen, undogmatischen Linken. Dabei wurden auch Kommunikationszusammenhänge ausgebaut, und die *taz* entstand. Das Treffen war ein Bekenntnis zu linksradikaler Politik trotz aller Repression: Es wurden der Ausstieg aus dem »Modell Deutschland« propagiert und die Unzufriedenheit mit der eigenen Politik artikuliert. 5000 Menschen veranstalteten die bis dahin militanteste Demonstration in Berlin: Die Polizei wurde massiv angegriffen, die Abscheu vor dem BRD-Modell zum Ausdruck gebracht (»Weg mit dem Dreck!«) und die Freilassung von Berliner Gefangenen, wie den Agit-Druckern, gefordert (Langguth; 1983:236; Agit-Druck (Hrsg.); 1979). Dennoch war der Tu-nix-Kongreß das Ende der heterogenen Sponti-Bewegung. Ein Teil von ihnen gründete Alternativprojekte (dies entsprach der Integrationslinie der SPD), andere gingen zu den Grünen oder der Friedensbewegung, und aus einem weiteren Teil bildeten sich die Autonomen.

Die Essentials der Spontis bestanden in einer lockeren Organisation mit gelegentlichen überregionalen Treffen, der Koordinierung über Szene-Zeitungen, der Hervorhebung autonomer Basisbewegungen mit der Zielsetzung Autonomie und der Orientierung an eigenen subjektiven Bedürfnissen und Wünschen, die zur Veränderung von Alltag und Gesellschaft führen sollten. Dies bedeutete Emotionalität, Sensibilität und Spontaneität und den Aufbau von Gegenmilieus, um Freiräume in der kapitalistisch dominierten Gesellschaft zu schaffen. Es gab keine übergreifende Ideologie, eher anarchistische Grundvorstellungen. Die Spontis befürworteten die Militanz gegenüber Sachen, lehnten aber die Strategie der RAF ab. Konsens herrschte in der Verweigerung von Herrschaftsstrukturen und einer Mitarbeit im Staat. Ihr Ansatz zur politischen Intervention lag im Reproduktionsbereich (Brand/Büsser/Rucht; 1986: 176f.).

**Autonome Gruppen im Anti-AKW-Kampf**

Obwohl es die Autonomen als stehenden Begriff noch nicht gab, existierten seit Mitte der 70er Jahre (Bauplatzbesetzung in Whyl 1975) in der Anti-AKW-Bewegung autonome Gruppen (Geronimo; 1990:78). Seit 1973 sind für Hamburg Gruppen nachweisbar, die ihre Flugblätter als autonome Kommunisten unterschrieben.

Der Begriff autonom zeigte hier erstens eine Ablehnung von reformistischen bis staatstragenden Gruppen wie der SPD, DKP und Teilen der Gewerkschaft sowie von reaktionär-wertkonservativen Gruppen in der Initiativbewegung an, und zweitens beinhaltete er eine Abgrenzung gegenüber den Bevormundungs- und Vereinnahmungstendenzen einflußreicher K- und ML-Gruppen, wie dem Kommunistischen Bund oder dem Kommunistischen Bund Westdeutschlands, die die »Sponti-Clique« als sektiererisch diskreditierten.

Für die autonomen Gruppen in der Anti-AKW-Bewegung bestand die Kernidee in der selbstbestimmten Einbringung jedes einzelnen Menschen in den praktischen Widerstand unter Brechung bürgerlicher Moralvorstellungen und außerhalb des legalen Rahmens des bürgerlichen Rechtsstaats. Es war ein kollektiver Selbsterkenntnisprozeß mit Erprobung neuer Sozialtechniken und politischer Aktionen (a. a. O.:84f.). Die Anti-AKW-Bewegung ist vermutlich das beste Beispiel einer Selbstorganisation von Bauern, bürgerlichen Schichten und linken Gruppierungen (vgl. Gladitz (Hrsg.); 1976).

Um der Repression zu trotzen, wurde die Dezentralität propagiert. Militanz wurde akzeptiert und taktisch eingesetzt. Neben der neuen Form von Massenmilitanz an den Baugeländen von Kernkraftwerken gab es vermehrt Anschläge von klandestinen Kleingruppen auf am Bau von Kernkraftwerken beteiligte Firmen. Der Sinn dieser Anschläge wurde über Bekennerschreiben vermittelt.

Ab 1977 mußten die militanten Gruppen an den Bauplätzen nuklearer Anlagen (in Brokdorf, Grohnde, Malville/Frankreich) mehrere Niederlagen einstecken infolge eines verstärkten Polizeiapparats (*Autonomie NF*; 4/5/1980:3ff.). Im »Deutschen Herbst« 1977 wurden am Schnellen Brüter in Kalkar massenhaft Menschen überprüft, zurückgeschickt, verprügelt und verhaftet – in Anwendung der Gesetze des SPD-Sicherheitsstaats (*Autonomie NF*; 4/5/1980:9). Dennoch überstanden die klassen- und altersübergreifende Anti-AKW-Bewegung und damit auch die autonomen Gruppen in ihr den »Deutschen Herbst« besser als andere linksradikale Gruppierungen in der BRD (Brand/Büsser/Rucht; 1986:96f.).

**Die italienische »Connection«**

Die Arbeitskämpfe, Sozialrevolten und Hausbesetzungen in Italien wurden von der BRD aus interessiert beobachtet und teilweise auch nachgeahmt. Vor allem Studenten der neuen italienischen Massenuniversitäten verbanden sich mit den – hauptsächlich ungelernten – Massenarbeitern in den Fabriken des Nordwestens Italiens (wie bei Fiat), die sich autonom und militant in Abgrenzung zur Kommunistischen Partei und den Gewerkschaften organisierten und die Arbeitskämpfe 1968/69 führten.

Die »Autonomia Operaia« (»Arbeiterautonomie«) hielt die Kommunistische Partei für verbürgerlicht und setzte auf Selbstkonstituierung. Streiks, militante Demonstrationen und Sabotage waren die neuen Mittel, rätekommunistische und anarcho-syndikalistische Gedanken bestimmend, und sie hatten anfangs große Erfolge damit (*Schwarzer Faden*; 11/1983:22). In Anlehnung an die autonomen Arbeitskämpfe in Italien wurden in der BRD daraufhin ebenfalls eine betriebsinterventionistische Politik und die Randgruppenstrategie versucht, die auch auf Arbeitsimmigranten setzte. Der Einfluß von Erfahrungen und Ideen aus Italien auf Bewegungen in der BRD wurde schon am Beispiel des Frankfurter Häuserkampfs erwähnt.

Die »Autonomia Operaia« war eine im Produktionsbereich angesiedelte politische Organisation. Daneben gab es die »Autonomi« (»autonome Bewegung«), die zwar dem Umfeld der »Autonomia Operaia« angehörte, aber im Reproduktionsbereich angesiedelt war. Sie setzte sich aus Randgruppen wie Obdachlosen, Arbeitslosen und Stadtindianern zusammen.

Nachdem die »Autonomia Operaia« 1968/69 ihren Höhepunkt erlebt hat, sank ihr Einfluß im Laufe der 70er Jahre zunehmend. Fast alle erkämpften Rechte gingen durch Repression und Massenentlassungen, Diversifikation der Produktion und Restrukturierung der Wirtschaft verloren (*Autonomie NF*; 9/1982:13). Die »Autonomi« hatte ihren Höhepunkt 1977/78 mit den Kämpfen in Bologna. Hier verschmolzen die Jobber-Kämpfe in den Fabriken mit dem Widerstand autonomer Bewegungen außerhalb.

Die Verschärfung der sozialen Konflikte durch massenhaft erwerbslose Jugendliche und entgarantierte Jobber radikalisierte die politischen Auseinandersetzungen: Bewaffnete Demonstranten waren keine Seltenheit, die Guerilla (namentlich die Roten Brigaden) griff durch die Entführung von Fabrikdirektoren in die Arbeitskämpfe ein, es formierten sich weitere autonome Guerilla-Gruppen wie »Primea Linea«, zu deutsch »Vorderste Front« (vgl. Moroni/Balestrini; 1994; und Moretti; 1996).

Seit der Bewegung von 1977/78 in Italien war der Begriff Autonome gebräuchlich. Die Kämpfe hatten vielerlei Folgen für die BRD: Die Stadtindianer entstanden als Teil der Sponti-Bewegung, neue Guerilla-Konzepte, das Problem von Massenbewegung und Militanz und der Jobber-Ansatz wurden diskutiert, und daraus resultierten eigene Bewegungen. Im Gegensatz zum ursprünglichen italienischen Ansatz, der die Fabrik, also den Produktionssektor, als festen Bestandteil der politischen Intervention ansah und aus der die Autonomiebewegung hervorging, ist die Autonomie-Idee in der BRD fast nur im Reproduktionsbereich rezipiert worden.

In Italien wurde dem massenmilitanten Widerstand mit einer ungeheuren Repression begegnet. Etwa 3000 Menschen wurden wegen angeblicher Verwicklungen in den bewaffneten Kampf zu Gefängnisstrafen verurteilt. Die Zeit der autonomen Bewegung ist in Italien zu Ende gewesen, bevor sie in der BRD richtig begann.

Parolen wie »Wir wollen alles« oder »Nehmen wir uns die Stadt« sind im Original italienisch und von bundesdeutschen Bewegungen übernommen worden (vgl. *Autonomie NF*; 9/1982 und 12/1983).

## Reale Gründe für die Entstehung

In Gesprächen und Interviews werden die Gründe klarer, die Menschen motivierten, in der autonomen Bewegung mitzumachen. Diese Gründe drücken im wesentlichen Wünsche nach Veränderung und Ängste aus und sollen hier, unterteilt in internationale und nationale Gründe, zusammengefaßt werden.

### Internationale Gründe

Die Sozialrevolte in Italien 1977/78, in der sich Jugendliche, Arbeiter, Studenten und andere marginalisierte Gruppen unabhängig von Parteien und Verbänden organisierten, und die mit ihr verbundenen Autonomie-Thesen wurden von Sponti- und Anarcho-Gruppen in vielen Städten und an Universitäten aufgenommen und diskutiert. Die spontanen Kämpfe und die Herausbildung der Stadtindianer in Italien hatten eine faszinierende Wirkung und wurden als Chance zum Widerstand begriffen. Autonomie bedeutete neben der Unabhängigkeit von Institutionen und Hierarchien auch die Selbstbestimmung der Aktionsformen.

1979 ereignete sich der Reaktorunfall in Harrisburg/USA. Ein Super-GAU in der mit AKW verhältnismäßig reich bestückten BRD nahm Realität an und gefährdete die Existenz von Millionen Menschen. Der Ausbau der gefährlichen Kernkraft bei einem gleichzeitig zurückgehenden Energieverbrauch in der BRD machte deutlich, daß Sicherheits- und Ökologieinteressen den Kapital- und Technologieinteressen untergeordnet werden.

Der viel bemühte Spruch vom »Tanz auf dem Vulkan« erschien immer realer. Mit dem sog. Nato-Doppelbeschluß, dem Einmarsch der Sowjetunion in Afghanistan sowie dem Wahlsieg des »Kalten Kriegers« Ronald Reagan in den USA konkretisierte sich die Gefahr eines atomaren Kriegs in Europa. Der Nato-Doppelbeschluß resp. die Stationierung atomarer Angriffswaffen (Pershing II und Cruise Missile) in der BRD wurde ganz klar als Aufrüstung verstanden. Gleichzeitig wurde die BRD damit zum bevorzugten Angriffsziel des Gegners.

In Wohngemeinschaften wurde gescherzt, ob noch genügend Zeit für einen Joint sei, bevor »der Blitz kommt« ... Es war eben auch der No-future-Gedanke, der diese Zeit prägte. Aber nicht nur. Gleichzeitig entwickelten sich mit dem Gefühl, »das können die da oben doch nicht mit uns machen«, vielgestaltige Widerstandsformen.

Als weitere Bedrohung wurde der US-Imperialismus, der sich in der versuchten Geiselbefreiung 1979 im Iran manifestierte, empfunden. Damals herrschte noch Ungewißheit darüber, wohin es im Iran geht. Ein Land, in dem es Kommunisten und Volksmodschahedin gab und das Volk den US-Büttel Schah verjagt hatte, der für SAVAK (damaliger Geheimdienst), Folter und den Tod von Benno Ohnesorg in Berlin stand, wurde von den USA mit Luftlandetruppen angegriffen, was als konterrevolutionär verstanden wurde.

In Nicaragua siegte 1979 die Revolution gegenüber dem Somoza-Regime. Das Beispiel Nicaragua, im Hinterhof der USA, hatte international Vorbildcharakter für Widerstandsgruppen und führte auch in der BRD zu einer breiten Solidaritätsbewegung. Warum sollte »so etwas« nicht auch im »Herzen der Bestie« gelingen?

Die Ausbeutung des Trikonts wurde im Zusammenhang von Hungersnöten und internationaler Ausbeutung thematisiert. Es wurde erkannt, daß Dürre und Überschwemmungen nur äußere Zeichen sind, daß Hungersnot nur als Hebel der »Ersten Welt« dient, ihre Interessen durchzusetzen, d.h. zur Neuordnung der Bodenverteilung, Zerstörung der alten Klassen, Produktion von Stadtmenschen als Arbeiter oder auch nur, um die »Überbevölkerung« einzudämmen. Die Ausbeutung des Trikonts wurde als Vernichtungskrieg wahrgenommen.

### Nationale Gründe

Die staatliche Repression, Überwachung und Kontrolle mit neuen Gesetzen nahmen insbesondere nach dem »Deutschen Herbst« 1977 erheblich zu. An der Staatsgrenze wurde mensch auseinandergenommen, bei Straßenkontrollen wurde einem die Maschinenpistole unter die Nase gehalten. Die Meldegesetze stammten aus der Nazizeit, jede linke Äußerung wurde mit der RAF in Verbindung gebracht, jeder kritische Artikel fiel unter §129a oder §88, für alles gab es ein Formular oder eine Speicherung. Immer mehr Menschen fühlten sich geknebelt und machten sich wieder das Motto »Wer sich nicht wehrt, lebt verkehrt« zu eigen.

Schulen und Universitäten erfuhren ein konservatives Rollback, indem Mitbestimmungsrechte abgebaut und weniger kontroverse und kritische Themen bzw. Diskussionen zugelassen wurden. Hinzu kamen Einsparungen im Bildungswesen. Viele Jugendliche erwarben erste Demonstrationserfahrungen beim Protest gegen Entwicklungspläne, die Schulschließungen vorsahen.

Die stark ansteigende Jugenderwerbslosigkeit mit ihren Marginalisierungstendenzen wurde durchaus ambivalent aufgefaßt: Einerseits schwanden die Berufsperspektiven für Auszubildende und Studenten, andererseits wollten viele auch nicht so leben und arbeiten wie ihre Eltern, sondern sich zusammen mit Gleichgesinnten ausleben, kreativ sein, ein Leben jenseits der Arbeit führen. Problematisch war allerdings, das nötige Geld für Wohnen und Essen zusammenzubekommen.

Zu dieser Zeit gab es aber noch mehr Jobs und BAföG als heute. Mit der Begründung von Jobberinitiativen wurde das Jobben zur Lebenshaltung. Das Interesse des Kapitals an der Restrukturierung der Wirtschaft und das Interesse an kurzzeitigen Jobs vieler Jugendlicher ergänzten sich damals gewissermaßen. Indem sie die Mitarbeit im System verweigerten, das nur Knechtung, Kontrolle und Zurichtung bedeutete, marginalisierten sich viele junge Menschen selbst. Selbstverständlich wurden mehr noch zwangsweise marginalisiert. Die »arbeitslose«, zur Verfügung stehende freie Zeit wurde mit »Power« und neuen Inhalten kreativ ausgefüllt. Heute verhalten sich Marginalisierte eher resigniert und passiv, manchmal reaktionär oder sogar faschistisch.

Die Sozialrevolte von 1980/81 (siehe weiter unten) konnte auf den Ende der 60er/Anfang der 70er Jahre hauptsächlich in Altbauvierteln der Groß- und Universitätsstädte entstandenen alternativen Sozialmilieus aufbauen. Als die neue Politgeneration in »ihre« Viertel zog, existierten dort oft schon ein linker Buchladen, ein Stadtteilzentrum mit Stadtteilgruppen und einer Stadtteilzeitung, Szene-Treffs und Kneipen von Altfreaks, Food-coops und Bio-Läden, eine Mieterinitiative, Wohngemeinschaften und anderes mehr. Die anpolitisierte neue Generation beobachtete die Strukturen, begab sich mal hier und dort hinein, blieb hängen und arbeitete mit. Entweder gab es einen Konsens mit den »Alten« oder sie wurden verdrängt, oder es wurde etwas Eigenständiges mit anderen zusammen aufgebaut.

In Berlin setzte Ende der 70er Jahre in den Stadtteilen mit Altbauten, wo der SPD in der Krise 1973 die Mittel zur Sanierung oder auch Kahlschlagsanierung ausgegangen sind, eine Spekulationswelle auf privatwirtschaftlicher Basis ein. Hier wehrten sich die Mieter gegen die Vernichtung von billigem Wohnraum massiv. Viele junge Menschen sind aus Westdeutschland zugezogen und frischten die Bewegung auf, und Berlin wurde zur Hauptstadt der Hausbesetzer, wodurch noch mehr Leute angezogen wurden.

Franz Josef Strauß, der 1980 Kanzlerkandidat war, galt für viele Menschen als Inkarnation des reaktionären Politikers. Sein möglicher Wahlsieg wurde für den Anfang vom Ende jeder alternativen Meinungsäußerung gehalten. Strauß war mitverantwortlich für den Aufbau der Bundeswehr und die Spiegel-Affäre, er war ein großer Freund der Regime und Unternehmer in Südafrika und Chile, die mit der BRD-Wirtschaft stark verflochten waren, und in seinen Augen glichen Demonstranten Ratten und Schmeißfliegen. Obwohl auch damals kaum noch ein Unterschied zwischen SPD und CDU/CSU auszumachen war, polarisierten sich an diesem Politiker doch die Massen, und es kam zu großen Demonstrationen gegen Strauß. Die Tötung von Olaf Ritzmann während einer Anti-Strauß-Demonstration verbreiterte den Widerstand noch.

Die SPD propagierte zu dieser Zeit die integrative 2. Kultur. Die Sponti- und Alternativszene brach auseinander, und die Grünen traten als Partei auf. Für die Mitarbeit in den massenhaften Alternativprojekten fehlten der jungen Generation Kontakte sowie ausbildungstechnische und finanzielle Ressourcen. Darüber hinaus wollten sie sich selbst ausprobieren und nicht alternativ verbrämten, vorgestanzten Wegen folgen, zumal die Alternativprojekte ihnen bloß Arbeit und keine Veränderung der Gesellschaft in Aussicht zu stellen schienen. Intuitiv, ohne die integrative Zielrichtung der SPD zu erkennen, blieb die neue Generation außen vor.

Viele Spontis, Alternative und Altlinke zogen sich nach dem Herbst 1977 ins Private zurück, nahmen Jobs in Schulen oder Universitäten an oder stiegen in Alternativprojekte ein. Mehr oder weniger wurden alle in den Staat eingebunden. Die Radikalsten waren inhaftiert oder tot. Es entstand eine politische Lücke.

Die Revolte von 1980/81, Höhepunkt in der Entwicklung der Autonomen, wurde zum Großteil von jungen Leuten um die zwanzig Jahre getragen. Die Vorstellungen der vorhergehenden Politgeneration waren ihnen mangels Vermittlung vage oder unbekannt.

Das hatte aber auch den Vorteil, eigene Ideen und Strategien in der Revolte entwickeln zu können. Die Wurzel für Veränderungen lag nach Ansicht der Autonomen in der kollektiven Selbstbestimmung des Menschen.

Wut und Haß auf das System, die Ignoranz in der Gesellschaft und das Gefühl von Einflußlosigkeit führten zu militanten Formen der Selbstbefreiung. Klirrende Scheiben waren Protest gegen eine Verplanung, Ausnutzung und Kontrolle auf allen Ebenen, wo kein Platz blieb für Spontaneität, Kreativität, andere Lebens- und Arbeitsformen.

Neben Frust und No-future-Einstellung kam die Erkenntnis, daß das System nicht nur punktuell falsch, sondern an sich gegen die Menschen gerichtet ist und daß es keine wirkliche Befreiung des einzelnen geben kann, ohne das System im ganzen abzuschaffen. Jeder hatte seine persönlichen Gesellschaftsvorstellungen und Utopien, die er mit dem Überbegriff Autonomie verband. Diese traten jedoch hinter das gemeinsame Anliegen, sich gegen die Zwänge von Staat und Kapital zu wehren, zurück. Politische Ideen und Analysen wurden deshalb bloß bei Bedarf verwertet und zielgerichtet in Aktionen umgesetzt. Solange die Bewegung in voller Blüte stand, war der politische Anspruch des einzelnen relativ unwichtig, erst beim Abflachen der Bewegung und ihrer Zersplitterung wurde mehr theoretisiert und analysiert. Die Autonomen wollten die Befreiung jedes einzelnen, und solange nicht alle Individuen befreit waren und über ein neues Gesellschaftsmodell mitentscheiden konnten, wurden Gesellschaftsentwürfe gleich welcher Couleur als neuerliche Bevormundung und Entmachtung abgelehnt – so auch die der K-Gruppen.

Die »Jugendrevolte« 1980/81 brach sowohl für die Experten für Jugendfragen als auch für die Öffentlichkeit und ihre Medien überraschend und scheinbar grundlos in einer der biedersten und ordentlichsten Städte Europas, der politisch neutralen Wohlstandsidylle Zürich, aus, verbreitete sich jedoch wie ein Lauffeuer über die BRD und das benachbarte Europa.

Anlässe waren in Zürich der Kampf um ein autonomes Jugendzentrum, in Freiburg/Breisgau die gewaltsame Räumung des besetzten Dreisamecks und in Bremen und Hannover öffentliche Rekrutenvereidigungen. In Berlin eskalierten die Häuserkämpfe in Straßenschlachten. Dort, wo die Polizei unter massivem Einsatz von Schlagstöcken und Wasserwerfern der Welle von Hausbesetzungen begegnete, kam es zu spontanen Reaktionen und Solidarisierungen auf der Straße.

Die langlebige wissenschaftlich-theoretische Meinung lautet, die »Jugendrevolte« 1980/81 sei narzißtisch, voluntaristisch, nihilistisch, irreal, sprachlos, sinnlos aggressiv und – aus sozialpsychologischer Perspektive – durch die Auflösung der starken Vaterrolle bedingt gewesen. Hinzu käme die Überreaktion von »Papa« Staat (Shell-Jugendstudie; 1981). Wohlwollendere wissenschaftlich-theoretische Betrachter halten sie für reflexionslos, ohne Konzept und Organisation und kritisieren die fehlende Utopie. Das Interesse ist ziemlich eindeutig: Auf der Grundlage, daß der bürgerlich-kapitalistische Staat das Nonplusultra der demokratischen Gesellschaftsentwicklung darstelle und das Gewaltmonopol des Staats (und des Kapitals) zu respektieren sei, wird jeglicher Widerstand gegen das System pathologisiert, infantilisiert, entpolitisiert und kriminalisiert. Reale Ängste (vor Kernkraft und Krieg, Existenzangst durch Erwerbs- oder Wohnungslosigkeit) werden zu Neurosen umgedeutet, die unbewältigte Triebkonflikte in eine äußere Gefährdung phantasieren. Dies hat den Vorteil, sich mit den tatsächlichen Ursachen und Argumenten des Protests nicht auseinandersetzen zu müssen, sondern dessen Akteure gegenüber der Öffentlichkeit als entwicklungsgehemmte, kriminelle Wirrköpfe darstellen zu können, die ins Gefängnis oder in die geschlossene Psychiatrie gehören, weil sie eine Gefahr für die öffentliche Ordnung bedeuten. Ursache und Wirkung werden sozusagen verkehrt: Die Akteure des Protests seien schuld an Staatskontrolle, Polizeipräsenz und stagnierender Wirtschaft, und nicht der Staat an den Gefährdungen und Mißständen und an der Überwachung.

Den linksliberalen und altlinken Deutern der Proteste muß vorgehalten werden, daß sie erstens den Protest, der hervorbrach, nicht kommen sahen, was an sich schon bezeichnend ist, und zweitens nun auf eine Szene, mit der sie nichts verband, Deutungsmuster anwenden wollten, die das Wesen der Revolte nicht erfaßten. In der Revolte, die geprägt war vom Ausbruch der Triebe und Gefühle, die auf subjektive und spontane Befreiung setzte und ihre Realängste und Hoffnungen sofort in zielgerichteten Widerstand verwandelte, gab es keine Planstellen für altlinke Achtundsechziger mit Langzeittheorien und Erklärungskonzepten. Mensch hatte anderes zu tun, als zu theoretisieren. Da die Revolte auch nicht linken Politikvorstellungen entsprach, sich weder von außen eingebrachten Diskussions-, Organisations- und Utopiedebatten beugte noch von Ideologierezepten vereinnahmen ließ, waren auch die Trennung und Sprachlosigkeit zwischen den 1980/81 Revoltierenden und den Altachtundsechzigern hergestellt.

Die Stimmung vor und während der Jugendrevolte 1980/81 war emotional stark aufgeladen. Es war ein leidenschaftliches Aufbegehren. Direkte, spontane Aktionen und aufrüttelnde Informationen waren wichtig und die Parolen hart, wie z.B. »Feuer und Flamme für diesen Staat«, während das, was dahinter steckte – nämlich Leidensdruck, Empörung und Angst vor der Zukunft –, mit einem hohen moralischen Anspruch in Wärme, Sinnlichkeit, Vertrauen in den eigenen Körper, individuellen Wert, Kollektivität von Leben, Arbeit und Wohnen verwandelt werden sollte. Angestrebt wurde eine Unmittelbarkeit und Solidarität, die ein Handeln mit anderen, nicht anstelle anderer meinte. Der einzelne Mensch in seiner Subjektivität sollte wieder das wichtigste sein.

Da die Stimmung bisweilen von No-future-Vorstellungen beherrscht wurde, war die Bereitschaft, sich zu wehren und Restriktionsmaßnahmen in Kauf zu nehmen, entsprechend groß, denn mensch hatte ohnehin nichts mehr zu verlieren. Diese Einstellung wurde beispielsweise durch eine auf die Jacke gemalte Zielscheibe mit dem Zusatz »Schieß doch, Bulle« zum Ausdruck gebracht.

Viele gelangten zu der Überzeugung, daß zu härteren Mitteln gegriffen werden müsste, um in der BRD etwas zu bewegen. Die Furcht, sich von Sechzigjährigen die Zukunft verbauen zu lassen, wurde in eine »Power« umgewandelt, die nie unter einem Rechtfertigungszwang stand, weil die Verbindung zur Restgesellschaft sowieso gerissen war.

Als Helmut Schmidt 1980 die Regierungserklärung unter das Motto »Mut zur Zukunft« stellte, erntete er dafür bei jungen Menschen nur noch Hohn und Spott, aber keine Kritik mehr; das Motto erschien in keinster Weise diskussionswürdig. Es war an der Zeit für etwas Neues: »Uns stinkt schon längst der Mief aus den Amtsstuben, den Reaktoren und Fabriken, von der Stadtautobahn. Die Maulkörbe schmecken uns nicht mehr und auch nicht die plastikverschnürte Wurst. Sie haben uns genug kommandiert, die Gedanken kontrolliert, die Ideen, die Wohnung, die Pässe, die Fresse poliert. Wir wollen neue Ideen für einen neuen Kampf entwickeln, den wir selbst bestimmen, und uns nicht von Technikern das ›Modell Deutschland‹ aufzwingen lassen. Wir wollen das Maximale für jeden.« (Flugblatt zum Tu-nix-Kongreß)

## Zusammenfassung

Die Autonomen bildeten sich aus anderen Gruppen, Parteien und Bewegungen, die es vor ihnen gab, und stellen damit eine Art Entmischungsprodukt dar. Kaum jemand kam aus dem »politischen Nichts« zu den Autonomen.

Die meisten waren, so die Selbsteinschätzung der Autonomen, vorher bei den Spontis, Stadtindianern oder Anarchisten, hatten in Stadtteil-, Knast-, Universitäts- oder Schülergruppen, Dritte-Welt- oder sonstigen Initiativen mitgearbeitet, oder sie stammten aus undogmatischen, seltener aus K-Gruppen, aus der Hausbesetzer- und Anti-AKW-Bewegung. Dazu kamen jugendliche Erwerbslose, Punks und anpolitisierte junge Menschen ohne vorheriges politisches Betätigungsfeld.

Tendenziell fanden sich die radikalsten Kräfte aus den jeweiligen Gruppen und Bewegungen bei den Autonomen zusammen. Mitglieder der Anti-AKW-Bewegung stießen v. a. deshalb zu den Autonomen, weil ihnen das Ein-Punkt-Thema zu wenig war, während Anhänger der K-Gruppen zu den Autonomen wechselten, entweder weil sie die Hierarchien nicht länger zu akzeptieren bereit waren oder weil sie im Niedergang der K-Gruppen das Scheitern ihrer Konzepte erkannten.

Die unterschiedliche politische Herkunft der Autonomen schlägt sich in ihrer Themenvielfalt nieder (AKW, Stadtteilpolitik, IWF/Weltbank, Überwachungsstaat, Guerillakampf, Trikont, politische Gefangene und Knastarbeit, Patriarchat, Startbahn-West, Häuserkampf und vieles mehr; s. Kap. 5). Was von vielen als willkürliches Herumgespringe zwischen Themen angesehen wird, hängt also eng mit der Entwicklungsgeschichte der Autonomen als Entmischungsprodukt anderer Bewegungen zusammen. Dabei wurden die von einzelnen Gruppen eingebrachten Belange von den Autonomen weiter bearbeitet und mitunter zu ihrem übergreifenden Thema erklärt.

Entgegen dem beliebten Bild der mit »Haßkappe« und Helm maskierten Autonomen, agierten sie die meiste Zeit in Stadtteilinitiativen etc. und waren mit legalen oder halblegalen Arbeiten wie Diskussionen, der Konzeption und Verbreitung von Flugblättern oder dem Versand von Knastpaketen beschäftigt. Die Autonomen arbeiteten also, oft im Verbund mit politisch anders orientierten Menschen, gewöhnlich noch dort mit, wo sie ihre politischen Ursprünge hatten.

## 3. Chronik von 1967 bis 1997

Die Chronik konzentriert sich auf den norddeutschen Raum und erhebt deshalb keinen Anspruch auf Vollständigkeit. Bewußt weggelassen wurden die meisten Repressionsmaßnahmen, deren Gesamtentwicklung in »Restrisiko-Mensch« (4/5/1987; Bremen) sowie »Sand im Getriebe der Macht« (2/1981; Berlin) Gegenstand ist. Wenn es um die Repression gegen Einzelpersonen und bestimmte Gruppen geht, dann sind Periodika wie z.B. *radikal*, *Aktion*, *Sabot*, *interim* zu empfehlen. Sie können in Info-Läden, wo sie meist archiviert werden, oder in Archiven für soziale Bewegung eingesehen werden. Zur Repression gegen Zeitungen, Buchläden und Druckereien gibt es die Bücher »Schwarze Texte« (ID-Archiv; 1989) und »20 Jahre radikal« (1996). Außerdem konnte nicht jede Demonstration, selbst wenn ihr Anlaß Thema in der Szene war, berücksichtigt werden. Die diversen Anschläge mit ihren Anschlagserklärungen fanden ihre Rubrik in der *radikal* und wurden auch in anderen Publikationen nachgedruckt. Die Erklärungen zu den Hungerstreiks der Gefangenen aus der RAF und dem Widerstand können in der *Roten Hilfe* nachgelesen werden.

In der Chronik wird, der Übersichtlichkeit halber, nicht die übliche Anmerkungsweise benutzt, sondern direkt auf weiterführende Literatur zu den Einzelpunkten hingewiesen.

**1967/68**
Bildung antiautoritärer, undogmatischer und anarchistischer Strömungen in der Studentenbewegung und APO in Abgrenzung zu dogmatischen kommunistischen Gruppen. Bewußte Regelverletzungen und Spaßguerilla kommen auf (Langguth; 1983).

**Anfang der 70er Jahre**
Spontis und Anarchos werden zu einer festen politischen Größe (Geronimo; 1990). Beginn der Randgruppen- und Stadtteilarbeit. Alternative Milieus und Treffpunkte entstehen (*Wildcat*; 38+40/1986). Starkes Interesse an autonomen Fabrik- und Häuserkämpfen in Italien (*Autonomie AF* ab 1975; *Kursbuch*; 26/1971; Moroni/Balestrini; 1994).

**1970 – 1974**
Hausbesetzerbewegung in Frankfurt am Main und vereinzelt in anderen Städten. Erste Formen organisierter Massenmilitanz in Frankfurt am Main ( *Wildcat*; 38+40/1986).

**1971**
Die letzten Mietpreisbindungen fallen in der BRD. Italienische Arbeitsmigranten mit ihren autonomen Erfahrungen werden in den Frankfurter Häuserkampf einbezogen ( *Wildcat*; 38/1986). Es kommt in mehreren Städten zu Auseinandersetzungen um Fahrpreiserhöhungen für öffentliche Verkehrsmittel.

**1972**
Beginn des regionalistischen Kampfes gegen das Kernkraftwerk in Whyl (Gladitz; 1976).

**1973**
Undogmatische Gruppen gründen in Berlin die Text- und Flugblattsammlung Info-BUG (»20 Jahre radikal«; 1996). Der »Ölpreisschock« führt zur Umstrukturierung der bundesdeutschen Wirtschaft (*Autonomie NF*; 4/5/1980). Von 1973 bis 1975 steigt die durchschnittliche Jahreserwerbslosenzahl von 217 000 auf 1,03 Millionen Menschen. Die Energieeinsparungen entlasten die Handelsbilanz, und die erhöhten Gewinne der erdölexportierenden Länder fließen als Investitionen in die Industrieländer zurück (*Autonomie NF*; 11/1982).

**1974/75**
Autonome Gruppen beteiligen sich am Anti-AKW-Kampf und an der antimilitaristischen Arbeit (Brand/Büsser/Rucht; 1986). Militante Auseinandersetzungen an den Bauplätzen von Kernkraftwerken in Whyl und Brokdorf, gefolgt von ersten Anschlägen auf am Bau von AKW beteiligten Firmen. Im städtischen Milieu entstehen linke, undogmatische Bürgerinitiativen (BIs), die Aufklärungsarbeit leisten, Aktionen durchführen und Einzelinitiativen koordinieren (*Autonomie NF*; 4/5/1980). Die Zeitschrift *Autonomie Alte Folge* (1975–1979) bringt die Gedanken von Regionalismus, autonomen Klassenkämpfen in Italien und neuer Klassenrealität in der BRD in die linksradikale Szene ein (Geronimo; 1990).

**1976**

Schwere Auseinandersetzungen am Standort des AKWs Brokdorf zwischen Demonstranten und der Polizei (*Autonomie NF*; 4/5/1980). In Berlin erscheint erstmals die Zeitschrift *radikal* als sozialistische Zeitung (»20 Jahre radikal«; 1996).

**1977**

Im Frühjahr in Grohnde und im Sommer in Malville/Frankreich erleidet der massenmilitante Kampf an Bauplätzen von AKW Fiaskos durch überlegene Polizeikräfte. Viele Demonstranten werden schwer verletzt und später zu Haftstrafen verurteilt, ein Demonstrant wird getötet (*Autonomie NF*; 4/5/1980). Im »Deutschen Herbst« herrscht in der BRD quasi der Ausnahmezustand. Ein Krisenstab regiert die Republik, das linksradikale Spektrum wird mit Hausdurchsuchungen und vorläufigen Festnahmen kontrolliert, die Sicherheitsgesetze werden verschärft (Geronimo; 1990). Auf die Repressionswelle folgen in der linken Szene starke Verunsicherung, Rückzugstendenzen und Distanzierung von linker Politik, von Militanz und von der Vorgehensweise der RAF im speziellen (Tolmein/zum Winkel; 1987). Gorleben wird Atommüllendlager-Standort (Wendland-Widerstandsbericht; 1985). Vor dem Hintergrund der Nachrichtensperre und der Selbstzensur der »freien« Presse im »Deutschen Herbst« entsteht das Zeitungsprojekt *taz*, das die Kommunikation, Koordination und Information unter den linken, undogmatischen Gruppen zu fördern beabsichtigt (Tolmein/zum Winkel; 1987). Im Rahmen der Kalkar-Demonstration am »Schnellen Brüter« zieht der Sicherheitsstaat alle Register, es werden Tausende von Personen- und Fahrzeugkontrollen durchgeführt (*Autonomie NF*; 4/5/1980). Das Stadterneuerungskonzept SO 36 für Berlin-Kreuzberg tritt in Kraft (*Autonomie NF*; 3/1980). 1977/78 kommt es zu schweren Auseinandersetzungen in norditalienischen Städten, zur Herausbildung der Stadtindianer und zur Wiederaufnahme autonomer Politikformen außerhalb der Fabriken (Moroni/Balestrini; 1994). Rezeption in der BRD.

**1978**

Im Januar nehmen ungefähr 15 000 Menschen aus der radikalen Sponti-Linken am Tu-nix-Kongreß in Berlin teil, wo antiautoritäre und undogmatische Themen diskutiert und die Resignation durch den »Deutschen Herbst« überwunden werden (Geronimo; 1990). Entgegen den Integrationsstrategien der SPD zur Beseitigung linksradikaler Tendenzen und infolge der zunehmenden Aussteigermentalität aus dem »Modell Deutschland« entsteht eine reichhaltige Alternativkultur und -ökonomie (Brand/Büsser/Rucht; 1986; Hartmann; 1981). An den Fragen Militanz/Gewaltfreiheit und außerparlamentarische Bewegung/Parlamentarismus spaltet sich die Sponti-Linke zunehmend. Gewaltfreie und militante Bürgerinitiativen trennen sich (Haasken/Wigbers; 1986). Das Scheitern von massenmilitanten Strategien und das Agieren des Staats im »Deutschen Herbst« fördern gewaltfreie Aktionskonzepte, auch im Anti-AKW-Kampf, und führen schließlich zur Gründung der Grünen durch ehemalige Bewegungsmitglieder.

**1979**

In der BRD sind 250 000 junge Menschen unter 25 Jahre erwerbslos (*Autonomie NF*; 11/1982). Erste Hausbesetzungen in Freiburg/Breisgau und vereinzelt in Berlin (*Kursbuch*; 65/1981). Die staatliche Strategie zur Spaltung in militant und gewaltfrei trägt v. a. in der Anti-AKW-Bewegung Früchte: Gewaltfreien Atomkraftgegnern wird teilweise eine Pseudopartizipation an Entscheidungsprozessen gewährt, militante Gegner hingegen werden inhaftiert (Haasken/Wigbers; 1986). Im Februar werden vier Drucker nach §88a und §129a zu Gefängnisstrafen verurteilt (Agit-Druck; 1979). Im März demonstrieren 100 000 Menschen in Hannover gegen das Atommüllendlager in Dragahn/Gorleben (Kassel; 1979). Ebenfalls im März treten beim Reaktorunfall in Harrisburg/USA große Mengen radioaktiver Substanzen aus und verseuchen die Umgebung (Haasken/Wigbers; 1986). Im Dezember marschiert die Sowjetarmee in Afghanistan ein. Infolge des Nato-»Doppelbeschlusses« wird eine hohe Anzahl atomarer Sprengköpfe in der BRD stationiert, die eine Selbstbedrohung darstellen (Brand/Büsser/Rucht; 1986). Die Zeitschrift *Autonomie Neue Folge* erscheint bis 1985 in 14 Schwerpunktausgaben. Erhöhte Wahrnehmung von und Gefühl der persönlichen Bedrohung durch Kriegsgefahr, Atomindustrie und berufliche Perspektivlosigkeit, wofür gerade junge Menschen sensibilisiert sind.

**Die 80er Jahre**

Die 80er Jahre waren die effektivsten für die autonome Bewegung. Fast alle wichtigen Ereignisse autonomer Politik fallen in diesen Zeitraum. Daran ändern auch Schwächephasen Mitte des Jahrzehnts und insbesondere ab 1989 nichts. Alle Themen der Bewegung wie Frieden, Atomkraft, Häuser, Startbahn-West, Antiimperialismus usw. finden hier ihren jeweiligen Höhepunkt – und Abschwung.

**1980**

In Amsterdam, Zürich, Freiburg/Breisgau und Berlin kommt es zu massenhaften Hausbesetzungen und beim Eingreifen der Polizei zu schweren Straßenschlachten. Der Kampf geht jeweils um Freiräume wie Jugendzentren und leerstehende Häuser und richtet sich gegen das Spekulantentum. In England und Frankreich finden in den Großstadtghettos Revolten statt von Jugendlichen aus den ehemaligen Kolonien dieser Länder, die einer zweifachen Diskriminierung ausgesetzt sind (Geronimo; 1990; Langguth; 1983; Brand/Büsser/Rucht; 1986; *Autonomie NF*; 12/1983; »Züri brennt«; 1981; *radikal*; 93/1981). Die Revolte im September in Zürich greift auch auf die BRD über, v. a. auf Freiburg/Breisgau (Auseinandersetzung um das Dreisameck) und Berlin (Kreuzberg und Schöneberg). Während einer Demonstration gegen eine Wahlveranstaltung von Franz Josef Strauß in Hamburg wird ein Demonstrant von der Polizei auf die S-Bahn Gleise getrieben, überfahren und stirbt. Am 6. Mai kommt es im Rahmen einer öffentlichen Rekrutenvereidigung in Bremen zu schweren Auseinandersetzungen zwischen Demonstranten und der Polizei (*Kassiber*; 8/9/1990). In Berlin finden am 12. Dezember nach einer verhinderten Hausbesetzung die bisher schwersten Auseinandersetzungen statt (*radikal*; 87/1981). In Gorleben wird ein Hüttendorf auf dem geplanten Bohrloch 1004 errichtet (Wendland-Widerstandsbericht; 1985). Alternativszene und »nomadisierende«, »existentialistische« Jugendliche, die Basis der Autonomen, spalten sich in Berlin (*radikal*; 80/81/1980).

**1981**

Am 28. Februar Großdemonstration gegen das AKW Brokdorf mit etwa 100000 Menschen. Der Durchbruch zum Gelände gelingt nicht. Bundesgrenzschutz und Polizei setzen Luftlandetruppen und massiv Giftgas ein. Zwei Menschen werden in diesem Zusammenhang zu langjährigen Haftstrafen verurteilt (*radikal*; 105/1982). Die Autonomen versuchen eine anti-imperialistische Bewegung statt resp. innerhalb der Friedensbewegung aufzubauen. Am 6. März werden nach einer Demonstration in Nürnberg im Kommunikationszentrum »Komm« 168 Menschen festgenommen, 142 dem Haftrichter vorgeführt und gegen 141 von ihnen gleichlautende Haftbefehle erlassen (Ehrig/Kempf/Maeffert; 1982). Der Widerstand der Autonomen gegen die Startbahn-West in Frankfurt am Main verlagert sich von einem ökologischen auf einen mehr anti-militaristischen Standpunkt. Nach der Hüttendorf-Räumung eskaliert die Konfrontation mit der Staatsmacht (*radikal*; 99/1981). Am 16./17. Mai Kongreß der autonomen Häuserkämpfer in Gießen. Mitte Mai sind in Berlin 168 Häuser besetzt. Konfrontation zwischen Verhandlern und Nicht-Verhandlern mit dem Senat um die Frage, ob besetzte Häuser als eigene Nische oder als Ausgangsposition für die soziale Revolution genutzt werden sollen (*radikal*; 100/1982). Am 26. Mai schwere Straßenschlachten im Rahmen von Hausbesetzungen am Winterfeldtplatz in Berlin (*radikal*; 93/1981). Im August/September findet in Berlin der Tu-wat-Kongreß statt, wo ausführlich über den Autonomie-Gedanken diskutiert wird (*radikal*; 96/97/1981). Am 13. September militante Demonstration gegen den Besuch von US-Außenminister Alexander Haig in Berlin. Am 22. September wird ein Hausbesetzer bei Auseinandersetzungen von der Polizei vor einen Bus getrieben und stirbt (*radikal*; 98/1981). Die Autonomen versuchen, sich durch Anleihen in Italien (»Autonomia Operaia«), den Text »Bildet Banden«, den Rückgriff auf französische Philosophen wie Guattari, Foucault und Deleuze sowie in eigenen Diskussionen ein politisch-theoretisches Profil zu geben.

**1982**

Am 23. Februar werden erstmals die Häuser in der Hamburger Hafenstraße besetzt (Herrman u. a.; 1987). Die Anzahl von anti-militaristischen Aktionen der Autonomen steigt (*radikal*; 105/1982). Im Februar wird gegen die Berliner Zeitung *radikal* Anklage erhoben wegen Werbung für eine terroristische Vereinigung (»20 Jahre radikal«; 1996). Aktionen gegen die in Hannover im Frühjahr stattfindende Militärelektronikmesse IDEE (*radikal*; 104/1982). Am 10./

11. Juni kommt es in Berlin zu massiven Protestaktionen gegen den Besuch des US-Präsidenten Ronald Reagan (*radikal*; 106/1982). Schwere Auseinandersetzungen beim »Tanz auf dem Vulkan« in Gorleben (Wendland-Widerstandsbericht; 1985). Obwohl die Startbahn-West fertiggestellt ist, läßt der Widerstand vor Ort nicht nach (Geronimo; 1990). Massenaktionen der Anti-AKW-Bewegung in Kalkar, Gorleben und am Schacht Konrad (*radikal*; 110/1982). Die *radikal* wird des öfteren durchsucht und verwischt ihre Spuren (ID-Archiv; 1989a). Autonome spalten sich, hauptsächlich aufgrund der Militanzfrage und des anti-imperialistischen Ansatzes, von der restlichen Friedensbewegung ab (*radikal*; 112/114/1983). Berlin ist Hochburg des autonomen Widerstands. Von Hausbesetzern werden andere Themen angegangen und vernetzt. In der Auseinandersetzung mit der Staatsmacht und mit integrativen Teilen der Bewegung, wie *taz*, Netzwerk und Alternative Liste, verliert die autonome Bewegung an emotionalem Schwung und differenziert sich aus. Autonome Gruppen verüben zunehmend Anschläge auf Banken, Militäreinrichtungen und Baufirmen (*radikal*; 113/1983).

**1983**

Im Juli findet in Lutter ein bundesweites Treffen autonomer Gruppen statt (Arbeitsmaterialien zum Treffen; 1983). Der Volkszählungs-Boykott organisiert sich (*radikal*; 113/1983). Militante Auseinandersetzungen an der Hamburger Hafenstraße (Herrmann u. a.; 1987). Am 25. Juni kommt es in Krefeld anläßlich des Besuchs von US-Vizepräsident George Bush zu schweren Auseinandersetzungen und etlichen Festnahmen. Ein Nachbereitungstreffen in Wuppertal wird von der Polizei gesprengt (Prozeßinfo zu den Krefelder Gefangenen 1; 1983; *radikal*; 120/1983). Im Wendland erregen Anschläge von Kleingruppen gegen Stromtrassen und Betreiberfirmen großes Aufsehen. Die Kleingruppenstrategie wird gängiges Muster (Wendland-Widerstandsbericht; 1985; *radikal*; 122/1983). Zwei vermeintliche Herausgeber der *radikal* werden verhaftet (ID-Archiv; 1989a; *radikal*; 118/119/1983). In Hamburg findet eine Neuauflage der Springer-Blockade statt. Autonome Gruppen beteiligen sich im Rahmen des »Heißen Herbsts« der Friedensbewegung an Blockaden in Bremerhaven und im Rahmen des anti-militaristischen Kampfs an der Blockade von Munitionstransporten nach Nordenham (*Große Freiheit*; 64/1983; *radikal*; 122/1983). Am 30. November erhalten die Bewohner der Hafenstraße auf drei Jahre befristete Mietverträge (Herrmann u. a.; 1987). Feministische Themen nehmen in der bis dato martialisch-männlich dominierten autonomen Presse mehr Raum ein.

**1984**

Aktionen im Wendland, gegen Nato-Manöver in Hildesheim und Fulda-Gap, an der Startbahn-West sowie erste autonome Ansätze in Wackersdorf (Geronimo; 1990; *Große Freiheit*; 72/1984; *Abgebrannt*; 1988). Am 30. April Wendland-Blockade mit Aktionen im gesamten Landkreis Lüchow-Dannenberg (Wendland-Widerstandsbericht; 1985; *radikal*; 128/1984; *Große Freiheit*; 72/1984). Die Startbahn-West wird in Betrieb genommen. 10000 Menschen demonstrieren dagegen (Geronimo; 1990). Die vermeintlichen *radikal*-Herausgeber werden nach §129a zu jeweils zweieinhalb Jahren Haft verurteilt (ID-Archiv; 1989).

**1985**

Gründung des süddeutschen Autonomenplenums. Schwerpunkt ist die WAA in Wackersdorf (*Abgebrannt*; 1988). Starke Repression gegen die Hamburger Hafenstraße. Der Höhepunkt der Hetze wird erreicht, als der Hamburger Verfassungschef Christian Lochte in einem Interview mit der *taz* RAF-Strukturen in der Hafenstraße ausmacht (37seitiges Gesamtinterview; 1985). An der Startbahn-West erfahren die sog. Sonntagsspaziergänge großen Zuspruch (*Aktion*; 19/20/ 1986). Bei der 1.-Mai-Demonstration in Hamburg kommt es zu schweren Auseinandersetzungen zwischen dem Jobber/Erwerbslosenblock, der Polizei und DGB-Ordnern (*Schanzenleben*; 6/1985). Gegen die besetzten Häuser in der Düsseldorfer Kiefernstraße wird die gleiche (Anti-)RAF-Kampagne wie in Hamburg in Gang gesetzt. Im Verlauf einer antifaschistischen Demonstration in Frankfurt am Main wird am 28. September ein Demonstrant von einem Wasserwerfer überrollt und getötet (*Aktion*; 19/20/1986). Als Reaktion auf diesen Todesfall werden in vielen Städten der BRD, in Kopenhagen und Amsterdam Anschläge auf staatliche Einrichtungen und Banken verübt. Im Dezember wird in Hamburg die Räumung der Hafenstraße verhindert. Über Sylvester finden erstmals die Hafentage statt.

**1986**
Am 7. Januar wird das Hüttendorf in Wackersdorf geräumt. Vom 31. Januar bis zum 4. Februar findet in der Frankfurter Fachhochschule der Kongreß »Antikapitalistischer und antiimperialistischer Widerstand in Westeuropa« unter Beteiligung der Autonomen statt (*Aktion*; 21/1986). Im März erscheint die erste Ausgabe von *Unzertrennlich*, einer überregionalen autonomen Zeitung. Am 26. April Reaktorunfall in Tschernobyl/UdSSR. Am 13. Mai demonstrieren in Hamburg 40000 Menschen gegen die Atompolitik der BRD (*Sabot*; 7/1986). Vom 17. bis zum 19. Mai findet in Wackersdorf ein Pfingstcamp statt. Die Massenmilitanz gewinnt für kurze Zeit infolge des Zusammenschlusses der Oberpfälzer Bevölkerung mit den Militanten eine neue Qualität (*Abgebrannt*; 1988; *radikal*; 132 Teil 2/1986). Am 7. Juni Großdemonstration in Brokdorf. Am Bauplatz ist durch die Massenpräsenz der Polizei keine Entfaltung möglich. Der Hamburger Konvoi mit 10000 Menschen wird nach einem Durchbruchsversuch in Kleve von Polizei und BGS gestoppt. Es gibt viele Verletzte, und der Konvoi muß umkehren. Das Konzept Massenmilitanz stößt zum zweiten Mal in zehn Jahren an seine Grenzen. Es sollte der letzte derartige Versuch bis heute bleiben. Nach den Vorfällen in Kleve wird für den nächsten Tag um zwölf Uhr in Hamburg eine Demo beschlossen. Die bis dato 800 Demonstranten, allerdings wenige Autonome, werden am Sammlungsort eingekesselt (sog. Hamburger Kessel) und bis zu 13 Stunden festgehalten (BUU Hamburg u.a.; 1986; *Sabot*; 10/1986). Um den Kessel herum kommt es zu Straßenschlachten (*Schanzenleben*; 7/8/1986). In Wackersdorf demonstrieren zeitgleich zu Brokdorf 30000 Menschen. Die Hafenstraße wird teilweise geräumt und der Mietvertrag zum 31. 12. 1986 gekündigt. Am 29. Oktober wird, erstmalig in der BRD, eine ganze Straße, die Kiefernstraße in Düsseldorf, von neun bis achtzehn Uhr abgeriegelt, und vier besetzte und fünf Mietshäuser werden durchsucht (*Freiraum*; 16/1986; *Unzertrennlich*; 10/11/1986). Am 8. November Großdemonstration gegen die Nuklearwerke in Hanau. Am 20. Dezember demonstrieren 10000 Menschen für den Erhalt der Hafenstraße. Während des gesamten Jahrs werden im Kampf gegen die Atomkraft etliche Strommasten umgesägt und andere Anschläge durchgeführt (*radikal* info 1; 1987). Bundesweit werden in Wuppertal, Bochum, Köln und Freiburg/Breisgau teilweise lange besetzte Häuser geräumt

(*Aktion*; 28/1987). Die Mobilisierung gegen den zweiten Versuch der Volkszählung läuft an.

**1987**

Am 1. Januar treten der erweiterte §129a und §130a in Kraft (»Restrisiko-Mensch«; 1987). Vom 16. bis zum 20. April finden in Frankfurt am Main »Libertäre Tage« unter dem Motto »Von sozialen Bewegungen zur sozialen Revolution« mit Teilnehmern aus dem anarchistischen und autonomen Spektrum statt (Reader zu den Libertären Tagen; *Aktion*; 27/1987). Am 1. Mai ereignen sich in Berlin nach einem Polizeiüberfall auf ein Straßenfest schwere Straßenschlachten (Dokumentation 1. 5. 1987; 1987; *radikal*; 133/1987). Die Volkszählung wird bundesweit massiv behindert (Verfassungsschutzbericht 1987; 1988). Anläßlich des Reagan-Besuchs am 12. Juni in Berlin demonstrieren tags zuvor 50000 Menschen. Am Besuchstag werden 170000 Bewohner in Kreuzberg vom Rest der Stadt abgeriegelt. Zusätzlich gilt ein flächendeckendes Demonstrationsverbot für diesen Tag (*radikal*; 133/1987). Im Sommer verübt die Rote Zora diverse Anschläge auf den Textilkonzern Adler. Konfrontationen in der Hafenstraße während des ganzen Jahrs. Wiederbesetzungen und Räumungen lösen sich ab. Am 2. November werden an der Startbahn-West aus den Reihen der Demonstranten Schüsse auf die Polizei abgegeben. Zwei Polizisten sterben, drei werden verletzt. Die Folge sind eine Verunsicherung der autonomen Rhein-Main-Szene und große bundesweite Irritation. Sowohl Verratsvorwürfe als auch Befürwortungen werden laut. Polizei und Bundesanwaltschaft gelingt es, die Startbahn-Gegner-Szene aufzurollen und etliche Anschläge aufzuklären, bevor die Aussageverweigerungskampagne greift (Dokumentation 2. 11. 1987; 1988; *Aktion*; 31/32/1987). Im November scheint die »Schlacht« um die Hafenstraße unvermeidlich. 1500 Häuserverteidiger stehen einem Massenaufgebot der Polizei gegenüber. Im letzten Moment kommt es zu einem Kompromiß, der den Bewohnern Mietverträge beschert, die in ihrer Verquickung von Miet- und Strafrecht einmalig sind. Zwischen dem 18. und 20. Dezember holen BKA und BAW unter dem Motto »anschlagsrelevante Themen« zum Schlag gegen autonome Frauen aus. Die Beschäftigung mit Themen wie Bevölkerungspolitik, Gentechnologie, Abschiebepraxis und Leichtlohnarbeit im Trikont macht Frauen zu Unterstützerinnen der Roten Zora. Zwei Frauen werden verhaftet (*Anschlag*; 1988; *E.coli-bri*; 3/1988).

**1988**

Im Februar beginnen im Hamburger Schanzenviertel die Auseinandersetzungen um einen geplanten Musical-Palast (»Phantom of the opera«) auf dem Flora-Gelände (Flora-Dokumentation; 1988). In autonomen Zusammenhängen gehen die Diskussionen um den in Berlin stattfindenden IWF(Internationaler Währungsfonds)-Gipfel weiter (Geronimo; 1990), und vom 14. bis 17. April finden in Bremen die autonomen Internationalismus-Tage anläßlich des Gipfeltreffens statt (*Aktion*; 33/1988). In Berlin wird in Abgrenzung zur 1.-Mai-Demonstration des DGB eine revolutionäre 1.-Mai-Demonstration organisiert, an der 8000 Menschen teilnehmen. Seit dem 1. Mai erscheint in Berlin die autonome Wochenzeitung *interim*, die bundesweit Resonanz findet (*Schwarzer Faden*; 1/1989). Am 27. Mai wird in Berlin das Lenne-Dreieck, später Kubat-Dreieck, eine unbebaute Fläche direkt an der Mauer zur DDR, über die die Westtangente in West-Berlin führen sollte, besetzt. Die Skurrilität der Berliner Verhältnisse kommt zum Tragen, als bei beginnender Räumung durch die Westberliner Polizei die Landbesetzer über die Mauer in den Ost-Teil flüchten (*Schwarzer Faden*; 29/1988). Am 25. Juni wird das Flora-Gelände in Hamburg besetzt. Das Motto lautet »Den Widerstand in den Vierteln organisieren« (Flora-Dokumentation; 1988). Ab dem 25. September finden in Berlin und anderen bundesdeutschen Städten Demonstrationen und Aktionen gegen den IWF/Weltbank-Kongreß statt. Am 29. September, zum Abschluß des Kongresses, demonstrieren 8000 Autonome in Berlin. Auch wenn der Kongreß nicht verhindert werden konnte, wurden doch eine internationale Öffentlichkeit und interne Zusammenhänge geschaffen (Geronimo; 1990; *Freiraum*; 23/1988; *radikal*; 135/1988; *Unzertrennlich*; 10/11/1988). Im Hamburger Schanzenviertel wird das Musical-Projekt nach vielfältigen Protesten gestoppt. Am zweiten Kongreß »Frauen gegen Gen- und Reproduktionstechnologien« nehmen im Oktober in Bonn 2000 Frauen teil (*Schwarzer Faden*; 30/1989).

**1989**
Am 10. Februar beginnt ein Hungerstreik politischer Gefangener aus Guerilla und Widerstand, der auch von autonomen Gruppen breit mitgetragen wird (*Freiraum*; 23/1989). In Berlin demonstrieren 10 000 Menschen auf der revolutionären 1.-Mai-Demonstration gegen Spekulantentum und für die Zusammenlegung der politischen Gefangenen. Im Anschluß an die Demonstration kommt es zu Auseinandersetzungen am Lausitzer Platz. Irritation in autonomen Gruppen aufgrund des ungezielten Vandalismus bei Jugendlichen (*radikal*; 138 Teil 2/1989). Im November beginnt die DDR – von den Autonomen kaum wahrgenommen – sich aufzulösen. Der Abschwung der Autonomen beschleunigt sich. Im Verlauf einer antifaschistischen Demonstration in Göttingen wird am 17. November eine Frau von der Polizei vor ein Auto getrieben und getötet. Am 25. November demonstrieren 20 000 Menschen gegen den Polizeiapparat.

**Die 90er Jahre**
Die 90er Jahre sind bei den Autonomen durch den Kampf gegen den in der Öffentlichkeit verstärkten Rassismus und die gleichzeitig laufenden staatlichen Maßnahmen gegen Migranten geprägt. Mölln, Hoyerswerda, Solingen, Rostock-Lichtenhagen und die faktische Abschaffung des Asylrechts im Grundgesetz sind dafür Synonyme. Daraus entspinnen sich Diskussionen um die richtige Strategie und Organisierung im Kampf gegen (Neo-)Faschisten. Außerdem werden Diskussionen darüber geführt, wie oder ob der autonome Kampf unter den veränderten Bedingungen des größeren Nationalstaats weitergeführt werden kann. Der triple-oppression-Ansatz wird gängiges Erklärungsmuster für Unterdrückungsverhältnisse.

**1990**
Am 1. Mai wieder Bambule in Berlin (*radikal*; 140/1990). Zu Pfingsten findet in Frankfurt am Main der Kongreß der Radikalen Linken unter dem Motto »Nie wieder Deutschland« statt (Kongreß der Radikalen Linken; 1990). In Hamburg werden zwischen dem 23. und 30. Juni die sog. Phantomenalen, die anti-kapitalistischen Aktionstage gegen die Tagung der Internationalen Handelskammer (ICC) und gegen die Premiere des Musicals »Phantom of the opera«, organisiert (*Neues Schanzenleben*; 6/8/1990). Fünf Wochen nach der

»Vereinigung« werden in der Mainzer Straße in Ost-Berlin besetzte Häuser geräumt (*interim*; 124/1990).

**1991**

Im Januar beginnt der Golfkrieg. Er wird in der BRD von Aktionen gegen deutsche Rüstungsfirmen, Imperialismus-Analysen und Diskussionen um das Verhältnis zu Israel begleitet. Die Diskussion unter Autonomen geht um das Konstrukt einer einheitlichen nationalen Linken, die den Nationalbegriff negiert, d.h. antinationale Positionen vertritt, und sich weigert, die teils rassistischen Wendeverlierer zu absolutieren und als Bündnispartner anzusehen. Die Lupus-Gruppe aus Frankfurt am Main stößt mit ihrem Papier »Doitschstunde« eine Kontroverse um den ritualisierten autonomen Antifaschismus an, die nach Hoyerswerda an Aufmerksamkeit gewinnt (*radikal*; 144/1991). In Berlin gibt es vielfältige Aktionen unter dem Motto »Nolympics« gegen die Olympiabewerbung der Stadt. Durch das Buch »Metropolen(gedanken) und Revolution« (1991) wird das triple-oppression-Konzept breiter diskutiert.

**1992**

In Rostock-Lichtenhagen tobt sich der normale rassistische Mob stundenlang vor einer Migranten-Unterkunft aus, ohne daß sich die Staatsmacht rührt. Zufällig wird bei diesem Pogrom niemand getötet. Die nachfolgende bundesweite Demonstration geht von dem falschen Ansatz aus, die Rassisten in Rostock seien arme Irregeleitete, die mensch nur an den Kampf gegen das System heranführen müsste, aber sie seien keine vom völkischen Konsens getragenen, bewußten Akteure. In Berlin wird bei einem Angriff auf ein Treffen von Faschisten ein Teilnehmer getötet. Die Antifa/M aus Göttingen stellt 1991 ein Diskussionspapier zur verbindlicheren bundesweiten autonomen Organisierung anhand der Antifa-Arbeit und mit dem Vorschlag zu mehr Transparenz und Öffnung für breitere Bevölkerungsschichten vor, um den Stillstand der autonomen Bewegung aufzuheben. Kritik kommt vorwiegend von Anhängern des triple-oppression-Ansatzes, von Frauen und von Hierarchien ablehnenden Autonomen (*radikal*; 144/1991 und 145/146/1992; »Triple oppression und bewaffneter Kampf«; 1994). Die RAF verkündet das Ende des bewaffneten Kampfs gegen einzelne Repräsentanten von Staat und Wirtschaft.

**1993**
Das Recht auf Asyl im Grundgesetz wird quasi abgeschafft. Der Widerstand dagegen ist relativ gering, um nicht zu sagen minimal. Wohlfahrtsausschüsse und ein Verbund von Musikern, Intellektuellen, Autonomen und Antifas gehen Mitte des Jahres unter dem Motto »Etwas Besseres als die Nation« auf Tour in Ostdeutschland mit dem Ziel, den Rechten den öffentlichen Raum streitig zu machen und sich mit ostdeutschen Linken zu koordinieren. Die Aktion läuft weitgehend ins Leere (»Etwas besseres als die Nation«; 1994). Der Knast von Weiterstadt wird im März von der RAF gesprengt. Nach der Ermordung von Wolfgang Grams, der Festnahme von Birgit Hogefeld in Bad Kleinen und der Entlarvung des Spitzels Steinmetz wird die Rhein-Main-Szene das zweite Mal in sechs Jahren mit Festnahmen, Durchsuchungen und Vorladungen überhäuft, die bis heute andauern.

**1994**
Nach zehn Jahren mal wieder schwer entpolitisierte Chaostage in Hannover. Aus Berlin erscheint die »Triple-oppression«-Broschüre mit dem Ansatz der gleichrangigen Unterdrückungsmechanismen und zur Entwicklung einer neuen revolutionären Politik (vgl. Pizza; 1992).

**1995**
Über Ostern findet in Berlin der Autonomie-Kongreß mit 2000 Teilnehmern statt. Frauen, Lesben und Migranten sind kaum vertreten. Junge und alte Autonome trennen sich. Die Meinungen darüber, ob dies der Abgesang der Autonomen war oder ob es irgendwie weitergeht, sind geteilt (Autonomie-Kongreß Vorbereitungsreader; 1994; »Der Stand der Bewegung«; 1995; autonomie kongress; 1997). Am 13. Juni werden bundesweit über 50 Wohnungen, Büros und Läden nach AIZ (Antiimperialistische Zellen)- und K.o.m.i.t.e.e.-Mitgliedern sowie *radikal*-Mitarbeitern durchsucht. Vier Personen, denen die Mitarbeit bei *radikal* vorgeworfen wird, werden verhaftet (Dokumentation zu den bundesweiten Durchsuchungen und Festnahmen am 13. 6. 1995; 1995).

**1996**
Die Castor-Transporte nach Gorleben beleben den Widerstand in der Region. Ende des Jahres kommen um die 8000 Autonome in Wurzen zusammen, um gegen das dortige faschistische Zentrum zu demonstrieren (*Rechter Rand*; 45/1997).

# 4. Selbstverständnis und Identität

## Selbstverständnis

Da das Selbstverständnis von Autonomen differiert, sich autonome Gruppen selbst unterschiedlich definieren, eigene, auch regional abhängige Themenschwerpunkte setzen und durchaus kontroverser oder gar disparater Auffassungen sind, da es also verschiedene autonome Identitäten und kein einheitliches autonomes »Weltbild« gibt, was schon aus der heterogenen Zusammensetzung der Autonomen resultiert, bleibt die Darstellung unvollständig und etwas willkürlich. Selbstkritik, Diskussionen und Widersprüche werden am jeweiligen Punkt exemplarisch behandelt.

Die Autonomen stellen ein Konglomerat vornehmlich aus Sponti- und Italo-»Verschnitten« dar. Schlagwörter der autonomen Bewegung, die unterschiedlich gefüllt werden, sind: Selbstbestimmung, Politik der 1. Person, kollektive und Ich-Identität, Solidarität, Aktion vor Theorie, keine Hierarchien, sozialrevolutionär, alltägliche Veränderungen, Unabhängigkeit ... und diverse Anti-Einstellungen wie Antiimperialismus und Antifaschismus. Eine positive Bestimmung fällt meistens schwerer und bezieht sich auf Freiräume und gegenkulturelle Entwürfe in Musik und Kunst, im Zusammenleben und -arbeiten.

Innerhalb der Hausbesetzerbewegung in Berlin entwickelte sich im Rahmen der Sozialrevolte 1980/81 eine anhaltende Diskussion über deren Grundlagen und ein autonomes Politikverständnis im allgemeinen. Dabei ging es im wesentlichen um die Interpretation und Umsetzung des aus Italien importierten Begriffs Autonomie angesichts der Verhältnisse in der BRD und in West-Berlin. Diese Diskussion wurde damals auch in anderen »bewegten« Städten geführt und hielt, mit Neu-und Weiterentwicklungen, bis Mitte der 80er Jahre an. Ausgangspunkt war ein im Vorfeld des Tu-wat-Kongresses erschienenes Zehn-Punkte-Thesenpapier von Berliner Autonomen, das in *radikal* veröffentlicht wurde und als Weiterentwicklung eines autonomen Thesenpapiers aus Padua/Italien von den Verfassern verstanden wurde, wo sie zuvor Gespräche geführt hatten (*radikal* 97; 8/1981:7ff.). Darin heißt es: »wir kämpfen für uns und führen keine stellvertreterkriege, alles läuft über eigene teilnahme, politik der ersten person ... für ein selbstbestimmtes leben in allen bereichen, wohl wissend, daß wir nur frei sein können, wenn alle anderen auch frei sind. volle regionale, kulturelle und individuelle autonomie für alle!« (*radikal*; a. a. O.:10)

Als »Essentials« lassen sich herausfiltern (*radikal*; a. a. O.:10 und 98; 9/1981:4ff. sowie 100; 1/1982:12ff.):

– Politische Grundströmung diffus anarchistisch bis sozialrevolutionär
– Ablehnung jeglicher Herrschaft
– Ablehnung jeglicher staatlicher Institutionen und Gewalt, schlicht die Ablehnung des Staats als politisch-zivilisatorisches Gebilde
– Ablehnung des kapitalistischen Wirtschaftssystems
– Ablehnung der Bildung von hierarchischen Organisationen zum Zweck des politischen Handelns
– Ablehnung jeglicher Fremdbestimmung auf politischer, ökonomischer und kultureller Ebene
– Ablehnung politischer Handlungsweisen, da das System als nicht reformierbar erscheint
– Ablehnung einer zwanghaften Homogenität der Bewegung
– Akzeptanz aller Widerstandsformen gegen das System
– Befürwortung einer komplett herrschaftsfreien Gesellschaft, in der selbstbestimmtes, dezentrales und hierarchiefreies Leben innerhalb entdifferenzierter (d. h., die Trennung zwischen privat und politisch, Wohnen und Arbeiten wird aufgehoben) Gemeinsamkeiten stattfindet.

Wie der Weg und die Mittel zu letzterem Punkt auszusehen haben, ist unklar. Hier schwankten sie zwischen der Strategie der Freiräume, aus denen gekämpft werden soll, was für andere »Gartenzwergmodelle« (*radikal* 98; 9/1981:7) waren, einem neuen Klassenbewußtsein und Prinzipien des Rätesystems oder auch dezentralen, autonomen Gruppenbildungen. Starke Differenzen bestanden auch in der Staats- und Imperialismusanalyse (*radikal*; a. a. O.). Wesentlich homogener traten die Autonomen in der Negation, in der Ablehnung bestimmter bestehender Verhältnisse auf.

Weil sich die Autonomen aus einer Vielzahl von Gruppen und

Einzelpersonen zusammensetzten, die sehr unterschiedliche Diskussionen führten und Praktiken entwickelten, identifizierten sie sich mit dem Begriff der (kollektiven) Subjektivität, zumal sie die gängigen Ideologien und eine Stellvertreterpolitik ablehnten.

Zur Rolle der Subjektivität und Politik heißt es: »Allgemein gesagt, ist Politik machen heute immer bürgerlich, konterrevolutionär, systemimmanent, reformistisch.« (*radikal* 124/125; 1+2/1984:8) Die Verfasser meinten, daß die Politik seit der Französischen Revolution und dem Beginn der bürgerlich-kapitalistischen Entwicklung in der Hand des Bürgertums liege, das eine eigene Politikerkaste als Beruf herausgebildet und diese zu ihrer Interessensicherung benutzt habe. Daraus schließen sie: »Denn es ist doch gerade der Auftrag der Politik, die Subjektverkehrung im materiellen Produktionsprozeß auf der Ebene gesamtgesellschaftlicher Reproduktion aufrechtzuerhalten und zu organisieren, indem die Klassen von der direkten Artikulation ihrer Interessen abgehalten werden und sich durch Repräsentanten, die dem Allgemeinwohl verpflichtet sind, vertreten lassen; so wird die Enteignung, Entfremdung oder auch Verkehrung der Subjektivität auf gesellschaftlicher Ebene befestigt und dadurch der Anschein einer ewigen Notwendigkeit des gesellschaftlichen Gewaltverhältnisses – des objektiven Zwangscharakters der gesellschaftlichen Reproduktion erzeugt.« (*radikal*; a. a. O.)

Also sollte entgegen der gesamtgesellschaftlichen Enteignung (durch Ämter, Arbeit, Parlamente, Gesetze) von Individuen erstens die Subjektivität wieder errungen werden, und zweitens sollte mensch sich antipolitisch artikulieren. Diese emanzipatorische Gegenstrategie müsse von einer selbstorganisierten revolutionären Kraft ausgehen, die außerinstitutionell agiert. Da »... in der bürgerlichen Gesellschaft sämtliche gesellschaftlichen Beziehungen den Charakter von Institutionen annehmen, eine politische Form bekommen, ... muß unsere Strategie der Befreiung (Freiheit, Kraft und Glück aller) sich grundsätzlich gegen diese Formen richten – sie stürzen und vernichten« (*radikal*; a. a. O.:9).

Politik stelle immer den Versuch dar, zwischen antagonistischen Klassen in der Gesellschaft zu vermitteln, gesellschaftliche Widersprüche aufzuheben oder zu verschleiern und die Menschen damit von der direkten Artikulation des Willens abzuhalten, d. h. Integration, Manipulation und Repression zu betreiben. »Entsprechend bedarf eine sich selbst organisierende Masse weder der Politik zur Durchsetzung ihrer Interessen noch des Rechts zur Legitimation ihres Vorgehens; sie hat ihren Sinn und Zweck in sich selbst und kennt keine außerhalb ihrer inneren Logik aufgebaute Organisation mit entsprechender eigener Logik.« (*radikal*; a.a.O.:10) Auf dieser Basis ist selbstverständlich kein Konsens mit reformistischem Denken verhafteten Organisationen oder Intellektuellen möglich. Bezogen auf die Politik der Grünen heißt es: »Wir müssen vor der totalen Politisierung und nicht Entpolitisierung warnen, die die Massen disziplinieren soll, um eine effiziente Austragung der Klassenkonflikte zu ermöglichen. Die ideologische Ausrichtung nach den großen Themen der Politik (Frieden, Imperialismus) erfüllt gerade die Funktion, die Leute zu politisieren, um mittels einer Aufklärung über die Notwendigkeit des antiimperialistischen Kampfes die gewünschte oder billigend in Kauf genommene Entsubjektivierung zu erreichen, d.h. faktisch, daß sie von der Artikulation ihrer Interessen auf die unmittelbare Bedürfnisebene abgelenkt werden sollen.« (*radikal*; a.a.O.:11)

Die Politikverweigerung kommt auch auf der Produktionsebene zum Ausdruck, wo die Subjektivität der Menschen durch den vom Kapital diktierten Arbeitsprozeß gefährdet ist. Ein Kommando sorgt für die Kontinuität des Produktionsflusses, die Grundbedingung für die Reproduktion des Kapitals ist, und damit für die Kontinuität der Regierbarkeit (Konsensbildung) als politische Garantie der Produktion. »In der aktuellen Situation nimmt daher der ›Staat des technologischen Angriffs, des Arbeitszwangs und der vorbeugenden sozialen Zersetzung von Widerstandsformen‹ die Gestalt des fiktiv existierenden Rechtsstaates an, wird faschistische Diktatur.« (*radikal*; a.a.O.:10) Gegenüber diesem Kommando »... stellen wir denjenigen Sektor der Klasse dar, der nicht arbeiten will und in der Aneignung von ›Mußezeit‹ als Voraussetzung für die Entwicklung der Fähigkeit zum Genuß sowie in der Wiederaneignung des gesellschaftlichen Reichtums seine menschliche Existenz geltend machen muß. Damit kündigen wir selbst der Arbeit ihren Konsens, unterziehen sie durch Sabotage oder Aneignung unserer praktischen Kritik und melden den Dissens öffentlich an, indem wir der Politik die Gefolgschaft verweigern; dies beinhaltet zugleich eine Kritik der Kultur und eine Verteidigung unserer Fähigkeit zur Kultur.« (*radikal*; a.a.O.:11)

Weil die Gesellschaft mittlerweile zu einer riesigen Fabrik transformiert wurde, in der die Massen die *Bild*-Zeitung genießen, während es an den Rändern der Gesellschaft gärt, besteht das Problem autonomer revolutionärer Praxis in den Metropolen vornehmlich in der notwendigen Vermittlung zwischen Produktions- und Reproduktionsebene. »Die Basis aller revolutionärer Kämpfe bis jetzt war die politische Subkultur ... Spontane autonome Arbeiter- oder Arbeitslosenkämpfe, die mit dem reformistischen Gewerkschaftsapparat brechen, können diese Basis nur verbessern. Voraussetzung dafür aber ist, gemeinsame Punkte des Angriffs zu finden, eine Bindung herzustellen, ohne die Autonomie der Kämpfe aufzugeben. Eine verbürgerlichte Subkultur würde dort landen, wo die K-Gruppen und die Grünen angekommen sind: in der Isolation oder im Reformismus.« (*Große Freiheit*; a.a.O.:12f.)

Auf die mangelnde Perspektive revolutionärer Praxis folgen eine (Selbst-)Ghettoisierung und Ghettomentalität der Autonomen, wie das folgende Zitat – das eine Absage an »Politik machen«, ein etwas fatalistisches und geradezu herzergreifendes Politikverständnis und die der These Marx' von der fortschreitenden Produktivkraftentfaltung nicht unähnliche Annahme enthält, daß nämlich die Revolution schon irgendwann komme – in Reinform zum Ausdruck bringt: »Im Ghetto gibt es keine Vorbereitung auf die Revolution; am Tag des Aufstandes sind alle frei, in der Zeit des Ghettos haben sie wenigstens dienstfrei, auch die Berufsrevolutionäre. Das Ghetto selbst ist die keimende Revolte, deren Zeit man nur wittern kann und dann ergreifen muß – die sich vielleicht aber durch nichts herbeiführen läßt, weil sie an die Spontaneität der Massen geknüpft ist.« (*radikal* 107; 8/1982:7)

An solchen Punkten der Ghettomentalität setzte dann auch die interne und die Kritik anderer linker Gruppen an: daß nämlich die Selbstghettoisierung, ursprünglich Zeichen des Selbstbewußtseins, der Selbstbestimmung und der Abkehr von der »Kultur« der existierenden Gesellschaft, nur noch eine Reproduktion der Zwangsghettoisierung des Staats darstellt und in die Isolation oder zur Konspiration führt. Der Rückzug ins Konspirative und klandestin geführte Diskussionsprozesse nehmen der Revolte ihre Lebendigkeit und Spontaneität, die überhaupt Motor der Sozialrevolte sind.

Um also eine Isolation zu verhindern, ist es wichtig, im Ghetto die Berührungsängste unter den Gruppen abzubauen, pragmatische Lösungen für die Widersprüche zwischen Autonomen und reformistischen Alternativen, Grünen etc. zu finden und eventuell sogar aus taktischen Erwägungen Verhandlungen mit dem Staat aufzunehmen, d.h. eine quasi autonome »Realpolitik« zu betreiben. Verhandlungen mit der Staatsmacht, ohne sich vereinnahmen zu lassen, dienen paradoxerweise der Erhaltung und Erweiterung der Freiräume als Grundlage der revolutionären Subjektivität und Identität, ja des Ghettos als Lebenswelt und sozialer Raum, in dem überlebt und aus dem heraus wiederum gegen die Staatsmacht bzw. deren Repräsentanten (z.B. Medien, Ämter, »Bullen«, aber auch Sex-Shops, Neo-Nazis und Skinheads) gekämpft wird.

Ganz im Gegensatz zu den ghettoisierten bzw. konspirativen autonomen Gruppen sehen andere Autonome, die sich primär als »Revolutionäre« verstehen, folgende Notwendigkeit: »Wir müssen an den existierenden Widersprüchen ansetzen und diese vertiefen ... – durch direkte Zusammenarbeit und Auseinandersetzung mit den Menschen in Kiezen, Initiativen, Basisgruppen. Der erste Schritt in der Entwicklung von Klassenbewußtsein ist, nach dem Erkennen der eigenen Lage, ihre/seine Interessen in die Hand zu nehmen und sich zu wehren – durch militante Aktionen, um die Angreifbarkeit und Verletzlichkeit des Systems aufzuzeigen, um Mut zu machen und Wege aufzuzeigen.« (*Sabot* 15; 5/1987:31)

Eine Ausweitung militanter Aktionen kann über militante Kerne koordiniert werden (vgl. Interview mit einer Autonomen Zelle, in: *freiraum* 18; Sommer 1987:16ff.). »Um die Revolte nicht einschlafen zu lassen, um reale Möglichkeiten und Erfolge sozialrevolutionärer Politik zu zeigen, sind kontinuierliche, militante Kerne nötig.« (*Große Freiheit* 58; 4/1983:14) Militante Kerne verdeutlichen also, daß Teilerfolge im Kampf gegen das scheinbar übermächtige System möglich sind, und sie beschleunigen den Zerfall der Massenloyalität. »Wenn es diesen Kernen gelingt, autonome Revolte ... durch phantasievolle Aktionen zu ergänzen, wird sich das Konzept revolutionärer Selbstorganisation jenseits vom Reformismus weiter verbreitern, und der Kampf um die Köpfe wird der bürgerlichen Massenpsychologie Bereiche von Einfluß entziehen.« (*Große Freiheit*; a.a.O.:13)

Militante Aktionen sind also dann sinnvoll, wenn sie befreiend wirken, d.h. wenn sie »Unterdrückung, Armut, Angst, Ohnmacht, Hilflosigkeit, Wut ... bei sich und/oder anderen abbauen oder wenn sie für besonders gefährlich erachtete Projekte verzögern« (*radikal* 134 Teil 2; 88/1987:57). So gesehen können militante Aktionen »rein« therapeutische Wirkung haben, indem sie den Spaß bringen, den die Zerstörung kapitalistischer Barbarei bedeutet, um nicht in Frust und Resignation die Hoffnungen auf eine mögliche Veränderung zu verlieren. Angriffe, die nicht konkret und unmittelbar Bedürfnisse von Menschen aufnehmen, sondern abstrakt gegen das System gerichtet sind, finden diese Autonomen sinnlos, weil sie nicht den subjektiven Zusammenhang herstellen und »wegen verstärkter und legitimierbarer Repression« (*radikal*; a.a.O.) kontraproduktiv wirken. Das gilt auch für die Tötung von Menschen: »Jeder ist problemlos austauschbar, die Charaktermaske wird nie getroffen, nur der Mensch bleibt blutend liegen. ... Allein Mitleid mit den Angehörigen bleibt uns – selbst wenn die Opfer Bullen oder ähnliches waren. Als Tote sind sie nur noch Menschen.« (*radikal*; a.a.O.)

Um den Zusammenhang unter Autonomen zu erhalten, müßten »... (wir) auch unsere Organisationsstruktur, die Kontakte oder punktuellen Koordinierungsansätze, legale oder illegale Treffen an sich diskutieren«, sagen die einen (*Große Freiheit* 58; 4/1983:14). Das Fehlen von festgefügten Organisationsstrukturen, eine konspirative Arbeit und die daraus resultierende Unberechenbarkeit für den Staatsapparat seien aber gerade die Stärken der Autonomen, sagen die anderen.

Die divergierenden Vorstellungen über eine Identität in der Subkultur und mögliche Handlungsstrategien schlagen sich zu guter Letzt auch in der Gesellschaftsutopie nieder: »nicht einig sind wir uns darüber, ob wir eine revolte oder eine revolution wollen, ... revolution ist für sie ein fixpunkt, ab dem dann angeblich das reich der freiheit da ist; diese vorstellung ist aber nichts weiter als die vertröstung auf ein fernes paradies, wir aber leben hier, jetzt und heute. vielleicht ist die freiheit nur der kurze moment, wo der pflasterstein in die hand genommen wird, bis zum zeitpunkt, wo er auftrifft, d.h. der moment der veränderung, der grenzüberschreitung, der bewegung. einig sind wir uns darüber, daß wir den staat nur zerstören und uns ihm gegenüber nicht konstruktiv formulieren wollen.« (*radikal* 98; 9/1981:5)

## Identität

Das Identitätsproblem, sei es als Ich-, soziale oder kollektive Identität, wurde bereits früh erkannt: »Weil eine natürliche Ausweitung ausgeblieben war, brach mit dem Zerbrechen allgemeinen Aufruhrs (1981) die Kluft, von Illusion notdürftig verkittet, auf ... Von einer irrationalen Empörung, einem Aufstand, der vielleicht den Mythos von Revolte geatmet hatte, zum Ritual. Vom Ritual zur irrationalen Identität, die gerade versteinerte Identität, die nicht mehr hinterfragt werden kann ... Eine (Selbst)Kritiklosigkeit, die in fehlender und damit der Unfähigkeit, Bündnisse zu erkennen und zu schließen, ihren Niederschlag gefunden hat. Der Weg ins äußere Ghetto geht einher mit dem Sturz in das innere Ghetto einer zwanghaften Identität, die nicht mehr hinterfragt werden darf, denn jede Kritik ist rational, also distanziert, zerstört damit die unbedingte Irrationalität und also die Identität. Beschleunigt wird der Sturz in jedes Ghetto durch die vermeintliche Einheit von Arbeit, Kampf und Leben. Denn wenn der Kampf wegfällt oder ihm die Perspektive ausgeht, bleibt nur noch Leben; Arbeit allenfalls spontan und für die nötigste Knete. Also gibt es nichts, woran sich die Identität reiben könnte, es gibt nichts, woran sie sich fortentwickelt, und schließlich gibt es nichts außer dem Ghetto.« (*radikal*; 113/1983:9)

Identität benennt das menschliche Bedürfnis nach Zugehörigkeit, um sich psychologisch gefestigt und handlungsfähig, gleichzeitig mit einem individuellen Selbstbildnis in einen Kontext stellen zu können – im Gegensatz zur psychischen Verelendung, Zerstörung der Subjektivität und kapitalisierten Gesellschaftlichkeit in diesem System. Das Problem besteht darin, daß Identität keine feste Größe, sondern permanenten Veränderungen unterworfen ist, wie sie die Freisetzung des Individuums in der bürgerlich-kapitalistischen Entwicklung, in der alte »natürliche« Ordnungen wie Familie und »Scholle« aufgelöst wurden, impliziert. Der neue gesellschaftliche Zusammenhang ist unpersönlich, warenförmig und produziert einen narzißtischen Sozialcharakter. Identität schwankt also immer zwischen Selbstansprüchen und externen Faktoren, die auf das Individuum einwirken. Daß (politische) Identität keine Konstante ist, zeigt sich auch an Achtundsechzigern, die heute bei den »Neuen Rechten« anzutreffen sind.

Wenn die Zusammensetzung der Gesellschaftsmitglieder über

die Warenform der Produkte und in ihrer sachlichen Form über Geld hergestellt wird, wird das Individuum Teil der ökonomischen Struktur, die es nicht kontrollieren kann. Die vorgegebene, unter das Kapitalverhältnis subsumierte Identitätsstruktur zu durchbrechen, eigene Lebensstile und Werthaltungen, also autonome Identitäten unabhängig von der kapitalistischen Vergesellschaftung zu schaffen, war eines der Hauptanliegen der Autonomen. Der Versuch, ohne ideologische Vorgaben und durch Symbole wie Kleidung, schwarze Fahnen und Musik den Verlust unmittelbarer gesellschaftlicher Beziehungen zu kompensieren, war im Entstehen der autonomen Bewegung zur Identitätsstiftung und Selbstkonstitution sicher wichtig. Aber auch diese autonomen Identitäten sind, nicht zuletzt durch die ständigen Interventionen der Subsysteme in die Freiräume, Veränderungen unterworfen, und das Identitätskonzept bzw. die Konsolidierung der Bewegung scheint ohne übergreifendes politisches Konzept unzureichend bzw. unmöglich.

Darüber hinaus ist der Begriff Identität in Zeiten der sich verschärfenden persönlichen und sozialen Bedrohungen des Individuums auch leicht von rechter Seite zu belegen. Das Konstrukt einer nationalen, deutschen oder rassischen Identität soll ein Zugehörigkeitsgefühl suggerieren, das das Selbstwertgefühl des einzelnen stabilisiert, von den eigentlichen Ursachen der Einflußlosigkeit, der mangelnden Selbstbestimmung und Perspektivlosigkeit ablenkt, den Blick für die gesellschaftliche Determinierung der Identitätsbildung verschleiert und vorhandene rassistische Werthaltungen verstärkt.

Die Autonomen sind schließlich Produkt der Verhältnisse, gegen die sie sich auflehnen, und entsprechen in ihrem Typus dem Sozialcharakter der Gesellschaftsformation. Die freigesetzte Individualität wird mit vermeintlich selbstbestimmten Inhalten gegen die Gesellschaft gewendet, entspricht aber in ihrer Herangehensweise den Lösungsversuchen der Individuen in der Gesamtgesellschaft. Da eine überwiegende Mehrheit der Bevölkerung eher zur Identifikation mit nationalen und rassischen Identitäten neigt als zu einem progressiven, widerständigen Verhalten, bleibt die Idee vom autonomen Ich, das aufgrund subjektiver, freier Entscheidungen die gesellschaftlichen Verhältnisse kippen könnte, in der Realität doch ein Trugbild.

Eine Weiterentwicklung der subjektiven Ich-Identität ist die kollektive Identität. Kollektive Identitäten, ausgeprägt durch Interaktion, werden in der Sozialforschung als andauerndes Bewußtsein der Identifikation mit und der Zugehörigkeit zu einer sozialen Gruppe verstanden, die aufgrund eines internen Konsenses zu kollektivem Handeln führt. Solch ein Konsens wirkt mobilisierend, bindet das einzelne Individuum ein und konstituiert einen kollektiven Akteur, geprägt durch gemeinsame Werte, eine bestimmte Perspektive auf die soziale Realität sowie emotionale und moralische Momente wie Solidarität und das Gefühl der gemeinsamen Stärke. Der interne Konsens wird nach außen zum Gegenstand politischer Ansprüche. So war es auch zur Hochzeit der Autonomen 1980/81. Kollektive Identität ist vor-politisch und strategisch-politischen Entscheidungen übergeordnet. Zunächst ist sie eine kulturelle Konstruktion, die in kommunikativen Prozessen des ständigen symbolischen und rituellen Inputs bedarf, um sich zu reproduzieren, handlungsfähig zu bleiben und ein Wir-Gefühl gegen die anderen zu vermitteln. Riskanter Widerstand fördert dabei das Gefühl der Zusammengehörgkeit und des gegenseitigen Vertrauens.

Hier liegt aber auch das Problem der autonomen Bewegung, die auf keinem Parteiprogramm, keiner gemeinsamen Ideologie und Organisation basiert. Wenn die persönliche Kraft der älterwerdenden Akteure nachläßt, sich die Interessen und Werthaltungen wandeln, der gesellschaftliche Druck durch Repression und Sozialabbau größer wird, keine jüngeren Akteure mit ähnlichen Werthaltungen nachrücken und symbolische Handlungen auf der Straße und an Bauplätzen ausbleiben, ist eine Bewegung, die stark auf Gesinnung, weniger auf Ideologie beruht, in ihrem Bestehen gefährdet – ganz zu schweigen von der angestrebten politischen Ausdehnung auf andere Sektoren. Das Bewußtsein ist zwar noch vorhanden, konstituiert sich aber nicht mehr zum kollektiven Akteur und als politische Gegenmacht. Da es bei den Autonomen keinen überdauernden Parteiapparat gibt, zerfällt die Bewegung mangels persönlicher Ressourcen und der Möglichkeit, auf sich verändernde gesellschaftliche Bedingungen zu reagieren. Die Politik der 1. Person stößt bei fehlender Konstitution des kollektiven Akteurs an ihre Grenzen.

Es bleiben voneinander isolierte klandestine Kleingruppen übrig, die Einzelaktionen durchführen, oder der individuelle, resignative Rückzug in das (halb-)bürgerliche Leben. Wenn die sozialen

Milieus oder Freiräume als Orte der Kommunikation und als Voraussetzung von Widerstand bröckeln, wird den NSB und den Autonomen die Basis entzogen. Wo die politische Situation nicht mehr kollektiv gedeutet wird und die Alltagswelt der vertrauensvollen Kontakte und der Vernetzung zerbricht, bleiben das Erkennen und die Bewältigung von Ungerechtigkeiten ein persönliches Problem, isoliert und damit reaktionslos.

Die unterschiedlichen Organisierungvorschläge der letzten Jahre sind daher der Versuch, eine angemessene Handlungsform zu finden, um dem Druck und den Veränderungen von innen und außen Rechnung zu tragen, da die Betroffenheit einzelner nur noch zu bedingtem Widerstand ausreicht. Die andere und oft praktizierte Möglichkeit ist das Festhalten an liebgewonnenen autonomen Identitäten, die sich immer mehr über die Abgrenzung (von »Normalos«, Staat und Kapital) herstellen.

Die kollektive Identität der Autonomen ist heute stark gefährdet und kaum noch erkennbar. Statt Massenmobilisierung wie früher gibt es heute zu verschiedensten, nicht minder wichtigen Anlässen nur noch eine Handvoll Aufrechter auf der Straße. Dem Rest fehlt die Motivation – aufgrund persönlicher Trägheit und dem Rückzug ins Private oder weil diese Form politischen Engagements als ritualisiert, perspektivlos und sinnentleert erachtet wird.

Gemeinsame Aktivitäten gegen äußere Gegner nehmen ab, die innere Ausdifferenzierung nimmt zu. Konflikte (wie Mann/Frau, Jung-/Altautonome und Ost-/Westautonome), die zu Hochzeiten der Bewegung im Kampf gegen äußere Gegner nur selten thematisiert wurden, gewinnen an Wichtigkeit. Besser wäre es natürlich gewesen, die Konflikte zu Zeiten der politischen Stärke auszutragen. So entsteht ein Wechselspiel: Die notwendigerweise nachgeholten Diskussionen, ohnehin ein Zeichen mangelnder Interventionsmöglichkeiten in die Gesellschaft, zerlegen die autonome Identität, die sich vorher im permanenten Kampf gegen äußere Gegner reproduzierte und Binnenkonflikte unterdrückte, durch Aus- und Abgrenzungen noch weiter.

So erklärt sich ein zunehmend autistisches Gruppenverhalten fernab der gesellschaftlichen Realität bei gleichzeitiger Fehleinschätzung der Relevanz, Akzeptanz oder Richtigkeit der eigenen Meinungen. Diskussionen, die nicht nur auf Abgrenzung zielen, finden kaum noch statt. Wenn autonome Politiken nur noch der

Identitätsbewahrung – inzwischen aufgesplittert in autonome FrauenLesben, autonome Männer, Ostautonome, Jungautonome, schwule Autonome, autonome Tierschützer u.a. – dienen und externe Faktoren und Entwicklungen nicht selbstkritisch verarbeitet oder sogar ignoriert werden, gerät eine Bewegung zum Ghetto – und wird dem außenstehenden Publikum unverständlich. Zwar haben die Autonomen nie eine Stellvertreterpolitik betrieben oder einem Publikum gefallen wollen, aber autistische Politik und Abschottung führen unweigerlich zum Verschwinden der Restbewegung. Darüber helfen auch sporadische Mobilisierungen, wie zur *radikal*-, Wurzen- oder Rosa-Luxemburg-Demo, und die erfolgreichen Arbeiten in Teilbereichen, wie der Antifa- und Flüchtlingsarbeit, nicht hinweg.

Autistische Politik kann außerdem dazu führen, daß interne Abweichung und Kritik als Ketzerei verurteilt und Verfahren und Instanzen zur Sanktionierung ausgebildet werden. Die Gemeinschaft wird unverletzlich, Loyalität gilt notorisch und unhinterfragt und erfolgt nicht mehr aus eigenem Antrieb der Individuen durch Interesse an einer Sache. Die kollektive Identität ist auf personell verkleinertem Niveau erhalten, aber der Anspruch auf gesellschaftliche Intervention ist nicht mehr einlösbar. Bei – ehemaligen – Bewegungsmitgliedern macht sich Gleichgültigkeit breit.

Die Autonomen sind als Bewegung ohne soziale Kategorie und Ideologie besonders auf die Vergewisserung von Gemeinschaft über gleiche Motivation, Lebensstile und Befindlichkeiten, die auch in den privaten Bereich hineinspielen, angewiesen. Eine feste Ich- oder auch kollektive Identität bedeutet jedoch Stillstand, da sich jedes Individuum und jede Gruppe mit jedem neuen Gedanken und jeder neuen Handlung von der alten Identität wegbewegen. So ist eine Identitätsflexibilität als Anpassungsleistung an verschiedene neue Anforderungen der Gesellschaft, an den Wandel der sozialen Basis und an einen neuen politischen Kontext notwendig. Ansonsten wird eine Bewegung wie die Autonomen anachronistisch, sektiererisch und unfähig, gesellschaftlich zu intervenieren.

Autonomie heißt Abkopplung von staatssozialistischen und kapitalistischen Gesellschaftsvorstellungen. Voraussetzung einer Freiheit von Fremdbestimmung ist die Bereitschaft zur Selbstbestimmung und Eigenverantwortlichkeit, mithin die Loslösung und

Negation von äußeren Herrschaftsansprüchen und Gesellschaftsnormen. »Autonomie ist die Entscheidung eines Menschen oder einer Gruppe von Menschen, ihre Geschicke aus einer Verantwortung für das Ganze heraus selbst in die Hand zu nehmen. Man kann sie nicht einfordern, man kann sie sich nur selbst nehmen, indem man sie praktiziert.«(*autonomie-kongreß*; 1997:17)

Dies gilt im allgemeinen für jede Lobby und ist recht bürgerlich. Die Freiheit des Willens bestätigt sich demnach in der Fähigkeit, den eigenen Vorteil unter Beachtung des Gegebenen zu suchen – und zu nutzen. In der bürgerlichen Pädagogik nennt sich dies »Erziehung zur Mündigkeit« (»Etwas besseres als die Nation«; 1994:66). Selbstbestimmung und Eigenverantwortung sind, auch wenn sie in Kollektivität aufgelöst werden sollen, bürgerlich-individualistischen Vorstellungen nahe. Dies wird nicht immer klar erkannt und benannt. Aber die Handlungsspielräume, jene Lücken der Gesellschaft, wo Eigenverantwortung ausprobiert werden kann, werden von dem umgebenden System natürlich möglichst schnell wieder geschlossen. Abgesehen davon stecken die gesellschaftlichen Werte auch in den widerständigen Akteuren selbst, die sich der Sozialisation schwerlich entziehen können. In Analogie zu der Auffassung, Emanzipation und Autonomie könne es nur nach dem Sturz des Gesamtsystems geben, stellt sich die grundsätzliche Frage, ob es ein richtiges im falschen Leben geben kann.

Wenn das Subjekt, wie bei den Autonomen, zur entscheidenden Instanz erhoben wird, kann es keine Welterklärung mit verbindlicher Gültigkeit geben. Theorie ist hier vielmehr zu verstehen als unabschließbarer, prozessualer Versuch, eigene autonome Interessen und Praktiken zu begreifen, indem man sich darüber auseinandersetzt oder auch streitet. Ein gemeinsames Theorieverständnis bestimmt wiederum die politische Strategie.

Eigenverantwortlichkeit wird als Basis jeder nicht-hierarchischen Struktur angesehen – und ignoriert oder vernachlässigt zumindest oft die unterschiedlichen Ausgangspositionen der Akteure. So haben sich auch bei den Autonomen Hierarchien zwischen Machern und Mitläufern, zwischen Männern und Frauen herausgebildet.

Solidarität war – in Abweichung von der beanspruchten Unmittelbarkeit – meist ein Handeln für andere, und weniger mit anderen.

Die Autonomen besitzen keine gemeinsame Gesellschaftsutopie, setzen aber Kontrapunkte wie Kollektivität, Zusammenführung der Lebensbereiche, Achtung des Individuums sowie seiner Bedürfnisse und Fähigkeiten.

Letztlich bleiben die Autonomen schwarze Schafe der bürgerlichen Gesellschaft. Ob das Konzept Autonomie in all seinen Facetten einen tatsächlichen Beitrag zur Umwälzung der Gesamtgesellschaft leisten kann, ist heute unwahrscheinlicher denn je. Trotzdem besitzt die autonome Bewegung eine größere Kontinuität als andere radikale systemoppositionelle Gruppen in der BRD-Geschichte.

## Zusammenfassung

– Die Autonomen sind heterogen und differenziert in ihren Ausgangslagen. Ihre Wurzeln liegen in der politisch-ökonomischen Entwicklung der BRD und den politischen Vorläufern. Sie kommen nicht von einem Klassenstandpunkt, sind keine Ein-Punkt-Bewegung, sondern »mischen« sich überall dort in Kämpfe ein, wo es ihren Bedürfnissen und Überzeugungen entspricht (Anti-Nato, Anti-AKW, Häuserkampf, Antifaschismus, Antisexismus). In der bürgerlichen Presse führte dies zum Begriff der »reisenden Chaoten«.

– Die Autonomen besitzen kein einheitliches »Weltbild«, keine positive Gesellschaftsutopie. Die größte Einigkeit besteht in der Ablehnung des kapitalistischen Gesamtsystems als Verursacher aller »Mißstände« im Produktions- und Reproduktionsbereich sowie im Trikont. Die Anti-Haltung gegen Staat und Kapital und das »Autonom-Erklären« ermöglichten die Herausbildung neuer kollektiver Identitäten im Widerstand gegen die herrschenden gesellschaftlichen Normen und Zwänge.

– Die Autonomen treten in der Sozialrevolte 1980/81 als Entmischungsprodukt der radikalsten Kräfte aus Teilbereichsbewegungen hervor. Sie rekrutieren sich hauptsächlich aus freiwillig oder unfreiwillig Marginalisierten, in prekären Arbeitsverhältnissen oder in der Ausbildung befindlichen Menschen und Sozialgeldempfängern. Diese sozioökonomische Lage bestimmt den Standort der Autonomen an der Peripherie des produktiven Bereichs. Hinzu

kommen anpolitisierte Jugendliche aus der Schule und »no-future-kids« wie die Punks.
– Aus den erkämpften oder vorhandenen Freiräumen in Sozialmilieus entwickeln die Autonomen ein eigenes Bewegungsmilieu – unabhängig von dem klassischen Konflikt zwischen Lohnarbeit und Kapital – im Reproduktionsbereich (eine Ausnahme bilden die Jobber, s. Kap. 6) und eine eigene Identität durch Kleidung, Musik, politische Aktionen, Häuser und Symbole. Die aufgezwungene Mobilität, Entfremdung, Vereinzelung, Kontrolle und Ausbeutung durch das kapitalistische System wird durch die selbstbestimmte kollektive Verknüpfung von Lebensbereichen (Alltag, Politik, Kultur), durch Hausbesetzungen, durch das »Abkassieren« von Sozialgeld oder gelegentliche Jobberei sowie militanten Widerstand durchbrochen, die soziokulturelle Fragmentierung wird aufgehoben, soziale Ungleichheit abgemildert (wer mehr Geld hat, zahlt auch mehr).
– Die Lebenswelt der Autonomen wird im Sozialraum auf der Grundlage eigener Betroffenheit und Sensibilität aus einem subjektiven Politikansatz heraus zusammen mit anderen Gleichgesinnten gegen die staatlichen und kapitalistischen Angriffe des Systems, die Fremdbestimmung bedeuten, verteidigt.
– Die nationale und globale Risikogesellschaft mit ihren Gefahren (Atomkrieg, Erwerbslosigkeit, Spekulantentum, AKW, Umweltverschmutzung, Ausbeutung des Trikonts etc.) auf der einen Seite und die mangelnden Partizipations- und Veränderungsmöglichkeiten auf der anderen Seite legitimieren nach Ansicht vieler Autonomer die Anwendung von Gewalt, d.h. militante Aktionsformen, um die Herrschenden zu stoppen.
– Die während und nach der Revolte 1980/81 geführten Diskussionen um Staats-, Gesellschafts- und Wirtschaftsanalysen, um Handlungsstrategien, Taktiken, Bündnisse und politisches Selbstverständnis ließen erkennen, daß die »Fehler« des Systems keine Fehler, sondern systemimmanente Grundbedingungen des funktionierenden kapitalistischen Systems sind, daß das kapitalistische System also nicht reformierbar, sondern nur zu zerstören ist. Dies gab der Militanz einen neuen Schub. Die Theorie- und Strategiediskussionen in der Revolte formten erst das Bild der militanten Systemoppositionellen, der Autonomen.

# 5. Themen und Widersprüche

## Der Staats- und Klassenbegriff

Der Begriff des Staats hatte für Autonome eine noch größere Bedeutung als der des Kapitals. Das Verhältnis der Autonomen zum Staat war einerseits geprägt durch die politischen Repressionserfahrungen aus der Geschichte bundesdeutscher Protestbewegungen und andererseits gekennzeichnet durch eine mangelnde Differenzierung. System, Staat, Apparat und Kapital wurden oft als Synonyme für das eine »Schweinesystem« benutzt. Die komplexen Bedingungen wurden simplifiziert. Diese In-Eins-Setzung drängte sich zwar aufgrund der Repressionen gegen Autonome durch die Staatsgewalt und der engen Verknüpfung von Staat und Kapital im Fordismus auf, ist aber im Endeffekt zu simpel, da es die unterschiedlichen Interessen der Subsysteme übergeht.

Dem Staat werden permanent »Faschisierungstendenzen« unterstellt. Auch wenn schwerlich geleugnet werden kann, daß die technologischen und überwachungstechnischen Möglichkeiten heute einen viel effektiveren Faschismus zuließen, so stellt der inflationäre Gebrauch des Begriffs Faschismus in bezug auf den BRD-Staat entweder ein mangelndes Wissen über den Faschismus oder eine grobe Bagatellisierung desselben dar.

Teilweise wird das Staatssystem der BRD auch in den weltweiten Kontext der Zusammenarbeit mit den anderen kapitalistischen Führungsmächten eingebettet, die den Rest der Welt kontrollieren. In einem Beitrag der *Autonomie NF* wird in einer Untersuchung industrieller Entwicklungszonen im weltweiten Maßstab, finanztechnischer Mechanismen sowie des Verhältnisses zwischen Hochrüstung und Staatsverschuldung der Führungsmächte des Kapitalismus ein Zusammenhang zwischen nazistischer Großraumwirtschaft[1] und den Strategien des Nachkriegsimperialismus

[1] Die Ähnlichkeiten zwischen Keynes' »Neuem Ordnungs-Konzept« (Mai 1941) und dem »Neue Ordnung«-Plan von NS-Reichswirtschaftminister Funk (Juli 1940) sind tatsächlich frappierend (*Autonomie NF*; 14/1985:217f.).

festgestellt: In der neuen Nachkriegswirtschaftsordnung von Bretton Woods (Sommer 1944) »... ist das USA/IWF-Projekt die Inszenierung der nazistischen Europapolitik im Weltmaßstab« (*Autonomie NF*; 14/1985:6). Die Interessen multinationalen Kapitals finden ihren Ausdruck in einem System, das quasi Staatsformen auf weltweiter Ebene angenommen hat, und zwar über Leitwährungsstrukturen und die Kombination flexibler Zahlungsbilanzregelungen und langfristiger Anpassungsimperative. »Der IWF ist nur noch eine Behörde zur Koordinierung der Weltsozial-, Hunger- und Elendspolitik ...« (a. a. O.:286)

Der Nachkriegsimperialismus in nazistischer Tradition zeichnet sich also durch ein Konzept des Fortschritts (für die Führungskader des IWF/WB) und der Ausmerzung (im Trikont)[2], der Nachkriegskapitalismus (in Form des IWF) durch eine wachsende Intervention der »Staatsgewalt« in Wirtschaftsfragen aus. Im Kapitalismus der BRD kommen die Intervention und Kontrolle im keynesianischen »Modell Deutschland« der SPD/FDP-Koalition ab 1969 zum Ausdruck. Probleme der politischen Steuerung und der Kapitalverwertung verschmelzen und nehmen den Charakter einer »... im zunehmend supranationalen Kommando des Kapitals koordinierte(n) Waffe« (a. a. O.:286) an. Auf dieser Grundlage werden von nur sehr wenigen Autonomen differenzierte Darstellungen unterschiedlicher Herrschaftsformen (bürgerlich-kapitalistisch, faschistisch, Militärdiktaturen), unterschiedlicher nationaler Kapitalinteressen und unterschiedlicher politischer Taktiken und Strategien vorgenommen.

Den meisten erscheint das System bloß als monolithischer Moloch: »Es sind eben die Gleichen, die hier Bullen und in El Salvador Militär einsetzen oder in Panama den Präsidenten, der die Befreiungsbewegungen von Nicaragua und El Salvador unterstützt, umbringen.« (*Vollautonom* 7; 1982:8)

Wie stark das Staatsverständnis teilweise auf die »Bullen« reduziert wird, zeigt sich an der fast zweijährigen Diskussion der Autonomen um Internationalismus im Vorfeld des IWF/WB-Kongres-

2 »Wer von den Chicagoer Vorbildern vergleichsweise noch am wenigsten Leute umgebracht hat, ist Al Capone.« (*Frankfurter Rundschau* vom 22. 8. 1981) Dieser Satz bezieht sich auf die US-Ökonomen und IWF-Vordenker der sog. Chicagoer Schule.

ses in Berlin. Hier ging es zum ersten Mal um ein recht »abgehobenes« Thema im Vergleich zu den vorhergehenden Kämpfen um Startbahn-West, Häuser und AKW. Es war zwar klar, daß der BRD-Staat als europäische Führungsmacht einer der Hauptausbeuter des Trikonts ist und der IWF das Hauptunterdrückungsinstrument darstellt – für einen neuen »autonomen Antiimperialismus« reichte diese Feststellung allerdings nicht aus.

Ziel der Diskussion war, ein sozialrevolutionäres, autonomes Konzept und eine neue autonome politische Kontinuität und Organisierung an dem Thema Staat/Internationalismus/Imperialismus zu erreichen und damit die Unzufriedenheit in autonomen Kreisen, über spontane »Bewegungshochs« nicht hinauszukommen, zu überwinden. Am Ende der zweijährigen Diskussion stand ein Ergebnis, das vermutlich auch bei vierwöchiger Vorbereitungszeit hätte zustandegebracht werden können: weitgehend bündnisloser Aktionismus auf der Straße.

Der nationale Staat bleibt also weiterhin für viele Autonome ein übermächtiges, allgegenwärtiges Wesen, das die Entwicklungsmöglichkeiten einschränkt: »Das kapitalistische System durchdringt die ganze Gesellschaft, ein Räderwerk, das läuft und funktioniert, um die Verwertung von Kapital, die Ausbeutung der arbeitenden Menschen zu garantieren. In diesem Räderwerk ist alles Rädchen, es gibt keinen Freiraum. Die Schulen, die Unis, die Krankenhäuser und Psychiatrien, die Familien und Heime, die Knäste und Bullen, die Fließbänder, Alternativbetriebe und Klitschen, die Wohnsilos und, und, und.« (*Unzertrennlich* 10/11; 1988:25) Die hier durchschimmernde Erkenntnis der Durchstaatlichung und Durchkapitalisierung gibt sich nicht die Mühe, Widersprüche dieser einzelnen Zonen der Gesellschaft und mögliche Widerstandspotentiale, mit denen zusammen überhaupt noch oppositionelle Arbeit möglich ist, herauszuarbeiten.

Die Auseinandersetzung mit der Polizei erscheint aufgrund ihrer Brutalität, Entwürdigung und Repression zwar verständlich, ersetzt aber keine Staatsanalyse und verkommt zum Ritual.

Seit Anfang der 90er Jahre entwickelte sich in der Diskussion um einen überholten, weil patriarchalisch vorgeprägten und dominierten Klassenbegriff, der außerdem voller Rassismen steckte, der 3:1- oder triple-oppression-Ansatz. Kritikpunkt war, daß die Analyse lokaler und globaler Ausbeutungsverhältnisse immer auf die

Ökonomie reduziert wird und dadurch Patriarchat und Rassismus unsichtbar gemacht, Kämpfe in Haupt- und Nebenwidersprüche aufgeteilt und der Welt ein weißes eurozentristisches Raster übergestülpt werden. Diese Kritik richtete sich auch gegen die sexistische Binnenstruktur der Autonomen und die schwache Reaktion auf die staatliche Migrantenhetze.

Konkret wurde Kritik daran geübt, daß Kapitalismus/Imperialismus, Patriarchat und Rassismus/Antisemitismus nicht gleichzeitig und in wechselseitiger Abhängigkeit gedacht und die Unterschiede in den weltweiten sozialen Kämpfen nicht hinreichend berücksichtigt würden. Das aber sei Voraussetzung für eine Theorie der BRD-Linken, um eine radikale Kritik an globalen und lokalen Gewalt- und Ausbeutungsverhältnissen formulieren zu können. Ein wirklicher Befreiungskampf müsse nämlich diese drei Punkte tatsächlich, und nicht nur verbal enthalten.

Die weiße und männlich dominierte BRD-Linke gilt als privilegiert und damit als blind für Wirklichkeiten außerhalb ihres eigenen Erfahrungs- und Bewußtseinshorizonts. Es bestehe akuter Nachholbedarf in der Rezeption antisexistischer und antirassistischer Texte von Frauen und Schwarzen (als politischer Begriff für alle Nicht-Weißen). Und als Ausgangspunkt einer Revolutionierung der privilegierten Verhältnisse müsse für einen Machtverlust von weißen Männern in der Linken gesorgt werden. Langfristige Mobilisierung und Befreiung seien nur mit Zielen möglich, die über die eigene aktuelle Lebenssituation hinausreichen (Drei zu Eins; 1993:25f.; siehe auch »Metropolen(gedanken) und Revolution?«; 1991).

Der triple-oppression-Ansatz erkennt im Unterschied zur *Autonomie* kein einheitliches Bild in den weltweiten sozialen Kämpfen, sowohl hinsichtlich ihrer Praxis als auch ihrer Ursachen. Eine weltweite soziale Revolte wird als Konstrukt kritisiert, das Gleichzeitigkeiten und Gemeinsamkeiten der ökonomischen Entwicklung und unter den Akteuren heraufbeschwört, die so nicht existieren, und damit Widersprüche unterdrückt. Im triple-oppression-Ansatz werden vielmehr die Unterschiede zwischen Metropolen- und Trikontarbeitern, Behinderten und Nichtbehinderten, weißen und schwarzen Frauen und Männern hervorgehoben, die auch die jeweiligen Kämpfe bestimmen. Diesem Ansatz zufolge hat das Kapital ein feingesponnenes Netz von Ausbeutungs-und Gewaltverhältnissen unterschiedlicher Intensität über die Metropolen und den Trikont geworfen, das die Ausgebeuteten spaltet und Rassismen und Gewalt gegen Frauen fördert oder an bestehende Bewußtheiten der privilegierten Ausgebeuteten anknüpft.

Kapitalismus/Imperialismus, Nationalität, konstruierte »Rasse« als ahistorische Naturgegebenheit und Geschlecht sind die Fäden in diesem Netz – aber auch die Trennlinien in der vormals homogen gedachten Arbeiterklasse. Sie ermöglichen ein Nach-unten-Treten auch von Ausgebeuteten gegen Frauen und Schwarze quer zur Klassenlage. Weiße Rassismen dienen der Aufrechterhaltung der imperialistischen Ordnung.

Der Trikont bleibt einem Stufenmodell mit der Abfolge von nationaler, dann Arbeiter-, dann (vielleicht) Frauenbefreiung verhaftet, wobei Frauen nach ihrer Beteiligung an der nationalen Befreiung oft wieder der patriarchalen Unterdrückung unterworfen werden. Auch schwarze antirassistische Organisation ist nicht zwangsläufig antikapitalistisch oder antipatriarchal.

Herrschaft drückt sich, dem triple-oppression-Ansatz zufolge und im Gegensatz zur eurozentristischen Sicht der globalen Gleichheit und Ausbeutung aller Arbeiter oder aller Frauen, sehr differenziert aus und führt zu ganz unterschiedlichen Erfahrungen, Analysen und Kämpfen der Betroffenen. Herrschaft zum Zweck von Ausbeutung und Machterhalt ist eine vielschichtige Praxis von Unterdrückungen auf der Grundlage mehrerer sich überlagernder Bedingungen. Mann/Frau, schwarz/weiß und Lohnarbeit/Kapital existieren als Unterdrückungsverhältnisse nicht getrennt oder ausschließlich und verändern sich ihrer materiellen und verinnerlichten Strukturen nach in der Geschichte.

Die oben erwähnten Fäden laufen deshalb in unterschiedlichen Gesellschaften zu unterschiedlichen Knoten zusammen und bilden kombinierte Unterdrückungsverhältnisse und infolgedessen unterschiedliche revolutionäre Subjekte aus. Die Akzeptanz der Unterschiedlichkeit, aber auch des Zusammenhangs der Kämpfe in Metropolen und im Trikont verhindert die Herausbildung eines Hauptwiderspruchs mit seinen geschichtlich tragischen, strategischen Konsequenzen, die unsinnige Abwägung der Wertigkeit von Unterdrückung und Kämpfen und die falsche homogene Konstruktion eines globalen revolutionären Subjekts. Das Erkennen, die Verknüpfung und aktive Solidarität mit all diesen unterschiedlichen Kämpfen würden aus metropolitaner Sicht auch verhindern, daß sich die Metropolenlinke auf die am meisten Ausgebeuteten (schwarze Frauen) als revolutionäres Subjekt zurückziehen könnte und die Kämpfe bestimmt.

Tatsächlich setzt sich die autonome Bewegung nahezu ausschließlich aus weißen Deutschen zusammen, mit wenig Frauen an der Spitze. Die Autonomen als selbstzentrierte Bewegung feierten ihre Erfolge innerhalb ihres eigenen Lebenszusammenhangs. Andere Unterdrückungsverhältnisse wurden bloß theoretisch registriert, was dazu führte, daß Erfolge nicht an der Bekämpfung aller Unterdrückungsverhältnisse gemessen und kämpferische Potentiale außerhalb der eigenen Zusammenhänge kaum einbezogen wurden (s. Zusammenarbeit mit Migranten unter »Autonomer Antifaschismus«). Die unhinterfragte »rassische« Neutralität der autonomen Linken und eurozentristische Erklärungsmuster, wie z.B. Rassismus als »Beigabe« zu Kapitalismus, führten dazu, daß Rassismen nicht als authentische Unterdrückung wahrgenommen werden, von denen männliche und weibliche Weiße hier faktisch nicht betroffen sind, und Migranten der zweiten und dritten Generation bei den Autonomen kaum eine Rolle spielen.

An diesen Wissenslücken und Wahrnehmungsfiltern in bezug auf Realitäten im nationalen und globalen Zusammenhang arbeiten sich die Autonomen seither ab.

## Militanz und Gewalt

Die in den NSB geführten Debatten um die sog. Gewaltfrage wurden für die Autonomen in ihrer politischen Biographie zu einer bestimmenden Erfahrung. Es geht dabei um den Umgang der Autonomen mit Militanz und Gewalt und um ihr Verhältnis zu anderen militant kämpfenden Gruppen. Militanz ist dabei nicht gleich Gewalt, sondern Widerstand gegen Herrschaft, Zwang, Dominanz und Unrecht, der nicht vom Bewußtsein und Ziel, die in einem Erfahrungsprozeß entstehen, getrennt werden darf.

In den jeweiligen Kämpfen gehen im Idealfall individuelle Selbstbestimmung jedes einzelnen und solidarische kollektive Aktion zusammen (vgl. Sorel; 1981). Tatsächlich kam es jedoch zu Widersprüchen und Spaltungen, wie anhand des Anti-AKW- und

Häuserkampfs, dem 1. Mai in Berlin-Kreuzberg, an der Startbahn-West, dem Verhältnis zu Guerilla, Roten Zellen und zur RAF beispielhaft aufgezeigt werden soll.

Das Auftreten erster autonomer Gruppen in der Anti-AKW-Bewegung mit der Forderung »Der Bauplatz muß wieder zur Wiese werden«, Aktionen an den Bauzäunen und Besetzungen von Baugeländen führten zwangsläufig zur Konfrontation mit der Staatsmacht und ihrem Ausführungsorgan, der Polizei. Sollte an der Forderung festgehalten werden, bedurfte es Konzepte zum Schutz der Demonstranten vor der Polizei, die von allen Beteiligten der Anti-AKW-Bewegung hätten getragen werden müssen. Dazu kam es nie. Während autonome und linksradikale Gruppen, die Massenmilitanz befürworteten, für die gesamte Bewegung ein integriertes Widerstandskonzept propagierten, wonach sowohl gewalttätige als auch gewaltfreie Aktionsformen zulässig sein sollten, lehnten die reformerischen, gewaltfreien Kräfte dieses Konzept strikt ab.

Die Diskussionen um passive Gewalt oder Gewalt gegen Personen und Sachen polarisierte die Bewegung in radikale Kräfte, die zur Systemüberwindung auch Gewalt als legitim ansahen, und reformerische Kräfte, die durch Gewaltanwendung den Verlust von politischem Einfluß auf legaler Ebene befürchteten, also solche, die selbst auf eine Etablierung in der Parteienlandschaft drängten sowie bewußte Pazifisten wie den »Graswurzlern«.

In der Anti-AKW-Bewegung konnten die autonom-radikalen Kräfte trotzdem fortwirken – in der Friedensbewegung hingegen mußten sie sich anderen Aktionsformen anschließen bzw. sie zogen sich ganz aus der Bewegung zurück. Für die Autonomen mit ihrer Überzeugung, daß eine politische Veränderung in der BRD nur über die Verbreiterung, Vernetzung und Radikalisierung von Teilbereichskämpfen gegen das herrschende System möglich sei, ist die Friedensbewegung ursprünglich ein Aktionsfeld gewesen, allerdings ließ sich ihr Konzept militanter Aktionen hier nicht durchsetzen. Die Formel »Die Politik der revolutionären Gewalt muß die Sympathie derjenigen haben, die den Widerstand gegen dieses System tragen« (*Unzertrennlich* 9; Sommer 1988:21) stieß bei den Anhängern der Friedensbewegung auf das Bekenntnis zur völligen Gewaltfreiheit, war also unvereinbar mit dem militanten Auftreten von Autonomen.

Außer bei den Aktionen anläßlich des Besuchs von US-Vizepräsident George Bush in Krefeld (Juni 1983), der Blockade in Bremerhaven (Oktober 1983) und der versuchten Springer-Blockade in Hamburg (Oktober 1983), die alle in einem mittelschweren Fiasko endeten, traten autonome Gruppen bei Veranstaltungen der Friedensbewegung kaum in Erscheinung, oder sie gingen unter, waren also quasi isoliert (Geronimo; 1990:103ff.). Stattdessen verlegten sich autonom-militante Gruppen auf Kleingruppenaktivitäten wie Sabotagen von Infrastruktureinrichtungen im Rahmen anti-militaristischer Kampagnen.

Die heute zu konstatierende Trennung von Gewaltfreien und Militanten in Protestbewegungen, die in gegenseitigen Titulierungen wie »Latschdemos« und »Haßkappenfraktion« Ausdruck findet, ist das Resultat unterschiedlicher Einschätzungen von Gewalt und verschiedener politischer Zielrichtungen. Bei den Gewaltfreien herrschen reformerische Politikvorstellungen vor, die die Akzeptanz des staatlichen Gewaltmonopols einschließen, während bei den Militanten persönliche Gewaltanwendung gegen die strukturelle Gewalt des Systems aus Interesse an einer revolutionären Systemüberwindung anerkannt wird. Daß höchst selten wirklich pazifistische Gründe für die Trennung verantwortlich sind, beweisen die Schlägereien zwischen Gewaltfreien und Militanten zur Verhinderung von Gewalt bei Demonstrationen ...

Eine neue Dynamik erhielt die Militanz im Zuge der Hausbesetzerbewegung 1980/81 in der Auseinandersetzung mit der Polizei. »Unsere Power kann man spüren, wenn es Putz gibt auf der Straße ... als Zittern aus Lust und Angst in der Magengrube, beim Klirren der Scheiben nach dem befreienden Wurf, beim Lachen im Rennen ... Sie kriegen dich nicht, solange du keine Angst hast. Und wenn schon. Unsere Power ist auch, daß wir nur wenig zu verlieren haben. Frechheit siegt. Unsere Power ist, was wir uns trauen: das Haus knacken, den Balken wegtragen, losziehen, wenn Randale angesagt ist, den Spruch an die Wand sprühen, die Barrikade anzünden oder auch die alte Wohnung kündigen. Unsere Power kann man spüren, wenn man Hemmschwellen durchbricht: der Bruch mit dem Vertrauten, dem Elternhaus, der Schule, der faden Clique, der Bruch mit dem öffentlichen Konsens, mit den ewig defensiven linken Gewißheiten, mit dem Machbaren. Es herrscht Aufbruchsstimmung.« (Härlin, in: *Kursbuch* 65; 1981:24f.)

Politisches Ziel der subjektiv gebrauchten Militanz war der Erhalt der besetzten Häuser. Die Militanz war also gekoppelt an die eigenen Bedürfnisse, ja an die Aneignung lebensnotwendiger Dinge wie in diesem Fall der Wohnraum. Sie hatte aber auch einen befreienden Effekt.

Mitte 1980 wurde ein Besetzerrat eingesetzt, der Ausdruck des neuen Aufbruchsgefühls war. Die Demonstration im Anschluß an die Aktionswoche des Besetzerrats zeigte im Oktober 1980 eine Stärkung der Bewegung, die sich im Barrikadenbau und in Angriffen auf Polizeikräfte manifestierte (*radikal* 120; 9/1983:6). Die Polizei reagierte mit Provokationen, indem sie z.B. nachts die Fenster besetzter Häuser mit Suchscheinwerfern ableuchtete oder einzelne Hausbesetzer beim Einkauf mit der »Wanne« begleitete. Die Einschüchterungsversuche der Polizei steigerten aber nur noch die Wut und Unzufriedenheit der Hausbesetzer und ließ sie gleichzeitig neue Sympathisanten gewinnen.

Am 12. Dezember 1980 entlud sich der Zorn nach einer verhinderten Hausbesetzung in stundenlangen Straßenschlachten. Die Zahl der Hausbesetzungen schnellte danach in die Höhe (Mitte Dezember 1980 gab es 25 besetzte Häuser, im Herbst 1981 ca. 190) (*radikal*; a.a.O.).

Während der Protest nach den Verhaftungen einiger Hausbesetzer im Dezember 1980 noch in Forderungen wie »Laßt die Leute frei, sonst brennen zu Weihnachten nicht nur die Weihnachtsbäume« (Geronimo; 1990:95) starken Ausdruck fand, wurde die Besetzerbewegung im Laufe des Jahres 1981 immer mehr zwischen Integration und Repression aufgerieben. Auch wenn es noch Demonstrationen zum Rathaus Schöneberg und zu den Spekulanten nach Grunewald gab, war die Bewegung durch neue Polizeipraktiken weitgehend auf den Kampf in den bereits »befreit« geglaubten Gebieten zurückgeworfen und verlor an Offensive. Die Militanz und die Aktionen wurden für den Staatsapparat immer berechenbarer. »Die Bullen haben uns gezielt provoziert und den weiteren Verlauf der Ereignisse durch ständig neue Provokationen, wenn nicht diktiert, so doch stark beeinflußt ... Wenn es darum geht, den Bullen zu zeigen: bis hierher, dann kracht's – und darum ging es, ob von ihnen provoziert oder nicht – so gerät das unweigerlich mit der angehimmelten ›Vermittelbarkeit‹, den ›öffentlichkeitswirksamen Aktionen‹ in Konflikt ... Sie müssen trotzdem die Quittung für ihre Schweinereien bekommen. Nur sollten wir uns den Ort und die Art unseres Kampfes von ihnen nicht jedesmal aufoktroyieren lassen.« (*radikal* 97; 8/1981:3) Und weiter: »... eine ›Bewegung‹, die für Verträge Schlange steht bzw. seit Wochen nur noch dieses Thema kennt, diese Bewegung steht! Und Stillstand ist Reaktion!« (*radikal* 93; 6/1981:9)

Militanz wurde zum Lebensgefühl an sich bzw. damit verwechselt: »In der Rückzugsbewegung drohte das Politische sich vom Existentiellen abzuheben, sich zu dogmatisieren – bis es in der Existenz des antiimperialistischen Streetfighters eine eigene Existenzform zu gewinnen schien.« (*radikal* 104; 4/1982:6)

Die Unmöglichkeit einer »ungelebten Revolte« mit Barrikaden und Pflastersteinen führte teilweise zu einer Absage an militante Aktionen innerhalb des Häuserkampfs und einer Hinwendung zu anderen Konfrontationslinien in der Gesellschaft, teilweise aber auch zu einem veränderten Massenmilitanzkonzept in Richtung Kleingruppenaktivitäten nach dem Motto »Euch gehört die Macht – uns gehört die Nacht« (*radikal* 100; 1/1982:14). Klandestine Kleingruppen verübten Brand-und Buttersäureanschläge oder verrichteten Sägearbeiten, oder es wurden nach Bauanleitungen Sprengstoffanschläge durchgeführt.

Militante und illegale Aktionsformen sollten stets die Angreifbarkeit des Systems verdeutlichen und gleichzeitig eine politische Perspektive schaffen für Menschen, die sich in ihrer Lebenswelt gegen die Eingriffe von Staat und Kapital wehren wollen.

Bei der Thematisierung der Gewalt als politisches Mittel sollen im folgenden zwei Ereignisse besondere Erwähnung finden, denn beim 1. Mai 1987 in West-Berlin und der Entwicklung des Widerstands an der Startbahn-West bis zu den Schüssen am 2. November 1987 kommt die Widersprüchlichkeit der Zielsetzung und Anwendung von Militanz exemplarisch zum Ausdruck.

Auslöser für die »Kreuzberger Krawalle« waren die Überfälle der Polizei auf eine Sammelstelle für Volkszählungsbogen im Mehringhof am 30. April und auf das Straßenfest am Lausitzer Platz am 1. Mai 1987. Das Straßenfest wurde von Autonomen militant verteidigt. Dies alles geschah vor dem Hintergrund der kostspieligen 750-Jahr-Feier von Berlin in einem Stadtteil, wo die Hausbesetzerbewegung zwar weitestgehend eingedämmt und den unterschiedlichsten repressiven und integrativen Sicherheits- und Sozialstrategien ausgesetzt war, wo jedoch die politischen und sozialen

Widersprüche, die sich besonders in der schlechten sozialen Lage der Stadtteilbewohner manifestiert haben, explodierten.[3]

Im Verlauf des Kiez-Aufstands mußten sich die Polizeikräfte für Stunden aus dem Stadtteil zurückziehen. Danach herrschte der beliebte rechtsfreie Raum in Kreuzberg. Während die Autonomen, als einzige beteiligte politische Gruppe an der Revolte, die Polizei durch Barrikaden von der Straßenräumung abhielt, wurde die Situation von anderen Gruppen der Bevölkerung genutzt, um diverse Geschäfte zu plündern.[4]

Bei den Nachbereitungstreffen zu den Aktionen am 1./2. Mai traten bei den Autonomen erhebliche Differenzen hinsichtlich der Frage auf, wie dieser Ausbruch der Gewalt zu bewerten sei. Die Einschätzungen schwankten zwischen der Begeisterung, die Polizei so lange aus dem Kiez herausgehalten zu haben und über die Tatsache, daß sich so viele Menschen an der Revolte beteiligt haben, und der Meinung, es seien völlig entpolitisierte Aktionen gewesen, in deren Verlauf bloß kleine Geschäfte geplündert, Feuerwehr und Krankentransporte angegriffen, Personen beim Plündern oder bei unkontrollierten Steinwürfen gegenseitig verletzt und sehr individuell Wünsche befriedigt wurden, im »Ausnahmezustand« liefen schwere Anmachen gegen Frauen, an Wohnhäusern wurde gezündelt und etliche Menschen waren völlig betrunken (*radikal* 133; 8/1987:71f.).

Während einige Autonome die Revolte im großen und ganzen billigten und die negativen Erscheinungen damit erklärten, daß sich die Menschen mit ihrer ganzen Sozialisation nicht über Nacht ändern könnten und die Subjektivität der Menschen in der Revolte Ausdruck des gesellschaftlichen Zustands sei, schätzten andere die Revolte als »Aufstand der Arschlöcher« ohne jeglichen politischen Hintergrund ein (*radikal*; a. a. O.:70).

Die Autonomen in West-Berlin waren von dieser Sozialrevolte fast genauso überrascht wie die Herrschenden, nachdem diese erkennen mußten, daß von den 47 Verhafteten der Nacht kein einzi-

[3] 40 bis 50 Prozent der deutschen und ca. 70 Prozent der ausländischen Jugendlichen hatten weder Ausbildung noch Arbeit; das Pro-Kopf-Einkommen der deutschen Stadtteilbewohner betrug DM 690,-, das der ausländischen DM 440,- (Dokumentation 1. 5. 87 Kreuzberg; 1987:42).

[4] Ein Pfarrer schildert, wie er Mitglieder seines Seniorenkreises beim Plündern von Supermärkten beobachtet hat (Dokumentation 1. 5. 87 Kreuzberg; 1987:40).

ger der Szene zuzurechnen war, und suchten verzweifelt nach der »richtigen« Erklärung für diese Ereignisse (*radikal*; a.a.O.:82f.).

Hintergrund der intensiv geführten Debatte ist also die für die Autonomen brisante Frage, ob und wie Autonome im Rahmen ihrer Aktionen Einfluß nehmen können. Zum 1. Mai heißt es: »Dennoch könnte sie (die autonome Szene, d. Verf.) für die Eskalation der Unruhe eine entscheidende Bedeutung bekommen. Nur müßte sie die am 1. Mai auf der Straße zerstörten Mythen auch bei sich zerstören. Sie müßte sich mit den Illusionen ihrer Inhalte und ihren beliebigen toten Beziehungen auseinandersetzen. Die Symptome jeder Politik-Hierarchie, Konkurrenz, Ideologie und Macht finden ihren Ausdruck auch in dieser Szene. Die Entwicklung der Aufhebung der Politik verläuft mit der Entstehung eines sozialen Raums.« (*radikal*; a.a.O.:73)

Militanz als Akt der subjektiven Befreiung oder als zielgerichtete, politisch vermittelbare Aktion – dieser Konflikt rüttelt an den Grundfesten des politischen Selbstverständisses der Autonomen. Zwei Jahre später, am 1. Mai 1989, sind die Positionen der Autonomen zu Militanz und revolutionärer Gewalt immer noch nicht geklärt, und die »Revolte« bleibt auf Jugendliche und Teile der Autonomen beschränkt (*Schwarzer Faden* 32; 3/1989:23ff.). Inzwischen ist die 1.-Mai-Randale ein Ritual und hat sich in den Osten Berlins verlagert.

Die Entwicklung der Autonomen im Rhein-Main-Gebiet und ihre Debatten um die Militanzfrage waren auch nach der Inbetriebnahme der Startbahn-West 1984 durch den Widerstand gegen dieses Projekt geprägt. Bis 1987 gab es eine Kontinuität verschiedener öffentlich und konspirativ geplanter Aktionen: von den sog. Sonntagsspaziergängen an der Mauer bis hin zu Anschlägen, die das hessische Innenministerium 1986 sogar über ein generelles Versammlungsverbot im Wald an der Startbahn-West nachdenken ließ.

Trotzdem gelang es nicht, eine breitere politische Diskussion mit der Orientierung auf überregionale Massenaktionen auszulösen. Stattdessen entwickelten sich 1986 heftige Diskussionen anläßlich eines Unfalls mit schweren körperlichen Verletzungen, die eine bekannte Startbahn-Gegnerin beim Umsägen eines Hochspannungsmasts erlitten hatte. Diese Aktionsform erfreute sich – insbesondere nach dem Reaktorunfall in Tschernobyl und den harten Polizeieinsätzen in Brokdorf und Wackersdorf – immer größerer

Beliebtheit. Der frontalen Konfrontation mit der militärisch stärkeren Staatsmacht ausweichend, existierte die Hoffnung, der Atom-Mafia damit wirksame Schläge versetzen und die auf öffentlicher Ebene festgefahrenen Kämpfe wieder vorantreiben zu können. Auch in der Startbahn-Bewegung kursierten Sabotage-Anleitungen zum Umsägen solcher Maste, die den Eindruck erweckten, als handele es sich um relativ einfach auszuführende und ungefährliche Aktionen, was sich jedoch nach dem Unfall der Startbahn-Gegnerin als Irrtum herausstellte.

In diesem Kontext diskutiert das Lupus-Papier im Frühjahr 1987 die Aktionsformen der Autonomen: »Unter uns Autonomen hat sich ein Begriff von Militanz entwickelt, der sich eher der Logik der Gewaltfrage unterordnet als unseren Utopien von sozialer Gegenmacht ... In vielen Kämpfen der letzten Zeit haben wir das Mittel militanter Politik selber zum Ziel gemacht. Das liegt sicherlich einmal daran, daß uns die Mittel einfach näher liegen als unsere Ziele. Wann haben wir wirklich einmal unsere Ziele aus der sozialen und gesellschaftlichen Realität entwickelt und daran überprüft? Wie oft war unser praktisches Vorgehen vom Vorgehen staatlicher Gewalt bestimmt, anstatt von unseren eignen Zielsetzungen?« (Lupus-Papier in: Reader zu den Libertären Tagen 1987; 1987:3f.)

Diese ungeklärte Militanzfrage zog sich wie ein roter Faden durch die verschiedenen Aktionen des Startbahn-Widerstands, der sich am 2. November 1987 zuspitzte. Auf einer von Autonomen organisierten Demonstration anläßlich des Jahrestags einer Hüttendorf-Räumung wurden während einer Auseinandersetzung mit der Polizei durch Schüsse aus den Reihen der Demonstranten zwei Polizisten getötet und mehrere verletzt. Diese Schüsse – eine nie dagewesene Form der militanten Konfrontation mit Polizeikräften auf Demonstrationen in der BRD – zogen eine große staatliche Repressionswelle nach sich, die auf eine fast völlig desorientierte autonome Linke traf und in deren Folge eine große Anzahl von Aussagen gegenüber der Polizei gemacht wurde. Diese waren Ausdruck einer gegenüber den Drohungen staatlicher Gewaltpolitik nicht genügend diskutierten eigenständigen sozialen und politischen Identität jenseits aller bürgerlichen Normen einerseits und tiefgreifender politischer Widersprüche über diese Aktionsform andererseits.

In einer Dokumentation zu den Schüssen findet sich nur eine Stellungnahme Berliner Autonomer, die die Schüsse im nachhinein zu rechtfertigen suchen: »Wir sehen die Pistolenschüsse vom 2. 11. an der Startbahn-West als eine adäquate Antwort auf den besonders in diesem Jahr ständig zunehmenden Bullenterror an, die – unabhängig von der politischen Interpretation – bei uns nicht nur klammheimliche Freude, sondern offene Begeisterung ausgelöst hat.« (ID-Archiv; 1988:203) Im weiteren schränken sie aber ein, daß diese Aktion taktisch-politisch unklug gewesen sei, weil sie eine Konfrontation eröffnet habe, die von den Autonomen nicht durchgehalten werden könne.

Sämtliche anderen Diskussionsbeiträge autonomer Gruppen bewegen sich von der Kritik an irrationalen Entscheidungen einzelner über eine Kritik an der Zuspitzung der Militanz als Lösung für politisch ungeklärte Fragen bis zur direkten Distanzierung von den Aktionen. Das folgende längere Zitat einer autonomen Gruppe aus Wuppertal ist dafür exemplarisch: »Wir stellen zuerst fest, daß die Mitnahme und der Gebrauch von Schußwaffen auf Demonstrationen mit unserer Politik nichts zu tun hat...

– Allgemein vereinfachen sie die Denunziation revolutionärer Politik.

– Sie ermöglichen die Entfachung einer Hetzstimmung gegen Autonome, Antiimperialisten und aller Menschen, die den Willen nach radikaler Veränderung des Lebens hier in der BRD ausdrükken und in Praxis umsetzen...

– Darüber hinaus tragen sie zur Isolation autonomer und antiimperialistischer Politik bei. Sie wirken auch gegen das breite Zustandekommen unterschiedlicher politischer Kräfte an konkreten Objekten, wie in Hamburg (Jugendvertretung Blohm & Voss, Arbeitslosenzentrum, Schülerkammer, Nachbarschaftsinitiative ... ) und Wackersdorf (Betriebsrat der mit Massenentlassungen konfrontierten Maxhütten-Arbeiter ... ), wo das Bewußtsein gemeinsamer Interessen das Trennende in der politischen Analyse und der Anwendung unterschiedlicher Mittel in der politischen Auseinandersetzung mit den Herrschenden verdrängt, noch mal die Kämpfe an Breite und Tiefe gewonnen haben.

– Sie geben den willkommenen Anlaß für die Durchsetzung von Gesetzesverschärfungen gegenüber der liberalen Öffentlichkeit in der BRD ..., ohne daß dem ein breiter, qualitativer Sprung im revolutionären Widerstand vorangegangen ist.« (ID-Archiv; 1988:128f.)

Im weiteren mutmaßen die Wuppertaler, daß die Schüsse auch eine Inszenierung des Staatsschutzes gewesen sein könnten, weil »... sie unserer Bestimmung von revolutionärer Gewalt widersprechen. Revolutionäre Gewalt muß wirksam in das System eingreifen, also ein praktisches Ziel verfolgen, niemals aber ziellos nur der Eskalation in der Auseinandersetzung dienen und sinnlos Menschenleben fordern. Sie muß kollektiv bestimmt und verantwortlich eingesetzt werden, niemals aber als Einzelaktion, die Menschen gefährdet, die vorab nicht wissen können, in welche Situationen sie hineinmanövriert werden ... Trotzdem können wir nicht mit Sicherheit ausschließen, daß die Schüsse doch von einem Menschen aus dem revolutionären Widerstand abgegeben worden sind. Wir können dies dann nur als Ausdruck eines verselbständigten Hasses begreifen, dem das Augenmaß politischer Vernunft verlorengegangen ist. Für einen solchen verselbständigten Haß gibt aber dieser Staat, seine Repräsentanten, seine Vernichtungspolitik, seine Struktur der Ausbeutung, Unterdrückung und Isolierung der Menschen voneinander, sein imperialistischer Charakter die Grundlage ab.« (ID-Archiv; 1988:129)

Deutlich wird also, daß die Schüsse als eskalierte Form von Militanz in den Diskussionen von Autonomen über den Widerstand an der Startbahn-West keine Rolle gespielt haben. Die ungeklärte Frage der Militanz selbst konnte vielmehr zu solchen Eskalationen führen: »Es liegt an unserer Ungenauigkeit, an unserer Politik und an unserem Verständnis von Militanz, daß es jemand in unseren Reihen möglich ist, das individuelle Abknallen von Bullen mit der Bekämpfung des mörderischen Systems zu verwechseln.« (ID-Archiv; 1988:151) Die Verselbständigung einer Militanz, die nicht mehr mit einer breiten politischen Bewegung diskutiert werden konnte, bildete die Folie für einsame Entscheidungen innerhalb der Bewegung agierender Individuen, deren politischer, kollektiver Zusammenhang verlorengegangen war. Dieses Verhalten brach mit den in der Geschichte der Autonomen vermittelten Prinzipien ihrer Politik.

Aus dem Selbstverständnis der Autonomen als besonderer Teil innerhalb nicht-hierarchisch gegliederter sozialer Bewegungen und ihrer Auffassung von militantem Widerstand ergibt sich auch ihr Verhältnis zu bewaffnet kämpfenden Gruppen in der BRD. Besonders die Rote Armee Fraktion (RAF) in ihrer Avantgardeposition und die Aktionen der Revolutionären Zellen (RZ) unterliegen dabei ihrer Kritik. »Damit wird der Mythos der Guerilla produziert, als die entscheidendste Kampfform, bei der öffentliche Politik nur noch als Propaganda dieses Kampfes verstanden wird. Diese funktionalen Zuordnungen blockieren die Kraft revolutionärer Bewegungen und bergen in sich die Gefahr, daß die Bewegungen sich reformistisch oder militaristisch entwickeln.« (*Unzertrennlich* 9; 1988:23) Es sei falsch » ..., daß die objektiven, gesellschaftlichen Verhältnisse hier die Strategie eines Guerilla-Krieges rechtfertigen bzw. notwendig machen. Jede Theorie und vor allem jede Praxis von revolutionärer Kriegsführung kam bisher zu dem Ergebnis, daß diese Strategie nur dann mit Erfolg angewendet werden kann, wenn die wichtigste Voraussetzung erfüllt ist, nämlich die inhaltliche und praktische Verankerung im Großteil der Bevölkerung.« (*radikal* 114; 3/1983:20)

Die RZ, die sich als militanter Teil der radikalen Linken in unmittelbarer Nähe zu Bewegungen ohne Avantgardeanspruch und ML-Ideologie verstehen, wurden im Gegensatz zur RAF nur punktuell kritisiert. Ihr relativer, indirekter Vorbildcharakter für die Autonomen ergab sich aus den Autonomen Zellen, die ähnlich wie die RZ in Phasen der Schwäche von Bewegungen oder in Ergänzung zu Bewegungskämpfen agierten (vgl. Interview mit einer Autonomen Zelle, in: *Freiraum* 18; Sommer 1987:16ff.).

Die Kritik an den RZ setzte da an, wo sie die Ebene der Sabotageaktionen verlassen und statt dessen Angriffe auf Symbole und Strukturen des Machtapparats (z.B. Bombenanschläge auf das hessische Wirtschaftsministerium) durchführen. Insbesondere der Angriff auf den hessischen Wirtschaftsminister Karry, der für das Projekt Startbahn-West stand und dafür sterben mußte, stieß auf vielfältige Kritik:

– Die Aktion entsprach nicht dem Stand der Bewegung gegen das Projekt Startbahn-West.

– Der Anschlag mit einem Knieschuß auf Karry endete mit dessen Tod.

– Die Art der Durchführung des Anschlags (Karry lag im Bett).

– Die erst Wochen später erfolgte unklare politische Erklärung (vgl. Keine Startbahn-West!, Revolutionäre Zellen 1983).

Der Anspruch der RZ, an Massenbewegungen anzuknüpfen, schien darauf reduziert zu sein, die Bewegungen durch ihre Aktion(en) zur militanten Offensive gewissermaßen zu erziehen. »Grundlage dafür scheinen ungenaue und nicht weitreichende Informationen über den Stand der Bewegungen zu sein ... Die Fülle von Fehlern in praktischer Ausführung und politisch-theoretischer Begründung hat deutlich gemacht, daß die RZ weder politisch noch praktisch in der Lage ist, Aktionen, die den Staat zentral angreifen, durchzuführen.« (*radikal* 114; 3/1983:22) »Wir kritisieren, daß die RZ's es bis heute nicht geschafft haben, dem allmählich entstandenen Mythos, der sorgsam von den Bewegungen genährt und gepflegt wurde, wirkungsvoll etwas entgegenzusetzen. Leise – aber kontinuierlich – entwickelte sich aus einem Modell eine Art Organisation: laufen heute Aktionen der RZ's, so haben sie den Charakter des Besonderen – des Abgehobenen, Avantgardistischen.« (*radikal*; a. a. O.:23)

Der zuletzt erhobene Vorwurf gegenüber den RZ trifft dem Inhalt nach viel deutlicher die RAF. Die RAF leitete ihre Anschläge im wesentlichen aus einer eigenen Analyse der internationalen Herrschaftsverhältnisse ab. Sie machte strategische Stützpfeiler des politischen Systems (in der BRD) aus und griff diese ganz im Sinne antiimperialistischer Befreiungsbewegungen an. Ausgangspunkte ihrer Analyse waren (sind[5]), sehr verkürzt, die Internationalisierung der Innenpolitik, die Repressionsstrategien und die Kapitalakkumulation auf der Grundlage eines weltweiten imperialistischen Gesamtsystems, das durch die militärische Klammer Nato geschützt wird und dem mit einer antiimperialistischen Front begegnet werden müsse.

Die Kritik der Autonomen an der RAF setzte an mehreren Punkten an. Mögen die Parolen der Autonomen auch manchmal auf Demonstrationen einen anderen Eindruck erweckt haben, so sehen sie jedoch kein imperialistisches Gesamtsystem unter alleiniger Führung der USA, sondern sehr wohl Unterschiede zwischen den Interessen der USA, der EG und Japan oder auch innerhalb der EG.

Für viele Autonome gilt das imperialistische Gesamtsystem der RAF als »... ein Mülleimer, in den man alles reinschmeißen kann« (*Schwarzer Faden* 23; 1/1987:24). »... dann ist das Ausdruck natio-

[5] Ob die Konzeptpapiere der RAF aus den 70er Jahren heute noch irgendeine Relevanz haben, ist unklar.

naler Schwäche, es drückt eine Globalität aus, die nur das Ziel hat, militärisch klare Ziele zu bekommen, aber keine Analyse von wirtschaftlichen und sozialen Widersprüchen im System zuläßt und letztendlich zu Aktionen wie der Tötung des GIs in Wiesbaden und dem Anschlag auf die US-Air-Base führen. In diesem undifferenzierten imperialistischen Gesamtsystem ist jeder Täter und jeder angreifbar. Genau wie der Begriff der westeuropäischen Front mehr der Ausdruck der Tatsache ist, daß die RAF sich in der BRD nicht sicher fühlt und keine Verankerung hat, so ist das imperialistische Gesamtsystem mehr ein Begriff, um die Angriffsfähigkeit zu erhalten, in dem sie auf mehr Personen ausgedehnt wird. Es ist der Abschied vom Politischen.« (*Schwarzer Faden*; a. a. O.:23f.)

Autonomer Antiimperialismus sah, extrem formuliert, so aus: »Der Antiimperialismus beginnt im Klassenzimmer: wenn Schüler auf die Noten scheißen, wenn sie Klassenarbeiten verweigern, sich der Schulpflicht entziehen; im Elternhaus: wenn sich Leute der elterlichen Autorität widersetzen, die erdrückende Sexualmoral durchbrechen; in der Fabrik: Absentismus und Sabotage; in jedem von der Tauschwertlogik befreiten Akt: Kaufhausdiebstahl ist Antiimperialismus! Das System wird nur zerbrochen werden können, wenn ihm die Untertanen entzogen werden. Das Problem ist nicht die Nato, sondern die Tatsache, daß Leute bereit sind, als Soldaten für die Nato zu kämpfen. Die imperialistische Rolle der Nato aufdecken kann für uns nur eine nebenbei zu erledigende Aufgabe sein.« (*radikal* 106; 7/1982:9)

Den Autonomen ging es darum, den Kampf um ein befreites Leben aus eigenen, kollektiven Erfahrungen und Möglichkeiten zu entwickeln, was auch beinhaltet, daß die Kluft zwischen staatlichem Gewaltmonopol und massenhaftem Widerstand nicht militärisch übersprungen werden kann, daß eine Guerilla nicht abgehoben von Bewegungen und der Bevölkerung existieren darf, wie es die RAF faktisch tat. Ihr militärisches Konzept hatte ihr politisches Konzept völlig verdrängt. Bezogen auf den Mord an dem US-GI zur Erlangung der Kennkarte räsonnieren einige Autonome: »Wer unterschiedslos alles Personal auf US-Territorium zum Tode verurteilt, der ist nicht revolutionär, sondern terroristisch[6] ... Der Krieg

[6] Viele Linksradikale hielten diese Aktion, bevor die RAF-Erklärung erschien, für einen Anschlag der Rechten oder eine Counter-Aktion des BKA.

als schmutziges, hartes Geschäft muß bei der RAF für etwas herhalten, was ihr in ganz entscheidendem Maße fehlt: revolutionäre Moral und politische Stärke.« (*Schwarzer Faden* 23; 1/1987:27)

Umgekehrt läßt allerdings die RAF, beispielsweise in der Erklärung zum Anschlag auf Rohwedder (1991), in ihrer Wortwahl und Bezugnahme auf Selbstbestimmung, Kommunikation und Häuserkämpfe Anknüpfungspunkte an die Autonomen erkennen. Durch die Selbstauflösung der RAF läßt sich eine mögliche Annäherung an die Autonomen aber nicht verifizieren.

## Autonomer Antifaschismus

Der Antifaschismus war bei allen Gruppierungen der Neuen Linken Teil ihrer politischen Arbeit. Dies gilt auch für die Autonomen.

Während sich die Diskussion in den Anfängen der Neuen Linken zumeist um die strukturelle und personelle Kontinuität des Faschismus in der BRD drehte, ging es seit Ende der 70er/Anfang der 80er Jahre verstärkt um die Konstituierung der »Neuen Rechten« mit ihren Querverbindungen zu demokratischen Parteien (Reader »Neue Rechte«; 1988:1) und ihrem Einfluß auf Publizistik und Wissenschaft (z.B. um den sog. Historikerstreit), um das Aufkommen faschistischer Parteien (Republikaner, DVU, FAP) und der militant-organisierten Neo-Nazis (Hansa-Bande, ANS/NA, Wehrsportgruppen) sowie der faschistischen Skinheads und um die neue »Qualität« faschistischer Angriffe nach der Vereinigung von BRD und DDR (Pogrome wie in Hoyerswerda und Rostock-Lichtenhagen), die zu einer weiteren Freisetzung rassistischer Grundtendenzen führte.

Die faschistischen Werte wie Rassismus/Nationalismus, Führerprinzip, Hierarchien, Militarismus und Volksgemeinschaftsglaube sind den Werten der Autonomen diametral entgegengesetzt. Trotzdem kam es in den autonom-anarchistischen Kreisen 1983/84 zu einer fatalen Diskussion um die Einschätzung der Nationalrevolutionäre (der alte proletarische Strasser-Flügel der SA) mit ihrer verbalen Gesellschaftskritik am kapitalistischen System, hinter der sozialdarwinistische Theorien und Ethnopluralismus stehen (vgl. *Große Freiheit*; 1984:64f.; *Schwarzer Faden* 11; 2/1983).

Der autonome Antifaschismus basiert auf zwei Säulen: erstens direkte Aktionen gegen Skinhead- und Nazigruppen und Mobilisierung zu Treffen oder Treffpunkten der unterschiedlichen faschistischen Organisationen (Fallingbostel, Mackenrode, Hetendorf, Wurzen u. a.) und zweitens Aufklärung über internationale Verflechtungen der Rechten in Politik und Militär (Gladio, P2-Loge in Italien u. a.) sowie das Eindringen der Neuen Rechten bzw. ihrer Ideen in die Publizistik (*Criticon*, *Mut*, *Nation Europa*) und Wissenschaft (*radikal* 137; 5/1989:42f.) und namentliche Kenntlichmachung von Neofaschisten und ihren Verbindungen in der BRD (vgl. Dokumentation Nazi-Aktivitäten und Polizeiverhalten in Südniedersachsen 1990; vgl. »Drahtzieher im braunen Netz«; 1996). Hinzu kommen direkte Angriffe auf einzelne Personen (wie auf Christian Worch in Hamburg und Kaindl in Berlin) oder auf faschistische Infrastrukturen (wie Buchhandlungen oder Versammlungsorte).

Die Antifa-Fraktion der Autonomen gehörte dabei immer zu den bestorganisierten der Bewegung. Die Autonomen versuchten in diesem Fall praktischen Widerstand mit einer Analyse der Funktion des Faschismus im bürgerlichen Staat zu verbinden: »Die Ideologie der Volksgemeinschaft soll die Entwicklung der ökonomischen zur politischen Krise verhindern. Dabei bedienen sich die Herrschenden faschistischer Verbände mit ihrem Chauvinismus, Rassismus und Antikommunismus. Sie dienen der Bourgeoisie in doppelter Funktion: Als Herrschaftsreserve beim Scheitern ihrer parlamentarischen Diktatur und als Rollkommando gegen die notwendige Radikalisierung des Bewußtseins und der Praxis. Sie entwickeln das reaktionäre Bewußtsein der Massen und rekrutieren die radikalsten Schichten für ›nationale Interessen‹ in der Friedensbewegung, für ›Blut und Boden‹ in der Ökologiebewegung, für Fremdenhaß in der sozialen Bewegung.« (*Große Freiheit* 63; 1984:19)

Der »Neuen Rechten« wird ein neu gewandeter Faschismus zugeschrieben, der für den europäischen Imperialismus mit westdeutschem Führungsanspruch als herrschaftsstabilisierende und Expansion legitimierende Ideologie eine Rolle spielt (Reader »Neue Rechte«; 1988:3). Außerdem nimmt die »Neue Rechte« mit ihrem »Bio-Humanismus«[7], neuen Rassismus und Sozialdarwinismus

[7] Dabei ist die Prämisse, der Mensch sei ein primär durch die biologische Evolution, Rasse und Instinkte geprägtes Wesen, woraus sich die Ungleichheit der Menschen als natürliche Gesetzmäßigkeit ableiten lasse.

eine Vorreiterrolle bei »neuen« Euthanasie-Debatten, bei der – angestrebten – Trennung von »Rassen« in ihren Ländern (Ethnopluralismus) und bei Diskussionen über Sterilisation ein. Aus dieser tendenziell nützlichen Funktion von Neo-Nazis für das System, weil sie sich gegen Minderheiten und nicht gegen den Staat richten, ergibt sich das Verhältnis von Autonomen zum Staat und Polizeiapparat im Konflikt mit Faschisten. Was von ihnen lange Zeit kaum zur Kenntnis genommen wurde, ist eine unabhängig von den Neuen Rechten, vom staatlichen Interesse oder von ökonomischen Lagen rassistische und antisemitische Grundlatenz in der BRD-Bevölkerung (vor und nach der Vereinigung), die den Sozialcharakter vieler Deutscher prägt.

Seit 1989 wird das »Wie weiter« in der autonomen antifaschistischen Bewegung diskutiert. Ein Lupus-Papier »Doitschstunde« (*radikal* 144; 1991:21ff.) kritisiert die Faschismusthesen der 70er Jahre, die Ausrichtung am faschistischen Feind statt an eigenen Lebensvorstellungen, das Machogehabe in der Antifa-Bewegung, die wenig differenzierte Herangehensweise an den »deutschen Faschismus« und die Warnung vor Großdeutschland. Tatsächlich hatten die Faschismusthesen der 70er Jahre, die sich auf personelle Kontinuitäten, auf die Unterdrückung der Opposition seit 1945 und auf die Nicht-Thematisierung des Faschismus bezogen, ihre Berechtigung. Heute, d.h. nach 1968 und dem Wertewandel in den 70er und 80er Jahren, hält Lupus den Faschismusthesen vom 4. Reich Fakten gegenüber: Frau am Herd versus Quotierung und Managerin, Rassereinheit versus kosmopolitische Werbung und Multi-Kulti-Konzepte, Volksgemeinschaft versus Streuung der Lebensstile, fahnentrunkener Nationalismus versus nüchterne DM-Mentalität und faschistische Askese versus lustbefriedigende Konsumgesellschaft.

Nach Lupus bedingen gerade die Veränderungen des Systems, und nicht seine Kontinuitäten, seine relative Stabilität und auch die Schwierigkeit, militanten Widerstand zu verbreitern. Konkret handelt es sich bei diesen Veränderungen um: das Regieren durch die Gewerkschaften und nicht ihre Zerschlagung, das Ausnutzen von sozialem Protest als kapitalistischen Innovationsschub, Herrschaftssicherung nicht durch Massenaufmärsche, sondern durch Individualisierung und Atomisierung, Massenkonsens nicht mehr durch flankierenden willkürlichen Terror, sondern nur noch gezielt gegen Menschen, die sich gegen den Herrschaftskonsens stellen.

Ein Präventiv-Instrumentarium wie der §129a und die Integration des Ausnahmezustands in den Normalzustand ermöglichen die Bekämpfung des systemoppositionellen Widerstands, bevor sich die Frage faschistischer Gewaltanwendung stellt. Wohlstand, Vernichtung und Integration sind essentielle Bestandteile der Herrschaft und lassen die geschichtliche Trennung von bürgerlicher und faschistischer Herrschaft verschwimmen. Die Stabilität des passiven Konsenses in der BRD sieht Lupus nicht in der Kontinuität des Faschismus, sondern in seinem Scheitern.

Dabei erkennt Lupus sehr wohl, daß die BRD das gesamte Instrumentarium der psychischen und sozialen Zurichtung bereithält, dessen sich auch der deutsche Faschismus bediente – aber nicht als etwas spezifisch Deutsches, sondern als Basiskonzentrat jeder kapitalistischen Gesellschaft. Autoritätshörigkeit, patriarchale Strukturen, Nationalstolz, Ordnungssinn und Leistungsethos würden laut Lupus aber nur im Falle eines massenhaften systemverändernden Widerstands oder der Nichtkonkurrenzfähigkeit der nationalen Kapitale aktiviert. Weder das eine noch das andere sieht Lupus 1989 gegeben.

Lupus wirft der radikalen Linken vor, Geschichte einzufrieren, weil es viel leichter sei, mit Bezugnahme auf die faschistische Vergangenheit Deutschlands und gegen ein 4. Reich Kämpfe zu bestimmen und militanten Widerstand zu legitimieren als aus den Brüchen und Veränderungen der vierzigjährigen BRD-Geschichte und aus eigenen Erfahrungen und Lebensvorstellungen. Nach Ansicht von Lupus erhält der autonome Antifaschismus seine Legitimität aus der weltweiten Ächtung des Nationalsozialismus, und nicht aus eigenen Handlungen, Wertsetzungen und der Ausstrahlungskraft von Widerstand. Historischer Antifaschismus laufe Gefahr, als eine von zwei Ideologien gesehen zu werden, und nicht mehr als unterschiedliche soziale Wirklichkeiten. So sieht Lupus die Nichtüberwindung von patriarchalen Familien- und Parteistrukturen, Disziplin und Unterordnung im historischen antifaschistischen Widerstand als wichtige Voraussetzung für das Scheitern dieses Widerstands. Wie wenig stabil hingegen Ideologien sind, zeigten ihrer Meinung nach die Wählerwanderungen von den Sozialdemokraten und Kommunisten zur NSDAP in den 30er Jahren, die sich in der Binnenstruktur ihrer Lebenshaltungen und -vorstellungen ähnelten.

Prinzipiell kritisiert Lupus die Verengung des autonomen antifaschistischen Kampfs auf die Auseinandersetzung mit Faschisten am Rande der Gesamtgesellschaft. Antifaschismus kann, so die Autonomen, kaum noch gegen den Staat gewendet werden, weil der Staat selbst das jahrelange Schweigen brach, Antifaschismus institutionalisierte und jeden Gedenktag zur Selbstdarstellung des besseren, demokratischen Deutschlands vor der Welt nutzt. So irreführend diese Gedenktage und -reden aus linker Sicht auch sind, so ist es institutionalisierter Antifaschismus, der die Täter von oben bestraft, den Tätern und auch denen, die nichts taten, die Unmöglichkeit von Widerstand bescheinigt und sie dadurch auch zu Opfern stilisiert und mit den tatsächlichen Opfern des Nationalsozialismus gleichstellt. Von Opfer zu Opfer läßt sich aus deutsch-arischer Sicht nach der jahrzehntelangen Verdrängung nun auch die Aussöhnung mit den Juden bewerkstelligen, denen der Deutsche lange nicht verzeihen konnte, daß sie sich massenhaft hatten ermorden lassen, wodurch ein so schlechtes Licht auf die Deutschen fiel. Störend wirken in diesem Zusammenhang nur jüdische und andere Widerständler des Nationalsozialismus, die dieses Bild brökkeln lassen, aber meist an die Seite gedrängt werden.

Autonome beschränkten sich laut Lupus nun auf die Jagd nach originären Faschisten, statt den gesamtdeutschen Staat mit seiner Art von Antifaschismus, seinen technokratischen Möglichkeiten und politischen Gefahren zu hinterfragen und gebrauchten die Bezeichnung »faschistisch« ungerechtfertigt inflationär. Dieses Verhalten würde den Staat kaum tangieren, im Gegenteil ermöglichte es im, sich in der Mitte zu postieren und Totalitarismustheorien wieder aufzuwärmen. Lupus wendet sich keinesfalls gegen den Aufbau einer handlungsfähigen Gegenmacht und die antifaschistische Selbsthilfe. Ein Interesse des Staats an faschistischen Angriffen sieht Lupus nicht, sehr wohl aber die Zunahme von rassistischen Angriffen durch die freigelegten faschistischen und rassistischen Potentiale in Ostdeutschland und die durch europaweite kapitalisitsche Umstrukturierungsprozesse verursachte soziale und politische Unsicherheit. Außerdem sei es fatal, den alten Hauptwiderspruch Arbeit/Kapital durch den neuen Rassismus zu ersetzen und dabei andere Widersprüche untereinander und Kampflinien unsichtbar zu machen.

Die erste Reaktion auf das Lupus-Papier erfolgte bereits in derselben *radikal*-Nummer von einer Gruppe aus der *radikal*. Kritisiert wird dabei weniger die analytische Seite des Lupus-Papiers als die mangelnde Erwähnung von praktischer Antifapolitik und militantem Antifaschismus. Die Gruppe spricht in Anbetracht der sich häufenden faschistischen Angriffe auf Migranten, Behinderte und Obdachlose von der Notwendigkeit, den Faschisten »hinterherzurennen«, auch wenn dies allein noch keine politische Utopie darstelle. Ausschließlich passiver Abwehrkampf und Selbstschutz gegenüber den unterschiedlichen faschistoiden Tendenzen in der Gesellschaft sei zu wenig. Gegen Faschismus müsse eine offensive Politik der Demoralisierung und politischen Isolierung betrieben werden, die ein militantes Vorgehen gegen organisierte Neonazis und rechte Schlägerbanden einschließe. Da in bestimmten Regionen Migranten bereits latent bedroht und Linke in der Defensive seien, habe eine autonome Bewegung nur mit militanten Praxisformen eine Chance.

Zwei Punkte werden gleichrangig genannt: Zum einen gelte es, den Faschisten »die Straße« zu nehmen, und zum anderen, die rassistischen und sexistischen Wurzeln faschistischer Mobilisierung zu analysieren und dadurch öffentliche Räume mit entgegengesetzten Inhalten zu füllen. Dazu bedürfe es direkter Kontakte zu den rassistisch Angegriffenen und Ausgegrenzten und einer breiten Diskussion mit ihnen zwecks gemeinsamen Kampfs gegen Faschisten. Dies müsse als kontinuierliche, wenngleich nicht Ein-Punkt-Arbeit begriffen werden, denn Themen wie Sexismus dürften nicht fallengelassen werden. Aber, so fragt die Gruppe, was nützen die richtigen Inhalte und die besten Thesenpapiere, wenn Linke in bestimmten Regionen nicht vertreten sind und die Faschos die Straße beherrschen. Unter Berücksichtigung der faktischen Verhältnisse, der alltäglichen Wirklichkeit, müsse auch auf der Straße der Kampf aufgenommen werden. Darum wird eine ernsthafte Diskussion um militantes Vorgehen gefordert. Agitation und positive Selbstdarstellung der Autonomen reichten nicht, Militanz dürfe nicht länger in die »Hirnlosen-Ecke« gestellt werden.

Auch wenn der Staat momentan wenig Interesse an faschistischen Exzessen zeige, diese in einigen Fällen jedoch auch selbst mobilisiere, sei es natürlich um so wichtiger, die Faschisten jetzt zurückzudrängen, bevor sie möglicherweise gemeinsam mit dem Staat gegen die Linke vorgehen. Auch die These, wonach die KPD den Kampf gegen den Faschismus aufgrund ihrer eigenen patriarchalen und autoritären Strukturen verloren hätte und deshalb heue nicht den Nazis nachlaufen, sondern sich um ihre eigenen Inhalte kümmern solle, hält die Gruppe für grob verkürzt, um nicht zu sagen für eine Geschichtsverdrehung. Ihr Scheitern sei nicht nur autoritären Binnenstrukturen anzulasten, sondern die Konsequenz mehrerer Punkte, die zusammentrafen.

Wenn Reformisten heute behaupteten, Militanz spiele nur den Rechten in die Hände, beweise dies, daß die Erfahrung des Zweiten Weltkriegs, den Faschismus nur militärisch eindämmen zu können, negiert wird. Für viele der von den Faschisten Verfolgten sei es zu diesem Zeitpunkt allerdings zu spät gewesen. Heute findet die Legende vom Untergang der Weimarer Republik im Kampf zwischen rechts und links und der alten Totalitarismustheorie wieder großen Anklang.

Auch die erschreckende schweigende Mehrheit könne nicht als Argument dafür herhalten, Aktionen zu unterlassen. Erst wenn jeder kleine Mitläufer merke, daß sein rassistisches Verhalten risikobehaftet ist, ließe er davon ab – auch wenn dies nichts an seinen rassistischen Einstellungen änderte. Durch Argumente allein werde aber weder das eine noch das andere erreicht.

Außerdem müsse, dafür plädiert die *radikal*-Gruppe, die Solidarität mit Ausländern, nicht nur als Opfer gesehen, wachsen und Regionen mit starken Faschostrukturen müßten partnerschaftlich unterstützt werden. Zaungast wolle die Gruppe jedenfalls nicht bleiben, sondern konkret Gegenwehr leisten.

Lupus wiederum antwortet auf die Kritik in der *radikal* mit »Doitsch-Prüfung« und »Volks-Fronten« (in: autonome lupus gruppe; Geschichte Rassismus und das Boot; 1992:15ff.) und erweitert die Kritik auf den Umgang mit Migranten. Migranten und Flüchtlingslager würden – auch von Autonomen – oft erst wahrgenommen, wenn sie von Faschisten angegriffen werden. Die Autonomen lebten in ihren eigenen, sozusagen weißen Verhältnissen und hätten wenig zu tun mit dem Alltag und den Lebenszusammenhängen von Migranten. Es sollte ihnen aber darum gehen, unter sich und um sich herum Bedingungen zu schaffen, die Migranten zumindest die Möglichkeit oder Wahl eröffneten, mit ihnen zusammenzuleben oder auch gemeinsam zu kämpfen. Migranten müßten als Handelnde und nicht nur als Opfer wahrgenommen werden.

Des weiteren konstatiert Lupus, daß die rassistische Haltung vieler Deutscher und die Erfolge der Faschisten auch im mangelnden Engagement und Eingreifen der Autonomen in die soziale Realität ihre Ursache hätten. Die kulturelle Hegemonie von links unten mit ihren oppositionellen Lebenshaltungen habe längst an Faszination verloren, die Straße als rechtsfreier Raum und Aktionsfeld der Autonomen sei weitestgehend wieder zum Herrschaftsraum geworden.

Deshalb beharrt Lupus darauf, den gesellschaftlichen Ort der Faschisierung und das rassistische Umfeld im Kampf gegen Faschisten nicht aus den Augen zu verlieren. Denn Faschismus sei kein plötzlich auftretendes, zeitlich begrenztes Phänomen, sondern entstehe im Zentrum der Gesellschaft und sei mit kapitalistischen, patriarchalen und rassistischen Machtverhältnissen verwoben. Der Nationalsozialismus sei als Fortsetzung der »normalen« Unterdrückungsverhältnisse mit einer soliden Massenbasis entstanden.

Das deutsche Volk sei also nicht zum Faschismus verführt worden, sondern völkisches Bewußtsein, patriarchale Zurichtung der Männer, Herrschaftsergebenheit und Opportunismus mit dem Streben, auf der Seite der Sieger zu stehen, seien die Grundlagen gewesen. Dazu sei eine »deutsche Tüchtigkeit« und Effiziez gekommen, die – ohne nach dem Warum und Wieso zu fragen – ihre Aufgaben gründlich und präzise erledigt habe.

Diese Momente deutscher Soziogenese wurden nach dem Krieg weder in der DDR noch in der BRD als Bestandteile der Barbarei denunziert, diese »guten« Eigenschaften galten nur als mißbraucht, waren aber für beide deutsche Staaten durchaus weiterverwertbar. Da sie nicht denunziert wurden, konnten die Einzelerfahrungen der Teilhabe am Faschismus und seiner Billigung in kollektive Erfahrung auf Täterseite einfließen und erlangten Wirkungskraft über die Zeit des Faschismus hinaus, so Lupus.

Die Tüchtigkeit der Deutschen habe beim Wiederaufbau geholfen, der opportunistische Nazi habe ein wenig Reue gezeigt, und der »Rest« sei vom Ost-West Konflikt überlagert worden – eine gesellschaftliche Auseinandersetzung über die Ursachen des Faschismus habe nicht stattgefunden und wurde auch nicht von den Alliierten eingefordert. Das »Deutschenproblem« sei nie Teil einer Auseinandersetzung gewesen, und so seien diese deutschen

Wesensmerkmale als nicht sanktionierte Tätercharakteristika bis heute aktuell geblieben.

Besondere Wichtigkeit mißt Lupus dem völkischen Konsens als gesellschaftliche Grundstruktur, als klassenübergreifende Stereotype in Entsprechung zu den gesellschaftlichen Normen kapitalistischer Rationalität und patriarchaler Konfliktlösungsstrategien bei. Lupus zufolge schafft er ein deutsches »Wir« und einen potentiell schädlichen Fremden, der das »Wir« gefährdet. Darüber hinaus ebnet er Klassen- und Geschlechterunterschiede ein und verschleiert auf diese Weise andere Unterdrückungsverhältnisse. Das »Wir« stemmt sich dann gegen die »Schwemme« der Ausländer und den »Ansturm von draußen«.

Statt das System pauschal vereinfachend als faschistoid zu bezeichnen und ständig Parallelen zum Nationalsozialismus zu ziehen, sollte eher der Frage nach der Entwicklung des völkischen Konsenses und nach den Gründen des heute mangelnden Widerstands nachgegangen werden.

Rassistische Themen und Argumentationsmuster seien heute keine Extrempositionen mehr, sondern nationaler Konsens und Grundlage der Gesetzesänderungen zur Verhinderung des Zuzugs von Fremden. Diese völkische Existenzfrage der Überfremdung sei, nachdem die Flüchtlinge publizistisch (»Scheinasylanten«) zu Tätern gemacht wurden, auf der Straße in Pogrome und Angriffe rassistisch umgesetzt worden.

Wenn sich der Blick der Autonomen aber auf die organisierten Faschisten verengte, werde die Wahrnehmung von Wirkung und Funktion von den dem Faschisierungsprozeß vorgelagerten Phänomenen nicht wahrgenommen und ein tatsächlicher Eingriff unmöglich. Gerade im Schatten der organisierten Faschisten könne der Staat, gestützt auf den völkischen Konsens, eine in ihrer Konsequenz (Abschiebung, Oder-Neiße-Grenze) kaum weniger mörderische, aber unauffälligere Politik gegen Flüchtlinge betreiben. Nach Lupus greift eine Politik, die sich nur an Auswüchsen und nicht an gesamtgesellschaftlichen Verhältnissen orientiert, zu kurz. Ein Begründungszusammenhang für rassistische Taten wird in der Person der Täter gesehen, in der durch Sozialisations- und Normierungsprozesse eingearbeitete gesellschaftliche Strukturen und soziale Verhältnisse zum Tragen kommen. Zusammen mit der Aufdeckung und Bekämpfung staatlich sanktionierter Rassismen wird hier ein Ansatzpunkt gesehen, rassistische Realitäten mit der Systemkritik zu verbinden. Das beinhaltet auch, die gesellschaftlichen Zusammenhänge von Sexismus, Rassismus un Faschismus zu ergründen. In allen diesen Bereichen spielten Hierarchien, Dominanzverhalten, Unterwerfung, aber auch Kooperation eine Rolle. Hierarchien bestimmten die Gesellschaft und sind ein Lösungsmuster für Konflikte, wobei der Fremde die Hierarchien verändern und dadurch Verunsicherung hervorrufen könnte, unterworfen wird oder sich komplett assimilieren muß. Lupus möchte die gesellschaftliche Funktionsweise des patriarchalen Gewaltverhältnisses, entstanden in der ersten Begegnung mit dem prinzipiellen Andersartigsein von Menschen in der Differenz der Geschlechter und den daraus resultierenden Dominanzen, Unterwerfungen und Hierarchien, mit der Analyse der Ursachen rassistischer Konflikte verknüpft wissen. Rassismus ist, wie Sexismus, eine systemimmanente Konfliktlösungsstrategie, verankert in den Subjekten, um Hierarchien herzustellen.

Für Lupus gibt erst ein komplexes Faschismusverständnis in der Formulierung, daß die autonome Strategie ein militantes Vorgehen gegen organisierte Faschisten einschließt, einen Sinn. Völkischer Konsens und Rassismus seien keine Stimmungen, die allein militant stillgelegt werden könnten, sondern gesellschaftliche Substanz, die sich permanent und dauerhaft als Gewaltverhältnis manifestiere. Diese Einstellungen würden auch ohne Porgrome und organisierte Nazis fortbestehen. Dies bedeutet aus autonomer Sicht einen langenwierigen kontinuierlichen politisch-gesellschaftlichen Kampf.

Gerade im Osten müßten sich Antifas mit den Folgen der vierzigjährigen Nichtauseinandersetzung mit dem Faschismus beschäftigen. In der DDR hätte das Interesse der SED, dem besseren antifaschistischen Deutschland vorzustehen, mit dem Interesse der DDR-Bevölkerung, nicht mit der faschistischen Vergangenheit konfrontiert zu werden, korrespondiert und so einen öffentlichen Diskurs verhindert. Hier müsse die Grundhaltung analysiert werden, die diesen Sozialismus und die jetztige Zustimmung zu rassistischen und faschistischen Propagandisten und Gewalttätern ermöglichte. Der geschichtliche Rückgriff beinhalte auch die Möglichkeit, Anknüpfungspunkte an tatsächliche antifaschistische Ideen und ihre Träger zu finden, die in der DDR kaltgestellt wurden, und über die linke Abrechnung mit dem Realsozialismus zu einem Kampf gegen die »neuen« dem Kapitalismus immanenten faschistischen Tendenzen und ihren beschriebenen Auswirkungen zu kommen. Das erst sei wirkliche antifaschistische Politik.

Diese längerfristige Auseinandersetzung verbunden mit kurzfristigen militanten Interventionen würde möglicherweise wieder eine gesellschaftliche Perspektive ergeben. Eine Aufteilung zwischen blutigem und strukturellem Rassismus, bei einseitiger Intervention bei ersterem, erscheint Lupus nicht legitim, da sie die Auswirkungen in den Mittelpunkt stelle und die Wirkungsweise gesamtgesellschaftlicher Strukturen im Handeln von Faschisten und das Handeln des Staates selbst vernachlässige. An dem Versuch, den institutionalisierten Terror anzugreifen, müsse sich revolutionäre Politik messen lassen.

Eine Gruppe aus der *radikal* beharrt in ihrer Antwort auf Lupus (*radikal* 146; 1992:15ff.) darauf, praktisch zu intervenieren, da dies das gesellschaftliche Umfeld in Bewegung bringe und seine innere Verfaßtheit offenbare. Es könne nicht auf ein komplexes Faschismusverständnis gewartet werden, weil es nach Jahren des Theorieverzichts und angesichts der herrschenden Realität ein ziemlicher Luxus sei, sich nun der Beseitigung aller theoretischen Unklarheiten zu widmen. Sie plädiert für eine Praxis, in der theoretische Auseinandersetzung, Untersuchung und Überprüfung der eigenen Praxis, Teilnahme an der politischen Debatte und der Wille zur Organisierung einen gleichberechtigten Platz einnehmen.

Zur Zusammenarbeit mit Migranten bemerkt sie, daß es kaum eine Ebene und Kontinuität gäbe. Dies läge an den unterschiedlichen ideologischen Bezugspunkten und hierarchischen Strukturen, aber auch an den sozialen Unterschieden zwischen Migranten und Autonomen. Außerdem würde die Diskussion über die rassistische Entwicklung in der BRD in Migrantengruppen intensiver und unter größerem existentiellen Druck geführt. Die Autonomen sollten sich nicht, auch wenn größere Zusammenarbeit gewünscht wird, auf das neue Subjekt Migranten stürzen. Migranten besäßen durch die sozialen Zwänge, denen sie ausgesetzt seien, keine wirkliche Entscheidungsfreiheit, mit den Autonomen zu kooperieren.

Zwar glaubt auch die *radikal*-Gruppe nicht, daß durch Militanz auf der Straße kulturelle Hegemonie zurückerobert werden könne, aber was an antifaschistischen Inhalten in den Köpfen und Herzen der Linken vorhanden sei, reiche aus, um Gegenpole auf der Straße zu setzen. Dazu bedürfe es keiner komplexen Analysen. Daß zu wenig Bewegung auf die Straße gebracht wird, läge nicht an der fehlenden theoretischen Unterfütterung. Rationale Erklärungen taugten gegenüber einem rassistischen Mob, der selbst reproduzierender Teil der rassistischen und anderer Unterdrückungsverhältnisse der gesellschaftlichen Struktur sei, wenig und gehörten auf den Müllhaufen linker Geschichte. Die Tatsache, daß der Unterdrückungs- und Ausbeutungswille heute in den einzelnen »kleinen Leuten« verankert ist, zeige, wie utopisch der aufklärerische Gedanke sei, daß die Menschen nur über die wahren Hintergründe ihrer Ausbeutung und Unterdrückung informiert werden müßten, um sich dann gegen die Bonzen statt gegen Asylbewerber zu wenden. Vielmehr müßten neue Wege gesucht werden, um Menschen zu erreichen und für autonome Inhalte und Werte zu interessieren. Ein kollektiver Diskussionsprozeß sei dabei ein Schritt in die richtige Richtung, allerdings nicht als Alternative zu oder gar unter Ausschluß einer täglichen Praxis.

Aus Migrantenkreisen gab es zum Teil massive Kritik an den Autonomen hinsichtlich der Kooperation (Deutschland im Herbst 1991: Rassismus als Norm, in: Lupus; Geschichte, Rassismus und das Boot; 1992:121ff.). Die Kritik richtet sich an weiße Deutsche, wobei linksradikale Verhältnisse als Spiegelbild der Gesamtgesellschaft charakterisiert werden.

Ausländer gebe es in autonomen Zusammenhängen de facto kaum, und wenn, würde das »andere« ihrer Existenz nicht wahrgenommen und somit ihre Persönlichkeit beschnitten, d.h., sie würden zu integrierten Nicht-Ausländern. Integration sei aber ignorant gegenüber dem Anderssein, beinhalte die Einpassung in die deutsche Kultur, sei in der letzten Konsequenz rassistisch, beruhige über Gleichmacherei die Verunsicherung durch die Anwesenheit von Fremden und führe zur Unaufmerksamkeit gegenüber den spezifischen Problemen von Ausländern. Letztlich würde die linke weiße Normalität, die nicht mit der sozialen Realität der Ausländer korrespondiere, ihnen übergestülpt.

Abgesehen davon, unterlägen Migranten häufig einer solidarisch-kämpferisch-sozialrevolutionären Verklärung seitens der hiesigen Linken, obwohl sie vielleicht nur ein ruhiges Leben führen oder nichts lieber als in ihr Land zurückkehren wollten. Wehe, Migranten entsprächen nicht diesem Bild, ließen sich nicht bevormunden oder anleiten – spätestens dann würden die patriarchalen Strukturen ausländischer Männer kritisiert oder die Frauen, die diesen Strukturen unterliegen, bemitleidet. Der Text hält letzterem entgegen, daß ausländische Männer nur noch nicht gelernt hätten, die autonome Chauvitarnkappe überzuziehen, und daß der Schleierzwang beispielsweise eine patriarchalische Entsprechung im Westen in der erzwungenen Nacktheit der Frauen erfahre, also gleiche Unterdückungsverhältnisse bestünden, die in ihrer Wirkungsweise und Ausprägung unterschiedlich wahrgenommen und interpretiert würden.

Ausländer würden von weißen Linken kategorisiert und nach Hilfsbedürftigkeit eingestuft. Der wahrhaftige Mensch verschwinde dahinter. Die mangelnde Bereitschaft zur Solidarität seitens der Migranten würde von weißer Seite oft nicht mehr mit den realen Sozialverhältnissen (staatliche Kategorisierungen nach EU-Ausländern, Afrikanern, Bosniern u. v. m. ) in Verbindung gebracht, sondern den Migranten selbst vorgeworfen.

Nachdem Autonome die Ausländer entdeckt haben und das Thema Rassismus Konjunktur hat, nachdem ihre Anliegen jahrelang keinen Eingang in autonome Politiken fanden, so die Kritik der Mirganten, würden sie nun als soziale Kategorie abgelegt und auf das »Ausländischsein« reduziert. Jetzt wollten Autonome von Flüchtlingen etwas über ihren eigenen Rassismus lernen und für diese Kraftanstrengung mit antirassistischen Persilscheinen belohnt werden ...

Der Umgang mit Migranten sei also nie normal, sondern immer durch eine Verhältniskategorie (als integrierter Bestandteil der deutschen Linken, als Lieblingsspielzeug oder hilfesuchendes Opfer) gekennzeichnet. Aus diesen Gründen sei eine gleichberechtigte Kooperation unmöglich. Befreiten sich Migranten aus der Bevormundung durch weiße Unterstützer und entwickelten eigene, divergierende Standpunkte, sei die Zusammenarbeit mit nahezu der gesamten bundesdeutsche Bevölkerung gefährdet, weil dieses emanzipative Verhalten von weißer Seite als persönlicher Angriff gewertet würde.

Migranten hätten aufgrund ihrer existentiellen, physischen Bedrohung auch weniger Interesse an einer Analyse der rassistischen Determination vieler Deutscher. Sie seien vielmehr an der Organisation von wehrhafter Gegenmacht interessiert, um eine gesellschaftliche Kraft zu werden, die ernst genommen wird.

Autonome wüßten wenig über die faktischen Lebensbedingungen von Migranten und neigten zu einer theoretischen Herangehensweise an Migranten wie auch an Rassismus. Zwar würde Rassismus nicht mehr als Nebenwiderspruch gesehen, aber antirassistische Arbeit als defensives Konzept ohne gesellschaftliche Utopie betrieben. Erst durch die Akzeptanz der unterschiedlichen Herangehensweise – von Migranten unter existentiellen und von weißen Linken unter eher theoretischen Bedingungen – an Rassismus, könne ein Weg zur Zusammenarbeit gefunden werden. Ein Verhältnis »von gleich zu gleich« könne aufgrund der herrschenden Verhältnisse nicht existieren.

Migranten beklagen außerdem die neutrale bis ignorante Haltung der meisten radikalen Linken gegenüber dem Entstehen Großdeutschlands und die fehlende Warnung an sie. Spätestens seit der Ausgrenzungslosung »Wir sind das Volk« leben sechs Millionen Menschen unter Angst in Deutschland. Bevölkerungspolitische Konzepte, die den Zugriff, die Kontrolle und die Überwachung von Migranten stetig effektivieren, und die ideologische Rechtfertigung des völkischen Straßenaufruhrs verstärken ihre Ängste. Diese Ängste und andere Empfindungen zählen für Migranten, und nicht die weißen Theorien über die Befindlichkeit der Gesellschaft. Schuld seien nie die Täter, die – wie im Faschismus – zu Opfer erklärt würden, sondern gewöhnlich die zu vielen Ausländer. Rassismus würde zum Naturrecht für Deutsche in vermeintlich schlechten Zeiten. Das Stillhalten und Schweigen angesichts des Rassismus erhielten in Deutschland durch den Holocaust den Status der Akzeptanz dieser Verbrechen.

Allerdings gebe es auch die Alternative, daß weiße Unterstützergruppen von Migranten nach der ersten Kontaktaufnahme nicht den nächsten Schritt tun würden und in den zwangsläufig folgenden Konfrontationen gängige Bewußtheiten überprüften, vielmehr werde radikal-harmonischer Antirassismus betrieben. Dies beinhalte allerdings, rassistische Verhaltensmuster an sich selbst zu entdecken, Verhaltensweisen unter Flüchtlingen nicht prinzipiell positiv zu interpretieren, die Forderungen der Flüchtlinge zu unterstützen, statt zu den eigenen zu machen, darauf zu verzichten, eine eigene Position zu Antirassismus unabhängig von den Kämpfen der Flüchtlinge und davon, ob sie die Position teilen, zu bestimmen und eine infrastrukturelle Arbeit zu übernehmen.

Die Erschütterung alter autonomer Praxis durch die Aufhebung der Bezuglosigkeit zu Migranten als neuer Standard autonomer Politik wird hier mit der Aufgabe der eigenen politischen Identität als Grundlage des Handelns und mit völliger Konturenlosigkeit bezahlt. Diese Unterordnung suggeriere eine Identität der Interessen und Kämpfe zwischen Migranten und Autonomen, die nicht existiere. Solidarität basiere vielmehr auf der Akzeptanz von Differenzen, die sich aus unterschiedlichen ökonomischen und sozialen Realitäten ergeben. Interessenunterschiede, die Gewaltverhältnisse implizierten, könnten nicht durch neue Einsichten in die Wichtigkeit des antirassistischen Kampfes mit Migranten konfrontationslos über Nacht eingeebnet werden (Lupus; Geschichte, Rassismus und das Boot; 1992;141ff.).

Eine Bochumer Unterstützergruppe merkte dazu an: »Wir gehen von einer Geschichte linker, weißer, männlicher Politik aus, die – soweit ihr die Integration von Kämpfen anderer in ein (kommunistisch/anarchistisch) europäisch-patriarchales Befreiungskonzept nicht gelungen ist – den rassistischen Ausschluß der andern betrieben hat. Die eigenen Vorstellungen von Gleichheit aller als Kampfperspektive haben niemals Frauen und nie die Kolonialisierten eingeschlossen. Die eigenen Befreiungsperspektiven waren an die eigenen Bedürfnisse gebunden und haben die Teilhabe an struktureller Unterdrückung über die Gleichheitsforderung verdeckt.« (a.a.O.:143) Unter der weißen männlichen Linken bestehe eine Orientierungskrise, sie suche eine Kampfperspektive und wolle gleichzeitig das Privilig behalten, die Intensität der Kontakte zu bestimmen und Herr über die Definition der Gleichberechtigung zu bleiben. Es wird konstatiert, daß die Szene geprägt sei von einer Kombination aus sozialer Bezuglosigkeit und politischen Vereinnahmungsversuchen. Ihre Methode beruhe auf dem kurz- bis mittelfristigen Eingreifen in gesellschaftlich Konflikte, stelle dabei aber den Aufbau einer verbindlichen sozialen Widerstandsstruktur hinten an.

Andere Gruppen sehen die Nicht-Sichtbarwerdung der Autonomen in der Unterstützung von Migranten als ein Resultat der Art des Kampfes, der die Migranten nach vorne rückt und sich an ihren Schritten orientiert, um in diesem Rahmen selbst handlungsfähig zu werden. Diese Art der Unterstützung schließe die Entwicklung eigener antirassistischer Positionen nicht aus, die sich aus der Unterstützung entwickeln. Autonome »Sozialarbeit« wird als Basis begriffen, um Vertrauen, Verbindlichkeit und Kontinuität zu schaffen, die weitergehende gemeinsame Überlegungen ermöglichen (*radikal* 145; 1992:12f.).

Alle diese Überlegungen haben bis heute nicht zu einer schlüssigen Widerstandsstruktur geführt, die Migranten systematisch einbinden und schützen könnte und den antifaschistischen Widerstand, sei es durch mehr Theorie, praktische Intervention oder Organisierung, wesentlich verbreitert hätte.

## 6. Organe: *radikal, Autonomie Neue Folge, Wildcat*

Im folgenden sollen drei Publikationen vorgestellt werden: die *Autonomie Neue Folge* als theoriestiftendes Organ, die *Wildcat* (früher *Karlsruher Stadtzeitung, KStZ*), die den Jobber-Ansatz repräsentiert, und die *radikal* als langlebigstes Forum für Diskussionen in der autonomen Szene. Sie besteht – mit kurzer Unterbrechung – seit über siebzehn Jahren und gibt am besten Auskunft über die jeweilige Befindlichkeit, über Themen, Aktionen und Diskussionszusammenhänge der Autonomen. Da es über die *radikal* ein eigenes, 1996 erschienenes Buch »20 Jahre radikal – Geschichte und Perspektiven autonomer Medien« von Mitarbeitern verschiedener Phasen der Zeitschrift gibt, soll hier nur kurz auf sie eingegangen werden. Die *Autonomie NF* gab es in vierzehn Nummern bis 1985. Sie vertrat einen sozialrevolutionären Ansatz und war eines der wenigen Bindeglieder zwischen älteren Aktivisten, die die Zeitschrift machten, und der autonomen Szene. Die *Karlsruher Stadtzeitung* bzw. *Wildcat* war das Organ der Jobber, die zu Zeiten des bewußt oder zwangsläufig marginalisierten Arbeitens großen Zuspruch fanden. Der Ansatz hat heute, wo massenhaft Menschen in deregulierten und ungarantierten Jobs arbeiten müssen, eigentlich keine Relevanz mehr. Die *Wildcat* erscheint noch unregelmäßig in Zirkularform.

### Die Zeitschrift *radikal*

Die *radikal* trat 1976, auf Berlin beschränkt, mit einem linkspluralistischen Konzept an. Sie bot sich als Kommunikationsorgan für Unorganisierte an und wollte zur Solidarisierung der Linken beitragen. Allerdings brach schon in der ersten Ausgabe ein Konflikt, der die Zeitung bis heute begleitet und in einem eigenen Frauenteil seinen Ausdruck gefunden hat, hervor, als nämlich der Frauenbewegung schädlicher Separatismus vorgeworfen wurde.

Der historische Materialismus galt der Zeitschrift in ihrer Anfangsphase als alleiniges Erklärungsmuster, dem sich alles unterzuordnen hatte. So kamen in den ersten Nummern, dem pluralistischen Anspruch gemäß, auch alle K-Gruppen zu Wort, die aber in deutlichem Widerspruch zu den übrigen *radikal*-Artikeln standen.

Darüber hinaus war die *radikal* zu Beginn eher eine Stadtzeitung mit hohem Gebrauchs-, sprich Informationswert. Ende der siebziger Jahre scheiterte die regelmäßige wöchentliche Ausgabe, Redakteure wanderten zur *taz* oder *Alternativen Liste (AL)* ab, die *radikal* erfuhr erste Repressionen im »Heißen Herbst«, und es wurden innerredaktionell kontroverse Diskussionen über Gewalt geführt. Schon vor der »Bewegungszeit« 1980 griff die *radikal* Themen wie Abschiebung und Neofaschismus auf, die heute noch aktuell sind.

1980 wird aus der sozialistischen Zeitung für West-Berlin, so der ursprüngliche Untertitel, die Zeitung für unkontrollierte Bewegungen. Die *radikal* wird im Layout »punkiger«, der herrschenden Wirklichkeit wird eine eigene Wirklichkeit entgegengesetzt, und mit der Rubrik »Herzschläge« werden Aktionen und Anschläge dokumentiert und Kleingruppenmilitanz thematisiert. Diese Rubrik, die später auch Bastelanleitungen enthielt, machte während der Repressionswelle den Bekanntheitsgrad der Zeitschrift aus, verkürzte aber ihren Inhalt, den in der Zeitung dokumentierten Diskussionsstand der autonomen Bewegung, erheblich.

Militanz und »guerilla diffusa«, Trennung von den etablierten Alternativen, Hausbesetzung, Kampf gegen Lohnarbeit, Beschäftigung mit der Zeitschrift *Autonomie*, Berichte über undogmatische, anarchistische, autonome Gruppen und Basisbewegungen und Diskursphilosophie sind die Themen seit 1980.

Die Redaktionssitzungen finden teilweise immer noch öffentlich statt.

Ab dem 12. Dezember 1980 wird die *radikal* zum Organ der Hausbesetzerbewegung und enthält nur noch wenige programmatische Artikel. Es ist die Zeit des Handelns – und nicht der Inhalte. Nach ungefähr einem halben Jahr widmet sie sich dann verstärkt dem Anti-AKW-Kampf und der Reflexion über die Möglichkeiten und Grenzen des Revoltekonzepts aus den Häusern heraus. Es wird über persönliche Rückzüge, Verschleiß und Integration, neue Akteure und Verbreiterung der Bewegung diskutiert, aber auch über nationale Befreiungsbewegungen, mögliche politische Eckpfeiler wie Operaismus und Anarchismus.

Ab 1983 erscheinen explizite Frauenartikel in der *radikal*, und 1984 wird in Abspaltung die militante Frauenzeitung *Anagan* gegründet. Leider erschien sie nur mit wenigen Ausgaben.

Im Sommer 1984, nach den Prozessen gegen zwei mutmaßliche Herausgeber und ausgebrannt von der Arbeit an der Zeitschrift, geben die alten Macher auf und überlassen die *radikal* neuen Leuten. Nach der Zäsur wurden Erscheinungsform und Inhalte neu bestimmt. Die Redaktionsarbeit wurde illegal und ins Ausland verlagert. Die ersten beiden Nummern zeugten dann allerdings mehr von Verbalradikalität und alten Hüten als von (neu) Durchdachtem.

In der Ausgabe Nr. 132 erschienen geballt Artikel von autonomen Frauen, die sich aus männerdominierten Strukturen verabschiedeten. Die vorrangigen Diskussionsinhalte der autonomen Szene setzten sich also – mit unterschiedlichen Redaktionen und Inputs von außen – fort, sei es Rassismus, Migranten, Organisierung, Patriarchat, Antifa, Anschläge, Befindlichkeiten der Redaktion. Alle diese Themen fanden und finden sich über die Jahre hinweg dokumentiert.

Da die *radikal*, trotz aller Brüche und kleinen Pausen, eine hohe Kontinuität aufweist, wird die nächste Ausgabe immer schon mit »wohlig-klandestinem« Schaudern erwartet. Durch die anhaltenden Versuche der Represionsapparate, aus der Zeitschrift eine kriminelle Vereinigung zu machen und auf diese Weise einige Menschen in den Knast zu stecken, erhält die *radikal* einen großen solidarischen Beistand.

## Die Zeitschrift *Autonomie Neue Folge*

Die *Autonomie* war nie das Zentralorgan der Autonomen. Viele, die sich selbst als Autonome bezeichneten, haben sie nie in die Hand genommen oder gar komplett gelesen – obwohl sie die einzige Zeitschrift war, die die soziale Jugendrevolte und ihre Themen aufmerksam verfolgte und versuchte, verallgemeinerungsfähige materialistische Theorien, Analysen und Strategien in die Szene rückzuvermitteln, um die sozialen Bewegungen zu homogenisieren und ihnen aus der reinen Negation zu einer langfristigen politischen Tragfähigkeit zu verhelfen.

Auf die *Autonomie* (*Alte Folge*), die von 1975 bis 1979 in München und Frankfurt am Main erschien, wird hier nicht näher eingegangen. Während dieser Jahre bestand die Zeitschrift aus Einzelbeiträgen zu unterschiedlichen Themen. Ihr Verdienst ist die Beobachtung der autonomen Klassenkämpfe in Italien, deren Vermittlung in die BRD und der Regionalisierungsgedanke.

Die *Autonomie NF* erschien nach der Spaltung der Frankfurter Gruppe in Hamburg. Die Schwerpunkthefte setzten sich mit den Klassenkämpfen in Italien, mit dem Iran, dem Imperialismus im Trikont und den Veränderungen der BRD-Gesellschaft, vornehmlich in bezug auf den Energiesektor, das Wohnen, auf Gefängnisse, die Psychatrie und die Arbeit, auseinander. Diese Bereiche wurden jeweils in Beziehung gesetzt zu den neuen Akkumulationsstrategien des Kapitals, zu den Durchsetzungsmitteln des Staats und den sozialrevolutionären Widerstandsmöglichkeiten.

Im letzten Heft, der noch lieferbaren Nummer 14, wurde dann eine Klassengeschichte als Abfolge von sozialen Revolten geliefert. Das Heft stellt eine Bilanz und den Abschluß der Autonomiediskussionen dar.

Zum Zusammenhang von Zeitschrift und Autonomen heißt es: »Eine ganze Menge von Anläufen also, die im Kontext unserer breiteren politischen Identität mit der militant-autonomen Szene manches bewirkt hat, aber gleichzeitig immer auch zeigte, daß wir auch im Hinblick auf ihre Schwächen gegenüber dem ganzen Sozialprozeß ein – hoffentlich nicht mehr so ohne weiteres verzichtbarer – Teil eben dieser Szene sind.« (*Autonomie NF*; 11/1982:2)

Die *Autonomie* entstand, stark beeinflußt vom italienischen Operaismus, in einer Zeit, als viele linksradikale Gruppen, die sich als Versuch der organisierten Fortsetzung und Umwandlung der 68er Bewegung verstanden, auseinandergingen, um sich von den theoretischen und politischen Versteinerungen, die sie ab 1968 erlebt und mitgetragen hatten, freizuschaufeln und sich damit an ein Verständnis der modernen Klassenrealität und ihrer noch fast gänzlich unerforschten Geschichte heranzutasten. Die Betrachtung der Geschichte sollte unter einer möglichst genauen Differenzierung der Schichten – und nicht nur Organisationen – der Arbeiterklasse und Analyse ihrer Stellung im Produktionsprozeß und der Entwicklung der Reproduktion geschehen. Darüber hinaus sollten Ungleichzeitigkeiten regionaler Entwicklung beachtet und die Formen des Widerstands mit den subjektiven Erfahrungen der Akteure in Zusammenhang gebracht werden.

Ausgehend von einer Untersuchung der Unterklassenbewegungen in der Phase der Industrialisierung Europas stellte die *Autonomie* die Frage nach einem Zusammenhang zwischen den Forderungen aus den Anfängen der kapitalistischen Produktionsweise, verankert in der Subsistenzproduktion, und den damaligen sozialen Bewegungen und Klassenkämpfen. Eine relative Nähe sah die *Autonomie* dabei in der sogenannten »Moralischen Ökonomie«, die nicht vom Lohngesetz, sondern von den Bedürfnissen und der Konsumtion ausgeht. Um diese Beziehung analytisch zu ergründen, schien ihnen die Geltung der Arbeitswertlehre historisch und logisch begrenzt, da sie weder das ökonomische Bewußtsein und Verhalten der Unterklassen in der Phase der Durchsetzung des Kapitalismus erklären noch eine zureichende Begründung für die Lohn- und Aneignungsforderungen der Unterklassen im entwikkelten Kapitalismus liefern konnte. Stattdessen verwendete die *Autonomie* den Begriff der »Moralischen Ökonomie« zur historischen Analyse, wie er von Thompson entwickelt wurde (vgl. Thompson; 1980).

Laut Thompson waren die Entstehung und Gestalt der Arbeiterklasse nicht das zwangsläufige Ergebnis ökonomischer Bewegungsgesetze, auf das sie vom orthodoxen Marxismus reduziert wird, sondern ein aktiver Prozeß, Resultat menschlichen Handelns und historischer Bedingungen. Individuelles und kollektives Handeln der Klassenzugehörigen resultiert also aus der Verknüpfung von Erfahrung und Bewußtsein der Klasse. Eine Klasse formiert sich, wenn Menschen aufgrund gemeinsamer Erfahrungen – seien sie weitergegeben bzw. übernommen oder selbst erworben -die Identität ihrer Interessen empfinden und artikulieren, und zwar sowohl untereinander als auch gegenüber anderen, deren Interessen verschieden oder sogar ihnen entgegengesetzt sind.

Die Klassenerfahrung ist weitgehend durch die Produktionsverhältnisse bestimmt, in die mensch hineingeboren wird oder in die mensch gegen seinen Willen eintritt. Klassenbewußtsein ist die Art und Weise, wie mensch diese Erfahrungen kulturell interpretiert und vermittelt: verkörpert in Traditionen, Wertsystemen, Ideen und institutionellen Formen (Thompson; 1987:7).

Die Ähnlichkeiten zu den Autonomen, deren informeller Bewußtseinsbildung und aktiver Intervention sind offenkundig, auch wenn die Autonomen nur unter einen weit gefaßten Klassenbegriff fallen.

Die »Moralische Ökonomie« beruht auf traditionellen und regionalen Vorstellungen von Gerechtigkeit und der Angemessenheit von Lebensmittelpreisen und Arbeitslöhnen bei subsistenzwirtschaftlichen Produktionsformen unter feudalistischer Herrschaft. Sie nimmt sowohl die ideengeschichtliche Entwicklung des kommunistischen Verteilungsprinzips und der Bedürfnisökonomie auf als auch die Rechtfertigung von Diebstahl innerhalb der bürgerlichen Eigentumsordnung. Auf diese Weise wird zwischen Aktionen und sozialen Kämpfen (wie kollektiven Eigentumsdlikten, Maschinenstürmerei und Sabotage) und den Arbeiterideologien der Revolten im frühen Kapitalismus eine Verbindung hergestellt (*Autonomie NF* 14/1985:107ff.).

Die *Autonomie* ist also ein Versuch, Klassenwidersprüche und revolutionäre Subjektivität unter dem Aspekt von Sozialbewegungen, und nicht in den Kategorien des Marxismus zu sehen. »Antikapitalistische revolutionäre Sozialbewegungen haben sich in der europäischen Sozialgeschichte solange herausgebildet, wie die Klasse in ihrer Reproduktion außerhalb des Kapitals stand. Mit anderen Worten, der Verlust der europäischen Perspektive einer Sozialrevolution hat etwas mit dem Prozeß der reellen Subsumtion aller Lebensverhältnisse unter das Kapital zu tun. Deswegen muß uns nicht die offensichtliche Ähnlichkeit zwischen den Subsistenzrevolten des 18./19. Jahrhunderts und den IMF-Riots (Revolten gegen die Politik des Internationalen Währungsfonds; d. Verf.), wohl aber das Wiederaufkommen von Sozialbewegungen interessieren, die sich in keinem Vermittlungsverhältnis zum Kapital befinden.« (*Autonomie NF*; 14/1985:20)

Auf der Grundlage der Untersuchung antikapitalistischer Bewegungen während der Industrialisierung (*Autonomie NF*; 14/1985:154ff.) theoretisierte die *Autonomie* über reelle Subsumtion unter das Kapitalverhältnis anhand außerkapitalistischer Räume und sozialmoralischer Milieus und kam zu dem Schluß, daß »... die sozialrevolutionäre Fragestellung (...) von Marx in der Kritik der politischen Ökonomie verkürzt (wird) zum Begriff des Wertes der Arbeitskraft und der Reproduktionskosten ...« und »... die Massenbedürfnisse (...) transformiert und hineinverlegt (werden) in den Scheinantagonismus einer Entwicklung von Produktivkräften und Produktionsverhältnissen. In diesem Punkt stellt der Marxismus eine extremistische Variante der bürgerlichen Antworten und der Enteignung der sozialen Bewegungen auf der Bühne von 1848 dar – er formuliert nur mehr die Niederlage einer Generation sozialrevolutionärer Kämpfe.« (*Autonomie NF*; 14/1985:20)

Die *Autonomie* versuchte eine Begrifflichkeit zu entwickeln, die sich sowohl vom »wissenschaftlichen Sozialismus« als auch von einer soziologisierenden Sozialgeschichtsschreibung unterscheidet. Sie wendet sich gegen die Annahme, daß das Kapitalverhältnis letztlich selbst die revolutionäre Klasse produziert und gegen die Bestimmung des Proletariats als Ware Arbeitskraft im Marxismus, der die Reproduktion der Klasse stets nur innerhalb des Kapitalverhältnisses denkt. Demgegenüber proklamierte die *Autonomie* Selbstkonstitution des Proletariats, indem die Klasse als Kategorie mit Bezug auf das Kapital aufgegeben wird.

In der Auseinandersetzung mit den »Grundrissen der politischen Ökonomie« von Marx bezieht sich die *Autonomie* auf den dort als zwieschlächtig dargestellten Charakter der Arbeiterklasse als Kapital und Nicht-Kapital resp. Nicht-Wert. Damit ist die rein subjektive Existenz der Arbeit unter Ausschluß von Produktionsmitteln gemeint, also die absolute Armut. Bei den Marxschen Grundrissen fehlt an dieser Stelle eine Entfaltung des Nicht-Werts als Subjekt (*Autonomie NF*; 14/1985:21f.). Den Grund für das Fehlen sieht die *Autonomie* im methodischen Rahmen der »Kritik der politischen Ökonomie«, in dem eine begriffliche Verankerung von Subjektivität nicht möglich ist. Der *Autonomie* scheint es richtig, Momente der Reproduktion der Arbeit als Klasse zu bestimmen, die in die Wertbildung eingehen, ohne sich notwendig beim Kauf und Verkauf von Arbeitskraft niederzuschlagen: »Die Klassenkonstitution ist nicht getrennt von aktuellen Kampfzusammenhängen mit dem Kapital zu begreifen, zugleich gibt es aber ein nicht-vermitteltes Element darin, das noch am besten mit dem Begriff des Nicht-Wertes beschrieben ist. Es ist der Raum für die Selbstbestimmung der Klasse und ihrer Reproduktion in sozialer und ökonomischer Hinsicht, der nicht kapitalistisch kontrolliert ist und von wo aus sich Widerstand gegen das Kapital organisieren kann. Die moralische Ökonomie der Armen ist ein solcher Raum, und da er im Verlauf der europäischen Sozialgeschichte vom Kapital besetzt oder zerstört wurde, so bleibt eine Leerstelle zu benennen – als ein Verlust an revolutionären Momenten im Prozeß der reellen Subsumtion und die Voraussetzung, die für die Rekonstitution revolutionärer Subjektivität von unten zurückgewonnen werden muß.« (*Autonomie NF*; 14/1985:22)[1]

Die *Autonomie* versucht, den Begriff des »Nicht-Wertes« durch eine Analyse der »Kritik der politischen Ökonomie« einzugrenzen. Im Gegensatz zu einem produktivistischen Klassenbegriff, der die Klasse auf ihre Existenz als Arbeitskraft reduziert, entwickelt die *Autonomie* aus den sozialen Kämpfen im Vorindustrialismus einen Klassenbegriff, der vor allem am Kampf um Subsistenzmittel festgemacht wird und den nicht-industriellen Teil des Weltproletariats berücksichtigt.

Der *Autonomie* zufolge ist die besagte Leerstelle in der »Kritik der politischen Ökonomie« nicht innerhalb ihres eigenen Systems zu beheben. Deutlich wurde dies in der Phase der politisch-ökonomischen Entwicklung der keynesianischen Integration der Klasse in den Akkumulationsprozeß in der BRD. Eckpunkte in dieser historischen Entwicklung sieht die *Autonomie* in einem weltweiten metropolitanen Kampfzyklus Ende der sechziger/Anfang der siebziger Jahre, der zusammenfällt mit den Wirtschaftskrisen von 1966/67 und 1973/74 und bestimmt wird von massiven Lohnforderungen, sich ausweitenden Sozialgeldforderungen gegenüber dem keynesianischen Staat auf der einen Seite und einer technologischen Gegenoffensive der Unternehmer mit Automation, Fließband und analytisch vorbestimmten Arbeitsabläufen auf der anderen Seite. Die Anwendung neuer Technologien ist dabei nicht nur eine Frage der Mehrwertrate, sondern ein Mittel, die Arbeiter dem kapitalistischen Arbeitsprozeß zu unterwerfen.

Im historischen Prozeß von der Manufaktur zur Fabrik und

[1] Ähnlichkeiten zu den Sozialrevolten von 1980/81 in der BRD sind gegeben. Eine Schmerzgrenze war erreicht, Lebensperspektive und Existenz wurden subjektiv als bedroht angesehen. Subjektive Wut auf die Verhältnisse verband sich im Reproduktionsbereich in einem Akt der Selbstkonstitution mit gegenkulturellen Werten zu kollektivem Widerstand zur Schaffung von Freiräumen gegen Staat und Kapital, aus denen der Widerstand gegen das Gesamtsystem organisiert werden sollte.

Großfabrik veränderte sich das Kapital als Antwort auf den Arbeiterwiderstand ständig. Dem entspricht jeweils ein bestimmter Arbeitertypus, den die *Autonomie* mit dem Begriff »politische Klassenzusammensetzung« gegenüber der vom Kapital betriebenen »technischen Klassenzusammensetzung« erfassen wollte (vgl. Hartmann; 1981:39ff.). Wie den Operaisten in Italien geht es der *Autonomie* darum, den kapitalistischen Hauptzyklus herauszufinden, von dem andere Sektoren abhängen, und diese objektive Analyse mit der »Subjektivität der Klasse« zu verbinden. Der politische Klassenzusammenhang ist dabei nicht einfach das Resultat einer Phase oder einer Form der kapitalistischen Entwicklung, sondern eine fortwährend veränderte Realität, die durch Bedürfnisse, Kampftraditionen, Existenzbedingungen, Kultur als politischer, sozialer und moralischer Faktor und durch die Struktur der Reproduktionsverhältnisse der Arbeiterklasse bestimmt wird. Hierüber können die unterschiedlichen Forderungen der Arbeiter in verschiedenen historischen Etappen und die Zyklen des Klassenkampfes erklärt werden.

Gegen den kapitalistischen Verwertungsprozeß wächst eine spezifische Klassenzusammensetzung heran, die über den Prozeß der produktiven Kooperation der Arbeiterkommunikation in den Fabriken schließlich in Klassenkämpfen ausbricht. Im Gegenzug entwickelt sich das Kapital weiter und ersetzt die alte durch eine neue, technische Klassenzusammensetzung. Für die Klassenkämpfe der sechziger und siebziger Jahre waren die massive Einführung des Fließbands in den Fabriken und damit der ungelernte »Massenarbeiter« von zentraler Bedeutung (Moroni/Balestrini; 1994:85ff.). Der Massenarbeiter ist definiert durch eine bestimmte objektive Beziehung zur Produktionsweise und steht nicht in der sozialistisch/kommunistischen Arbeitertradition und ist auch nicht an die Gewerkschaften angebunden. Gleichzeitig neigt er zu unvermittelten Lohnforderungen und Streiks, was sowohl seitens des Kapitals als auch der Gewerkschaften Ratlosigkeit über das neue Subjekt des Massenarbeiters auslöste.

Für die Fabrik, vor allem in der Automobilindustrie, bedeutete der Massenarbeiter die Kollektivierung der Widerstandsformen auf Abteilungsebene, die Verbreitung des Absentismus und die Ausbildung der informellen Verhandlung über die Bandgeschwindigkeit. Der industrielle Fließprozeß selbst stellte die Weichen für die informelle Kooperation. Der Umschlagpunkt zur Autonomie der Arbeiter lag dort, wo kleine Lücken von oben her nicht mehr kontollierbar waren und das Arbeiterverhalten gewerkschaftlich nicht vermittelt werden konnte. Für die BRD sind die Streiks bei Ford von 1973, die hauptsächlich von Arbeitsimigranten geführt wurden, das bekannteste Beispiel (Frombeloff (Hrsg.); 1993:15ff.).

Wilde Streiks, Sabotage bis hin zu Zerstörungsaktionen waren Ausdruck des Widerstands und gingen teilweise über die Eroberung von freier Zeit auf die Eroberung der Fabrik als sozialem Raum aus. Dies trifft allerdings mehr auf Italien und Frankreich als auf die BRD zu.

Die *Autonomie* verfolgt vor allem den Gedanken der Verallgemeinerung von »Nicht-Arbeit« anstelle des marxistischen Gedankens der Vergesellschaftung von Arbeit. Mit der »Nicht-Arbeit« ist die zunehmende Schwierigkeit des Kapitals gemeint, auf Dauer Arbeit und Arbeitsplätze zu schaffen. Dies bedeutet nicht nur Erwerbslosigkeit, sondern auch häufige Wechsel der Arbeitsplätze und ein Jobberverhältnis zur Arbeit. Diese Jobberhaltung durchlöchert und zersetzt immer mehr die Disziplin, die zum reibungslosen Ablauf der Fabrikgesellschaft notwendig ist.

Im Gegensatz zur Maschinenstürmerei, die noch in einer vorindustriellen Identität wurzelte, war für die *Autonomie* vor allem die Negation bzw. Sabotage des Produktionsprozesses Ausgangspunkt der Vergesellschaftung.

Von diesen Punkten der »Nicht-Arbeit« und des »Nicht-Werts« aus entwickelt sich eine zentrale These der *Autonomie*: Die Zersetzung der Arbeiterklasse durch ihre reelle Subsumtion im Produktionsprozeß und Reproduktionsbereich hat die historische Grundlage von Klassenwiderstand vernichtet. Da die industrielle Arbeiterklasse reformistisch innerhalb der Kapitalbewegungen gefangen ist, kann sich revolutionäre Qualität nur noch über Räume, Zusammenhänge und Werte außerhalb dieses Kapitalverhältnisses entwickeln. Für die Kämpfe der sechziger und siebziger Jahre hieß dies eine Politisierung über egalitäre Lohnforderungen, eine fortschreitende Entkopplung von Leistung und Lohn sowie Lohnsteigerungen über den Produktivitätszuwachs hinaus.

Dazu kam die Negation der staatlich organisierten Reproduktion der Klasse als Arbeitskraft. Dem entsprach im gesellschaftlichen Bereich eine soziale Identität der Arbeiter außerhalb der kapitalistischen Entwicklungsprozesse und eine weitgehende Verweigerung der Lohn- und Fabrikarbeit als Maßstab der Bedürfnisbefriedigung. Der Forderung »Mehr Lohn – weniger Arbeit« im Produktionsbereich entsprachen die Jugendzentrumsbewegung, die Schüler- und Studentenunruhen und die Entstehung einer breiten Subkultur im Reproduktionsbereich.

Aus diesem Angriff der Arbeiter auf den Mehrwert leitet die *Autonomie* weitere Entwicklungen ab, die sich als durchgängige Linie des Krisenjahrzehnts seit 1973 aufzeigen lassen. Entscheidend waren die Spaltung der lebendigen Zusammenhänge des Widerstandes, die Segmentation der Arbeitsmärkte, der Abschied von der relativen Vollbeschäftigung und der Übergang zu einer neuen Armut. Gekoppelt sind diese Entwicklungen an den Rückzug des Kapitals auf eine transnationale Mehrwerterwirtschaftung und auf supranationale Finanzmärkte, von wo aus den jeweiligen Staaten die Bedingungen für ihre Politik diktiert werden. Letzteres beinhaltete insbesondere die Zurichtung der Trikont-Länder (Leichtlohn-Länder, Freihandelszonen) auf die Interessen der multinationalen Konzerne (vgl. *Autonomie NF*; 10/1982). Eine entscheidende Gegenoffensive gelang dem Kapital durch die Technologisierung, wodurch die Produktion dezentralisiert, die Kontrolle der Produktion jedoch zentralisiert und damit die Großfabrik zur »diffusen Fabrik« wurde (*Autonomie NF*; 9/1982:16). Dabei hat sich nicht nur die Lage der Arbeiter verändert. Die Kompetenzenteignung zog weite Kreise, Schlagwörter hierfür sind die Massenuniversitäten der siebziger Jahre und die Akademikerschwemme.

Dies zieht prekäre Arbeitsverhältnisse nach sich. Die Arbeit bedeutete in dieser Phase Dekonstitution der Arbeiter plus Staatsloyalität. Es ging um die Zersetzung der Arbeitermassierungen und gleichzeitig um die Auflösung aller sozialen Orte, die noch frei von Verhaltensvorschriften waren. »In dieser Situation wird es zunehmend weniger verbreiterungsfähige soziale Erfahrungen geben, zunehmend weniger Vermittlungspunkte des Widerstandes gegen die staatliche Maschinerie. Das Kräfteverhältnis, in dem der Staat mit der Forderung nach indirektem Lohn [2] konfrontiert wurde, war der kollektiven Erfahrung der Klasse gegenüber dem sozialen Netz des Staates geschuldet. Reagiert der Staat nicht mehr auf lebendig er-

[2] Gemeint ist damit das Nutzen des Sozialstaates in Form von Arbeitslosengeld, Arbeitslosen- und Sozialhilfe, also als Lohn ohne Arbeit.

fahrene Kämpfe, außer mit deren Zerschlagung, so ist er auch nicht mehr als Verhandlungspartner in einem sozialen Dialog auszumachen: staatliche Konstitution und Dekomposition der Klasse bedingen einander; die neue Wirklichkeit liegt auf einer Ebene, die von unten nicht mehr erfahrbar und deshalb auch nicht mehr zu bekämpfen ist. Es sei denn, die neuen Unterklassen könnten sich eine neue Wirklichkeit außerhalb des Staates schaffen.« (*Autonomie NF*; 12/1984:48)

Bezüglich der Entwicklung neuer Technologien stellt sich für die *Autonomie* die Frage, ob diese gleichsam einen Qualitätssprung bedeuten – wie die mechanische Maschine seinerzeit. In diesem Zusammenhang wird von einer neuen Stufe der Subsumtion gesprochen, die – ausgedehnt auf die Gesellschaft selbst – durch Enteignung und Verwertung aller sozialen Bezüge und Herstellung einer zweiten Realität über Datenerfassung und -verarbeitung gekennzeichnet ist. Die ökonomische, wertmäßige Vermittlung ist überholt, Vermittlungsleistungen der Zirkulation und der Reproduktion werden Informationssystemen übertragen (Hartmann; 1981:55ff.). Insofern verändern sich natürlich auch die Klassenverhältnisse. Klassenkampf läßt sich nicht mehr allein aus dem ökonomischen Kalkül des Mehrwerts herleiten (*Autonomie NF*; 13/1984:51ff.).

Eine andere Entwicklung, die der Taylorisierung, d.h. der Zerlegung in kleine Arbeitsschritte entspricht, ist die Spaltung der Arbeitsmärkte. Ihr Ziel ist eine gesamtgesellschaftliche, über Arbeitsmärkte und produktive Regionalstrukturen entwickelte Desorganisation des Widerstands. Nichtsdestotrotz sieht die *Autonomie* diese Entwicklung als Ausgangspunkt für neue Widerstandslinien, die sich aus der Auflösung der alten Kernarbeiterklasse und der Angestelltenstruktur ergeben. Das Kapital hinterläßt einen Kern der gewerkschaftlich garantierten Fabrikarbeiterklasse, um gleichzeitig über eine Dezentralisierung der Produktion in arbeitsrechtlich und gewerkschaftlich nicht geschützte Bereiche auszuweichen. (Heute sind auch diese Kernbelegschaften kaum noch vor Erwerbslosigkeit sicher.) Diese Gedanken sind stark von der Entwicklung in der Industrie Italiens zwischen 1968 und 1980 getragen. Sie sind nicht bruchlos in die BRD-Gesellschaft übertragbar, die weder soviel Arbeiterwiderstand noch eine solche gesamtgesellschaftliche und ökonomische Krise erfuhr.

Von dieser Zone der prekären Arbeit aus entwickelte das Kapital das Kommando über die Arbeit (*Autonomie NF*; 9/1982:54). Dabei wird der Arbeitsmarkt in qualitativ verschiedene Segmente aufgesplittert, entsprechend einer Kombination aus hochentwickelter Großtechnologie, Sektoren mobiler Arbeitskraft und Niedriglohnarbeit. Speerspitze dieser Strategie ist die Massenarbeitslosigkeit, deren Funktion es ist, als Werkzeug der Zerstörung des alten Arbeitsmarktes und damit der Reorganisation des Arbeitsmarkts sowie der Zerschlagung der alten Widerstandslinien zu fungieren. Hier taucht der Begriff der neuen Klassenzusammensetzung auf, die prekäre und unregelmäßige Arbeit beinhaltet und von der technologischen Restrukturierung begleitet wird.

Das bedeutet auf der einen Seite Migranten, Jugendliche, ältere Arbeiter, Ungelernte und Frauen in prekären Arbeitsverhältnissen, auf der anderen Seite gewerkschaftlich geschützte und stabilisierte Kategorien von Arbeit mit neuen Technologien. Ein Teil dieser gespaltenen Arbeitsmärkte ist die Leih-und Teilzeitarbeit. Die Mobilität derjenigen, die zwischen Job und »sozialer Hängematte« als eine Art von Arbeitsverweigerung pendelten, wurde praktisch umgekehrt, vermittelt über die Zusammenstreichung des Soziallohns (z. B. Sozialhilfe) und den teilweise darüber aufgezwungenen, aber auch gesetzlich festgeschriebenen Arbeitszwang. Die Freiräume bei der Arbeit, wie Absentismus, wurden im Kommando aufgelöst. Dieser Prozeß zog sich natürlich über Jahre hin und ist bis heute, wie die Diskussion um Karenztage, Lohnfortzahlung im Krankheitsfall, Urlaubs- und Weihnachtsgeld nach Betriebszugehörigkeit und vieles mehr zeigt, noch keineswegs abgeschlossen. Kommando heißt dann die Auflösung von aus kollektiven Arbeitskämpfen sich bestimmender Klassensubjektivität, die Schaffung betriebsexterner Randbelegschaften und die Vermeidung von tarif- und sozialrechtlichen Verpflichtungen hin zu flexiblen Arbeitskräften. Heute werden diese Arbeiten zunehmend in die nahen ehemaligen Ostblockstaaten oder nach Asien verlagert, so daß es bei offiziell vier Millionen Arbeitslosen nicht einmal prekäre Arbeitsverhältnisse in nennenswertem Umfang mehr gibt. Einziges Ventil ist hier die Schwarzarbeit als Widerstandsform. Mit der Auflösung des Verhältnisses von Arbeits- und Reproduktionskosten innerhalb des Kapitals, der Zusammenstreichung des Soziallohns und seiner Abschöpfung über das keynesianische Modell der effektiven Nachfrage muß zugleich die außerökonomische Gewalt der Arbeit zunehmen. Arbeitsmotivation, Disziplin und Staatsloyalität werden Synonyme. Unter dem »politischen Kommando über die Arbeit« (*Autonomie NF*; 11/1982:75) versteht die *Autonomie* Arbeit als soziales Verhältnis und Form der politischen Kontrolle. Ein Sockel von Arbeitslosen bildet die Grundlage für diese »Programmänderung« des Kapital in der BRD. Dabei wird der Widerspruch zwischen Massenarbeitslosigkeit und Mehrarbeit als ein Phänomen der Umschlaggeschwindigkeit der Arbeit selbst gesehen. Die Arbeit wird von den Lücken der Kontrolle her organisiert, von der Nicht-Arbeit.

Das Kapital »... verzichtet auf die ökonomische, materielle und ideologische Bildung der Arbeiterklasse, als eines für das Kapital produktivem Ganzen im Reproduktionsbereich und treibt die Desintegration (eine Arbeitsteilung, die die Arbeit nicht wie in der Figur des Massenarbeiters vereinheitlicht, sondern im Gegenteil enthomogenisiert) auf der Ebene der fabrikmäßigen Organisation der Arbeit, wie auf der Ebene der Taylorisierung gesellschaftlicher Lebenszusammenhänge voran, wobei der Staat die Form der Kontrolle über die Desintegration übernimmt, die das Kapital seinem Inhalt nach bildet.« (*Autonomie NF*; a.a.O.:17) Damit geht das Kapital von der keynesianischen Wohlfahrtspolitik zum »workfare-state« über (*Autonomie NF*; a.a.O.:69). Sozialpolitik war bloß Mittel, um die Erwerbslosen, Sozialhilfeempfänger, Behinderten, Psychatriepatienten und Gefängnisinsassen in die prekären Arbeitsmarktsegmente hineinzupressen (*Autonomie NF*; a.a.O.: 68ff.).

Infolgedessen vermutet die *Autonomie* eine gewisse Angleichung an die Überlebensproduktion des Trikonts, wo die prekären Sektoren der Arbeitskräfte in eine neue unentlohnte Reproduktionsarbeit eingebettet sind, die auch nicht mehr indirekt keynesianisch in den Lohnkosten repräsentiert ist. Eine aus heutiger Sicht sehr prophetische Aussage, bei zurückgehenden Nettolöhnen und massivem Sozialabbau und immer neuen Versuchen, die Menschen zu karitativer Arbeit zu motivieren.

Im Trikont sah die *Autonomie* die Durchsetzung der westlich-imperialistischen Kapitalstrategien als Konzeption von trikontinentaler Arbeitskraft, Industriedisziplin und Hunger in einem Zyklus von Nord-Süd-Kriegen. Eingeleitet wurde diese Entwicklung gegen die Krisen des Kapitals und die vielfältigen Aufstandsbewegungeg der Unterklassen im Trikont, die parallel zu dem Kampf-Zyklus der siebziger Jahre in den Metropolen liefen und die »Entwicklungsdekade«[3] des Kapitals durchkreuzten.

Die Angleichung der Entwicklungsländer beruhte bis dato auf einem ständigen Werttransfer aus den abhängigen Ländern in die Metropolen durch Ausbeutung der billigsten Arbeitskräfte, die sich außerhalb des Kapitalzyklus reproduzierten, also vom Konsum abgeschnitten waren, und über Mittel des außerökonomischen Zwangs zur Fabrikarbeit gebracht wurden. Außerdem wurden industrielle Disziplin und Zeitbewußtsein den Menschen infiltriert, die im wesentlichen von ihrer bäuerlichen Subsistenzwirtschaft lebten und Fabrikarbeit als letzten Ausweg sahen, um das Überlebensnotwendige zu erlangen. Um also die Menschen in die Fabriken zu zwingen, wurden ihre Subsistenzbedingungen, insbesondere die kleinbäuerliche Produktion, zerstört.

Das multinationale Kapital organisierte ein Krisenszenario der Stagnation und Vernichtung, der Zerstörung des traditionellen Nahrungsmittelanbaus und des Hungers zugunsten des Exports. Cash-crops (Kaffee und andere nur für den Export angebaute Kulturen) und Monokulturen schufen eine Politik der Katastrophen, um nur die überleben zu lassen, für die in einer zukünftigen Welt der multinationalen Konzerne noch Platz ist. So entstanden freie Produktionszonen und Fabriken, die nur für den Weltmarkt produzieren und flankiert werden von dezentralisierten Klitschen und Arbeitslagern außerhalb jeglicher juristischer und lohnbezogener Arbeitsbeziehungen (*Autonomie NF*; 10/1982:10ff.).

Prinzipiell stellt die *Autonomie* fest, daß der Prozeß der Atomisierung von Arbeits- und Lebenszusammenhängen die Menschen im Trikont viel direkter trifft. Die Kämpfe der Unterklassen dort stehen außerhalb der kapitalimmanenten Antwortmöglichkeiten unmittelbar gegen kapitalistische Herrschaft und Staat. Ein Recht auf Existenz leiten die Unterklassen, ähnlich der Moralökonomie

[3] Als Entwicklungsdekade bestimmt die *Autonomie* die Periode seit Ende der fünfziger Jahre, in der das internationale Kapital eine Kombination von Industrialisierung, Bevölkerungspolitik(-planung) und Counterinsurgency für den Trikont plante (*Autonomie NF* 10/1982:4ff.). Es sei angemerkt, daß die Analysen vor dem Zusammenbruch des Ostblocks angestellt wurden.

der Unterklassen im Europa des Vorindustrialismus, aus der Negation des gesamten gesellschaftlichen Prozesses kapitalistischer Entwicklung ab. Zentren dieser Entwicklung bilden die Armutszonen der Städte im Trikont: »Die Zahl der Menschen, vom Land in die Städte getrieben, ist einfach zu groß – die Probleme stellen sich noch drastischer als im europäischen Frühindustrialismus. Und sie haben nicht nur ihre Arbeitskraft, sondern viel mehr ihr Wissen um moralische Ökonomie und ihre Konsumbedürfnisse mitgebracht. Jegliche Einkommenssteigerung beantworten sie mit Arbeitszurückhaltung, jeglichen Einkommensrückgang mit Konsumforderungen. So haben die Unterklassen jegliche Entwicklungsperspektiven der sechziger Jahre blockiert, während sie heute die Regime des Trikont mit der ständigen Möglichkeit von Hungerunruhen bedrohen. Und je schneller ihre Zahl zunimmt, je elender ihre Armut wird, desto hoffnungsloser sind die Versuche der Regime, diese Massen zu modernisieren.« (*Autonomie NF*; a.a.O.:48)

**Praxis, Handlungsstrategien und Ziele der *Autonomie***

Die *Autonomie* sah im Rahmen der militanten Teilströmungen der Neuen Sozialen Bewegungen ihre Rolle in der Hilfe, den ablaufenden Sozialprozeß zu analysieren und zu postulieren. Aus der Erkenntnis, wie fatal sich längst überholte globale Positionen auf die unmittelbaren Erfordernisse eines praktischen Widerstands auswirkten, eröffnete die *Autonomie* eine Untersuchungsreihe über die sich abzeichnende neue Klassenzusammensetzung am Ende der siebziger/Anfang der achtziger Jahre.

Die *Autonomie* ging davon aus, »... daß die Strategie der Regimes, die ausgebeuteten Klassen in ein unübersehbares Gewirr von Ghettos, Teilarbeitsmärkten und abgestufter Verarmung zu spalten, es unmöglich macht, allein aus den Erfahrungen eines dieser Segmente heraus eine verallgemeinerbare Gegenlinie zu entwickeln ...« (*Autonomie NF*; a.a.O.:2). Für die *Autonomie* ist es deshalb wichtig, »... aus der antagonistischen Vorwegnahme dieser neuen Klassenstruktur in ihrer Gesamtheit Positionen zu erobern, die für den Kampf von unten die Nebel lichten helfen und alle Einzelforderungen mit einem Rahmen verbinden, der eine autonom-gegenläufige Homogenisierung der neu zusammengesetzten proletarischen und subproletarischen Schichten denkbar und somit auch durchsetzbar macht.« (*Autonomie NF*; 11/1982:2) Ihr Schwerpunkt lag also in dem Versuch, sich den Bedingungen des internationalen Krisenszenarios zu stellen, verschiedenen sozialen Bewegungen eine theoretische Grundlage zu liefern und damit ihre praktische Vernetzung und theoretische Homogenisierung in einer sozialrevolutionären Linie voranzutreiben. Der autonomen Linken wurde dabei eine Avantgardefunktion zugeschrieben, womit gleichzeitig der emanzipatorische Anspruch auf Selbstbefreiung des Proletariats aufgegeben wurde.

Zunächst werden die industrielle Arbeiterklasse in den Metropolen und das trikontinentale Proletariat in einen scharfen Gegensatz gebracht, wobei erstere durch »goldene Fesseln« in das Kapitalverhältnis integriert ist und durch ihre reelle Subsumtion im Produktions- und Reproduktionsbereich die historische Basis von Klassenwiderstand verloren hat. Folglich können nur die trikontinentalen Massen, die noch über Räume außerhalb des Kapitalverhältnisses verfügen und nicht über reformistische Lohnforderungen integriert sind, eine revolutionäre Qualität entwickeln. Der autonomen Linken sollte dabei die Rolle zukommen, über die Entwicklung revolutionärer Gewaltmittel den imperialistischen Verwertungsprozeß zu blockieren, um damit sowohl dem trikontinentalen Befreiungsprozeß eine Chance zu geben als auch in den Metropolen überhaupt erst Räume für die Rekonstitution der Klasse zu eröffnen. In der Jobberbewegung wurde das potentielle Subjekt zur Homogenisierung der Massenarmut gegen Sozialabbau und Zwangsarbeit gesehen (Frombeloff (Hrsg); 1993:25).

In der Praxis hat die *Autonomie* 1980 den Versuch unternommen, mit militanten Teilen des Anti-AKW-Kampfs einen überregionalen Organisationszusammenhang herzustellen (Frombeloff (Hrsg.); 1993:24). Als nach den gescheiterten Betriebsinterventionen 1973 Bedürfnisse und Forderungen inner- und außerhalb der Fabriken artikuliert wurden, an die in der bisherigen Form politisch-radikal nicht mehr anzuknüpfen war, bedurfte es einer Neudefinition – sowohl der radikalen Linken als auch des aktuellen revolutionären Subjekts. »Wenn wir uns jetzt Community-Projekten zuwenden, dann auch, weil wir hier die Möglichkeit haben, eine Politik zu machen, die nicht einfach interventionistisch ist. Eine der Voraussetzungen der Community ist die Ghettosituation einer Schicht. Ein solches Ghetto stellt die Linke dar. Sie hat also ein sehr eigenes Interesse, subjektives Interesse an der Community, in die sie ihre eigenen Bedürfnisse einbringen kann.« (*Autonomie AF*; 2/1975; zitiert nach *Wildcat*; 40/1986:24)

Dabei bezog sich die *Autonomie* auf die damalige Situation, in der Arbeitsverweigerung und neue Kommunikationsstrukturen zu neuen Kämpfen führten, die ihren Ausgangspunkt außerhalb der Produktion hatten, und auf soziale Prozesse, die neue soziale Bewegungen entstehen ließen, in denen soziale Räume erkämpft wurden, die in der Hausbesetzerbewegung 1980/81 am ehesten die Form von Community, eben Szene-Milieus, annahmen. In ihnen konnten auch Teile der Linken ihre konkreten Bedürfnisse nach gelebter Emanzipation einfordern und eine Politik der »ersten Person« umsetzen.

Der *Autonomie* ist es zu verdanken, daß Sozialgeschichte wieder als Ergebnis von sozial handelnden Subjekten begriffen werden kann, und nicht nur als Organisationsgeschichte der traditionellen Arbeiterbewegung in ihrer Reaktion auf Angriffe des Kapitals (wie bei Marx). Durch diese Lesart der Geschichte war individuelles und Gruppenhandeln im Widerstand gegen Kapital und Staat selbstbestimmbar und auch im Reproduktionsbereich möglich. Die *Autonomie* lieferte dazu Handlungshilfen und Theorie.

Ihre BRD-Analysen und Vorhersagen für die Entwicklung von Wirtschaft und Gesellschaft haben auch heute noch Relevanz, und ihre Ideen zur Vernetzung sozialer Kämpfe und zum selbstbestimmten Widerstand gegen die Zwänge der Arbeit und des Staats sind durchaus nicht obsolet geworden – auch wenn sich revoltierende Momente zur Zeit eher in rassistischen Pogromen als in progressiven sozialen Bewegungen manifestieren.

Letztlich, im Rückblick immer leicht zu sagen, hat sie jeodch die Stärken, Möglichkeiten und die Ausdauer der autonomen Bewegung offenbar über- und deren Theoriefeindlichkeit unterschätzt. Folgerichtig stellte die *Autonomie* 1985 mit der Nummer 14, einer Zusammenfassung der Diskussionen und Ergebnisse ihrer Untersuchungen, ihr Erscheinen ein.

## Die Zeitschrift *Wildcat* (früher *Karlsruher Stadtzeitung*) – Entstehung und Ansatz der Jobber-Bewegung

Jobber-Initiativen entstanden Anfang der achtziger Jahre als Reaktion auf die permanent steigende Jugenderwerbslosigkeit und eine sich verbreiternde Jugend- und Sozialrevolte. Auf der Basis des operaistischen Ansatzes des gesellschaftlichen Arbeiters entwickelten sich außerdem Erwerbslosen-, Knast- und Sozigruppen. Es war also eine Zeit der Bewegung, die sich ökonomisch auf die Möglichkeiten der »sozialen Hängematte« und der kurzfristigen, ungarantierten Jobs sowohl im traditionellen als auch im alternativen Bereich stützte.

Parallel zum Aufschwung der Autonomen, vor allem über die Häuserkämpfe, stellte die Zeitschrift *Karlsruher Stadtzeitung*, später *Wildcat* Überlegungen zur Verschmelzung der sozialen Bewegung mit dem Klassenkampf an. »Zerstörung der sozialistischen Zwei-Phasen-Scheiße (erst der Sozialismus mit seiner Fabrik-Disziplin, paar Generationen später dann die 'Freiheit'); Überwindung der alten Trennung zwischen politischer Schicht und sozialer Bewegung ('die Partei leitet die Massen'); Befreiungskampf und Klassenkampf werden eins.« (*Wildcat* 36; Herbst 1985:1) Inhaltlich ist damit der »Kampf gegen die Arbeit« gemeint (*Wildcat*; a.a.O.:85). Auf einem 1.-Mai-Plakat wurde es auf die Formel gebracht: »Wir wollen nicht arbeiten – Kampf gegen die Arbeit –, kollektive Aneignung des gesellschaftlichen Reichtums und Zerschlagung des Staates – Kommunismus als Minimalprogramm.« (*Wildcat*; a.a.O.:1)

Die Jobber verstanden sich sozial als Aussteiger, als individuelle Verweigerer der Arbeit und der Unterordnung unter das Fabrikkommando des 40-Stunden-Wochen-Takts und entwickelten sich unter der Prämisse, daß in der zweiten Hälfte der 70er Jahre kurzfristig gutbezahlte Jobs zu bekommen waren, die den Soziallohn hinlänglich »ergänzten«. Das große und zunehmende Angebot von Jobs resultierte aus dem kapitalistischen Interesse, Arbeitsverhältnisse zu entgarantieren, ein unproduktives Subproletariat als industrielle Reservearmee abzusondern und die freigesetzte, mobilisierte Arbeitskraft zu marginalisieren und gegebenenfalls zu verwerten. Das Kapital probierte zu diesem Zweck die verschiedensten Ausbeutungsformen (u.a. Leiharbeitsfirmen) aus, die Anfang der achtziger Jahre große Teile der Lohnabhängigen erfaßte.

Die Jobber-Initiativen strebten im Gegenzug die Überwindung der durch Segmentierung der Arbeitsmärkte hervorgerufenen Klassenspaltung, die Organisierung mobiler Schichten entlang des Antagonismus Arbeitsverweigerung-Arbeitszwang und die offensive Wendung des Widerspruchs Marginalisierung-Verwertung an (*Karlsruher Stadtzeitung, KStZ* abgekürzt, 35; 1985:7). Der Versuch, Jobber zu organisieren, bewegte sich zwischen politischer Organisierung und Selbstorganisation, wobei Jobber nicht als eigene Klassenschicht gefaßt wurden und die »Prekären« als neue Klassenzusammensetzung (Klassenzusammensetzung als veränderter Begriff). Ihre Überlegungen gingen von den Kämpfen der internationalen Arbeiterklasse Ende der sechziger/Anfang der siebziger Jahre aus, die ihrer Ansicht nach wesentlich gegen die Arbeit und für mehr Einkommen geführt wurden und sämtliche kapitalistischen Entwicklungsmodelle in der BRD durcheinander brachten. Hoffnungen schöpfte die Jobber-Bewegung vor allem aus zwei Quellen: »Zum einen von der Erfahrung der sozialen Bewegungen der siebziger Jahre, die immer wieder ihre Arbeitsverweigerung deutlich gemacht und sich in kollektiven Aneignungskämpfen artikuliert hatten; zum anderen von positiven Erfahrungen derjenigen, die Sponti- und Autonomen-Scene der siebziger Jahre als 'Normalos' aus dem politischen Horizont ausgegrenzt hatten.« (*KStZ*; a.a.O.:7)

Entscheidend für die Jobber-Bewegung war die Kündigung der kapitalistischen Leistungsideologie unter massenhaft Lohnabhängigen, die mehr vom Leben haben wollten als Karriere und gesicherte Existenz, was sich in einem neuen Sozialverhalten und politischem Engagement äußerte.

Die Hinhalte-Politik gegenüber der Kernarbeiterklasse und der kapitalistische (Gegen-)Verwertungsangriff mit Zahlen von ein bis zwei Millionen Erwerbslosen auf die Schwachen der Gesellschaft (Rentner, Frauen, Jugendliche, Migranten) hatten Reallohnforderungen und Absentismus zur Folge. »So sah sich die Arbeiterklasse etwa gleichzeitig mit den Jugendrevolten den bisher schwersten Angriffen gegenüber; die historische Niederlage bei Fiat im Herbst 1980 mag hier als Stichwort genügen, überall schaltete das Kapital auf Austeritätspolitik (BRD, Frankreich, Italien), Militärdiktaturen

(Türkei, Polen), Reallohnsenkungen, massive Erhöhungen der Arbeitslosenzahlen.« (*Wildcat* 36; Herbst 1985:2)

Einen Umschwung sieht die Zeitschrift *Wildcat* Ende 70er Jahre, als die Arbeiterklasse leichte Anzeichen eines Konjunkturaufschwungs sofort wieder in höhere Löhne umzusetzen begann. Mit der gleichzeitigen Blockierung der Entwicklungsperspektiven des multinationalen Kapitals an anderen Stellen (Iran, Lateinamerika) rettete sich das Kapital in ein weltweites »Abbremsen«. Massenentlassungen wurden sozial abgefedert, während sich Zwangsmobilisierung und Prekarisierung gegen die Arbeitsverweigerungshaltung richteten.

Überlegung der Jobber-Initiativen war, ob die Menschen in den sozialen Bewegungen eine neue kollektive, soziale Existenz finden und die »Flucht« aus den Fabriken zum gemeinsamen Kampf gegen die Arbeit gewendet werden kann (*Wildcat*; a.a.O.:1ff.).

Die Jobber suchten die Unterschiede der Bewegungen in ihrer sozialen Zusammensetzung und ihren Ausdrucksweisen zu überwinden, »... ihr Ghetto zu zerbrechen und das gesellschaftliche Kräfteverhältnis zu beeinflussen, Beziehungen zu anderen Teilen des Proletariats herzustellen (Häuserkampf und Mietboykott zu verbinden, Zwangsräumungen zu verhindern, Besetzungen mit zwangsgeräumten Proletariern zu organisieren o. ä.).« (*Wildcat*; a.a.O.:1)

Eine entscheidende Bedeutung für die Jobber bekam der Begriff »Klassenzusammensetzung« in der Analyse der Kämpfe und im Bemühen und mit dem Anspruch, die sozialrevolutionären Initiativen und Ansätze zur Selbstorganisation in der Autonomen-Szene auf das Klassenverhältnis zu beziehen. »Die einzige materialistische Basis der Subjektivität ist die Klassenzusammensetzung.« (*KStZ*; 35, Frühling 1985:8)

Der Begriff sollte deutlich machen, daß die Arbeiterklasse keine unveränderliche Größe ist, sondern sich historisch im Verhältnis zwischen Arbeiterklasse und Kapital als Kampf- und soziales Verhältnis wandelt: »Das Kapital verändert als Antwort auf die Arbeiterkämpfe ständig seine technische Zusammensetzung, strukturiert die Produktions- und Reproduktionsbedingungen um. Damit verändert es auch die Zusammensetzung der Arbeiterklasse, zwingt dieser eine neue, technische Klassenzusammensetzung auf. Indem die Klasse aber ihre Verhaltensweisen in neuen Kämpfen kollektiv ausdrückt, wird diese technische zur politischen Klassenzusammensetzung.« (*KStZ*; a. a. O.:8)

Es reicht nach Ansicht der Jobber nicht aus, »... eigene Verhaltensweisen als neues revolutionäres Subjekt zu verbrämen und als neue Klassenzusammensetzung auszugeben. Also weder Vollzeitrevolutionäre noch Marginalisierte, aber auch kein plumpes In-Eins-Setzen von subjektiven Anliegen und revolutionärer Strategie: sondern sich selbst als ausgebeutetes Subjekt in Beziehung setzen zu den anderen Teilen der Klasse.« (*KStZ* 30; 1983:59)

In Anlehnung an italienische Operaisten wie A. Negri ist somit die Entwicklung des Kapitals als Variable des Arbeitskampfes verstehbar. »An einem bestimmten Punkt bemerkst Du, daß die produktive Kooperation nicht nur für die Herstellung des Produktes funktioniert, sondern auch für die Arbeiterkommunikation, für die Realisierung des Kampfes auf Massenebene.« (A. Negri nach *KStZ* 35; 1985:9f.)

Der Ansatz der Jobber bestand nun darin, die Frage nach der politischen Zusammensetzung auf den Entwicklungszyklus der Hauptsektoren der kapitalistischen Verwertung und auf die Entwicklung des Kapitalverhältnisses überhaupt zu beziehen. Der Terminus für diese Entwicklung ist »diffuse Fabrik« (*KStZ* 30; 1983:10). Er setzt an der Bestimmung der Massenarbeitslosigkeit als Drehscheibe (»rotierendes Schüttelsieb«) zur Zwangsmobilisierung der Arbeiter an (*KStZ*; a. a. O.), wobei an den Rändern dieser Drehscheibe die Nicht-Verwertbaren herausfallen. »Heute organisiert sich das Kapital regional und gesellschaftlich als diffuse Fabrik, die ( ... ) sich mit ständig atemberaubender Geschwindigkeit ändert.« (*KStZ*; a. a. O.:58) Der Anstieg der offiziellen Arbeitslosenzahlen parallel zur Zunahme des Arbeitsvolumens sollte diese These bestätigen.

Hinzu kamen die sich explosionsartig ausweitenden Formen der Schattenwirtschaft (Schwarzarbeit, illegale Beschäftigung etc.), die Ausweitung der unbezahlten Reproduktionsarbeit und Sozialabbau (Hausfrauenarbeit, ehrenamtliche Tätigkeiten, Frauenhandel, private Krankenversicherungen, häusliche Pflege, Kürzungen des Sozialgeldes etc.). Die Karlsruher Jobber konstatierten 1985, daß die Masse der Erwerbslosen einer hochmobilen Arbeitskraft angehört, die zu 60 Prozent Arbeiten unter drei Monaten annimmt, um dann wieder erwerbslos zu werden (*KStZ* 35; 1985:11).

Arbeitslosigkeit und Sozialabbau erscheinen somit als Hebel zur Zwangsmobilisierung von Arbeitsverweigerern und »Schlechtverwertbaren« in anstrengendere, schlecht bezahlte Jobs – und waren zugleich Voraussetzungen sozialer Bewegungen wie der Jobber-Initiativen, deren Kampf sich primär gegen diese Tendenz zum Arbeitszwang, zur Dezentralisierung der Produktion und der daraus resultierenden Zerschlagung der kommunikativen Struktur der Produzenten, eben gegen die diffuse Fabrik, richtete.

In den Auseinandersetzungen der Jobber spielte auch der Sozialstaat, seine Entwicklung und Funktion, eine große Rolle. Historisch gesehen ist die soziale Frage die bürgerlich-paternalistische Antwort auf die Klassenkonfliktrealität. In Ergänzung zur repressiven Eindämmung des Klassenkampfs Ende des 19./Anfang des 20. Jahrhunderts und als Reaktion auf die Gründung von Gewerkschaften und Unterstützungskassen der Arbeiter als Basis ihrer politischen Organisierung versuchten die imperialistischen Staaten über Existenzsicherungsmaßnahmen die »Staatstreue« der Arbeiter zu garantieren.

Mit ersten Sozialgesetzgebungen sollte die Anerkennung der Arbeiterklasse als politisches Subjekt verhindert werden, indem der Arbeiter als isoliertes Individuum dem »sozialen« Staat gegenübergestellt wurde (*KStZ*; a.a.O.:46f.). Als eine Form regelt die Sozialversicherung für Zeiten der Arbeitslosigkeit oder -unfähigkeit das Einkommen der Arbeiter über die Beitragsäquivalenz auf tauschförmiger Ebene – und knüpft damit an die Verschleierung des Ausbeutungsverhältnisses durch den Lohnfetisch an. Neben der Kontrollfunktion der Beitragszahlung mußte es aber auch direkte Kontrollen der Arbeitsfähigkeit und -willigkeit geben, um dem Arbeiter jeden Fluchtweg zu nehmen. Diese objektivierbare Prüfung drückt sich heute in amtlichen resp. betrieblichen Vertrauensärzten und der Koppelung der Arbeitslosenversicherung an die staatliche Arbeitsvermittlung aus. Die Karlsruher Jobber sahen also in der Sozialversicherung einen Zwang zur Selbstversorgung durch Lohnarbeit.

Die Neuzusammensetzung der Arbeiterklasse in der großindustriellen Massenproduktion und die Entstehung eines angelernten Maschinenproletariats trieb die politische Konstitution der Klasse allerdings trotzdem voran, wenn auch in Form einer Sozialpartnerschaft auf reformistischem Weg.

»Mit der Sozialgesetzgebung hatte der Staat sich selbst zum Adressaten der Forderung nach sozialer Absicherung gemacht und die Gewerkschaften – schon durch ihre Tätigkeit in den Selbstverwaltungsgremien eingebunden – distanzierten sich mit ihren Forderungen nach sozialen Reformen durch den Staat immer entschiedener vom Kampf gegen den Staat und das Lohnsystem, und verlangten vom Staat und Kapital, als offizielle Vertretung der Arbeiter und gleichberechtigter Partner anerkannt zu werden.« (*KStZ*; a. a. O.:49)

Der Sozialstaat, in seiner heutigen Existenzform, stellt aus dieser Perspektive eine Verbindung von sozialen Schutzgesetzgebungen mit vermittelnden Institutionen zwischen Arbeiterklasse und Kapital sowie staatlichem Eingriff in die Wirtschaft über keynesianische Nachfrageschöpfung und eigene Investitionen dar. Einerseits wird im Sozialstaat die Arbeiterklasse als antagonistische Größe anerkannt, andererseits wird sie durch die Anerkennung in die Akkumulation des Kapitals eingebunden. Der Sozialstaat existiert also, weil das Kapital gezwungen ist, sich mit dem Antagonismus zur Arbeiterklasse auseinanderzusetzen. In den Veränderungen des Sozialstaats spiegelt sich folglich die Veränderung des Verhältnisses zwischen Kapital und Arbeit wider, und umgekehrt sagen die praktizierte Sozialpolitik und die Vorschläge zu ihrer Veränderung etwas über die angestrebten Veränderungen in den Klassenbeziehungen und die Möglichkeiten der technischen und politischen Klassenzusammensetzung aus.

In diesem Spannungsfeld zwischen Krise, Sozialstaat und Arbeitskämpfen sahen die Karlsruher Jobber dann auch die politisch-ökonomische Entwicklung sozialer Kämpfe in der BRD. Die gestiegene Arbeitslosigkeit in den kapitalistischen Ländern ab Mitte der siebziger Jahre schätzen sie als – repressive – Antwort auf die Arbeitskämpfe Ende der sechziger/Anfang der siebziger Jahre und Folge des proletarischen Gebrauchs von Sozialleistungen, die der Staat nach den Entlassungen in der Krise 1966/67 zugestehen mußte, ein. »Der glückliche Arbeitslose drückte aus, daß die Arbeiter selbst aus den Fabriken abhauen, daß sie die sozialstaatlichen Leistungen benutzen, um freie Zeit, Lebenszeit zu gewinnen .. Die Kämpfe auf dem Territorium, die von Anfang an mit den Kämpfen der Massenarbeiter verbunden waren, wurden damit zum Bezugspunkt der rebellischen Teile der Klasse. Die Kämpfe bedienten sich des planstaatlichen Soziallohns, den der Staat die ganzen 70er über nicht wesentlich angreifen konnte, eben weil die Verweigerung der Arbeit innerhalb der Fabrik auf hohem Niveau blieb ...« (*Wildcat* 40; 11/1986:25)

Ende der siebziger Jahre sahen die Jobber eine Trendwende der linken Politik in der Abkehr von den Fabrikkämpfen hin zur unmittelbaren Subjektivität, die sie als Rückzug kritisierten. Selbstgeschaffene Freiräume und Alternativökonomie hatten nichts mit den Kämpfen gegen Lohnkürzungen und Arbeitsintensivierungen auf dem Territorium zu tun. Der Staat unterstützte diese Entwicklung, indem er der produktiven Alternativökonomie eine reale Basis verlieh und gleichzeitig repressive Maßnahmen gegen die militanten Ansätze ergriff. Weil sich die Arbeitsverweigerer in der Alternativökonomie und in selbstgewählten Ghettos einrichteten, wurde nach Ansicht der Jobber eine Verbindung zwischen Klassenkampf und sozialen Revolten verhindert. In diesem Sinne wirkte der Sozialstaat der BRD also durchaus politisch stabilisierend. Er gab den Menschen, die die Arbeit am massivsten verweigerten oder oppositionelle Vorstellungen vertraten, ein relativ hohes Einkommen und verhinderte damit, daß sie zu politischen Faktoren in den Sphären der alltäglichen Ausbeutung und des alltäglichen Elends wurden.

Höchst strittige Themen unter den ohnehin heterogenen Jobber-Gruppen waren das Mindesteinkommen und das Existenzgeld. Es setzte eine verschärfte Diskussion über ihre theoretischen Grundlagen und inhaltliche Praxis ein. Am Anfang der Jobber-Initiativen stand der Versuch, in allen Bereichen des gesellschaftlichen Lebens selbst aktiv zu werden. Aber bedingt durch den theoretischen Bruch zwischen Sozialeinkommen und Lohn, Arbeitsamt und Sozialamt, Fabrikarbeit und Alternativökonomie und deren Funktion für den neuen kapitalistischen Verwertungszyklus zu Beginn der 80er Jahre gingen »... die Ansätze, sich als Jobber gegen die Arbeit zu organisieren, (...) meistens nicht über ein alternatives Jobvermittlungsbüro hinaus: wo gibt es die höchsten Löhne bei geringstem Kraftaufwand; wie kommt man an Schwarzarbeit ran und wie organisiert man die; die meisten dieser Inis kamen nicht darüber hinaus, die Interessen der Szene-Jobber zu organisieren.« (*KStZ* 35; Frühling 1985:57)

Es wurden nicht mehr die Verbindungslinien von Klassenkampf

und Sozialrevolte thematisiert, sondern das Kampfterrain des Sozialstaats. Der anfängliche Versuch, diese Ebenen mehrgleisig zu verbinden, wurde von einigen Jobber-Initiativen de facto aufgegeben und der Bereich des Sozialeinkommens als alleinige Basis für weitere Politik bestimmt. Theoretischer Bezugspunkt dieser Praxis war die These, daß das Kapital kein Interesse an der Verwertung menschlicher Arbeitskraft mehr habe, seine Wertschöpfung vielmehr aus vergegenständlichter Arbeit, also aus Maschinen, realisiere und damit das Herrschaftsverhältnis ein rein politisches werde, in dessen Zentrum der Staat stehe. Die Konsequenz ist, daß aus den Kämpfen und Widersprüchen marginalisierter und auf dem Arbeitsmarkt prekarisierter Schichten eher ein polizeiliches und sozialtherapeutisches denn ein produktives Problem für Staat und Kapital erwächst. Das Ziel des Kapitals bestand nach Ansicht einiger (autonomer) Jobber-Initiativen nicht in der Restrukturierung des Verwertungsprozesses, sondern in der Verwaltung und Befriedung einer quasi nachindustriellen Massenarmut.

So entwickelten sich viele Jobber-Initiativen gleichsam zu Dienstleistungsunternehmen, die sich auf Beratungen beispielsweise bei Problemen mit Sozial-und Arbeitsämtern, auf die gemeinsame Durchsetzung von Leistungen gegenüber besonders reaktionären Sachbearbeitern, auf Kleidergeld- und Null-Tarif-Kampagnen und Aktionen gegen die Zwangsarbeit vom Sozialamt konzentrierten (*KStZ*; a.a.O.:58).

Diese Aktionen und Kampagnen gingen selten über die Vorgaben hinaus, die von der Gesetzgebung und dem bestehenden Sozialetat bestimmt wurden, sondern schöpften diese bloß für eine begrenzte Gruppe aus.

Aufgrund der Erfahrung, von einer Bewegung mit revolutionärem Anspruch immer mehr in die Rolle von Sozialarbeitern und Dienstleistungsbetrieb für die Szene abzurutschen, und um eine neue Linie zu finden, formulierten etliche Jobber-Initiativen die Forderung nach einem garantierten Mindesteinkommen als neuen Bezugspunkt. Die Forderung nach einem staatlich garantierten Einkommen wurde auf dem sozial-moralischen Hintergrund des Existenzrechts erhoben, um dem Verwertungszwang, der sich im gestaffelten System von Arbeitslosengeld, Sozialhilfe, Zwangsarbeit und Massenverarmung ausdrückt, entgegenzutreten und die einzelnen Widerstände an diesen Punkten zu vereinigen, d.h. auf eine gemeinsame identitätsstiftende Basis zu stellen. Dazu äußerte eine Jobber-Initiative aus Oldenburg: »Die Gesellschaft zahlt mit ihren Steuern das Existenzgeld und bezahlt damit die Arbeit der Erwerbslosen. Diese Arbeit jenseits der Lohnarbeit würde sich sowohl auf das jetzige Spektrum der alternativen Arbeit beziehen als auch auf die traditionelle Hausarbeit, die individuelle Bildungsarbeit und nicht zu vergessen, auch die Sozial- und Politikarbeit zur notwendigen Veränderung dieser Gesellschaft, wie sie zur Zeit von unzähligen Initiativen geleistet wird.«(*KStZ*; a.a.O.:60)

Diese Auffassung wurde dann aber nach einiger Zeit heftiger Diskussionen verworfen. Untersuchungen zu aktuellen Momenten des Sozialstaats trugen weiter dazu bei, den Standpunkt aufzugeben, und nicht zuletzt signalisierte das Entgegenkommen von den Jobber-Initiativen suspekten Teilen der Grün-Alternativen, die auch auf die Linie von Mindesteinkommen statt staatlicher Sozialleistungen einschwenkten, daß dieser Ansatz wohl so revolutionär doch nicht sein könne.

Trotzdem sollen Mindesteinkommen und Existenzgeld kurz skizziert werden, da sie auch bis heute immer wieder Gegenstand der öffentlichen Diskussion sind. Das Mindesteinkommen knüpfte an die Tendenzen der zunehmenden Privatisierung von Sozialversicherungen, an eine Flexibilisierung und Differenzierung der Arbeitsmärkte zu immer mehr prekären Jobs und eine faktische Ausweitung des staatlichen Fürsorgebereichs an. Mit dem Mindesteinkommen sollte allen Menschen ein Existenzrecht gesichert werden.

Die Kritik, auch aus Jobberkreisen, war klar: Erstens macht der Staat die Menschen von diesem Mindesteinkommen abhängig und spart alle anderen Sozialleistungen – wobei ungewiß ist, ob das Mindesteinkommen zum Leben überhaupt ausreicht oder nicht sogar den Zwang zur Arbeit erhöht. Und zweitens wäre »das Mindesteinkommen ( ... ) in diesem Sinne ein konsequenter Schritt in der Wende von Keynesianismus zur Angebotspolitik; statt durch Sozialeinkommen die Nachfrage zu regulieren, zielt diese Maßnahme vor allem darauf, die Kostenseite (Lohnkosten) der Unternehmer zu verbessern. Über das Mindesteinkommen werden indirekt die Löhne subventioniert, statt die Löhne durch Sozialabgaben zu belasten.« (*KStZ*; a.a.O.:54)

Aus der Sicht der Karlsruher Jobber bedeutete die Forderung

nach Mindesteinkommen eine reformistische Wendung der Massenarmuts-Theorien (unter anderem der *Autonomie NF*) durch etliche Jobber-Initiativen, die die kollektiven Ansätze einer Selbstorganisation in einen korporatistischen Bezug zu Institutionen des Sozialstaats auf der Basis eigener Betroffenheit verwandeln wollten (*KStZ* 34; 1/1985:46). Sinn gemacht hätte diese Forderung als Kampf um Einkommen nur, wenn sie mit dem Kampf gegen die Arbeit und kapitalistische Ausbeutung überhaupt verbunden worden wäre, sich also auf die Arbeiterklasse bezogen hätte (*KStZ* 35; Frühling 1985:59f).

Anstelle der Forderung nach einem Mindesteinkommen entwarfen andere Jobber ein Konzept, das sie – ebenfalls eine Anleihe aus Italien – »militante Untersuchung« nannten. Die militante Untersuchung zielte auf die Möglichkeit einer neuen politischen Klassenzusammensetzung unter Bedingungen des kapitalistischen Restrukturierungsprozesses und der technischen Neuzusammensetzung der Arbeiterklasse.

Indem sich die Menschen »... als ausgebeutete Subjekte erkennen und ihr gemeinsames Interesse, nicht mehr ausgebeutet zu werden, ausdrücken, kann aus der technischen Zusammensetzung der Klasse eine politische werden« (*KStZ* 30; Frühling 1983:57). Die Jobber überlegten, wie die »diffuse Fabrik« in ein Kampfpotential umgekehrt werden könnte. Sie untersuchten Produktionsprozesse und Warenströme, um zu sehen, »... inwieweit die Proletarier diese Verknüpfungen zur eigenen Kommunikation benutzen, antagonistische Verhaltensweisen dagegen entwickeln, wo aus subjektiven Verhaltensweisen kollektive werden« (*KStZ*; a.a.O.:58).

Für die subjektiven Kräfte hieß das, die offensive Mobilität der Jobber auszuspielen und Strategien (Kampf gegen die Arbeit und für ein Mindesteinkommen) nicht mehr durch Selbstorganisation der Betroffenen zu ersetzen. Der Kampf der Jobber gegen die Arbeit resultierte nicht aus einer »Null-Bock-Mentalität«, sondern aus der Ablehnung der kapitalistischen Gesellschaft. Militante Untersuchungen versuchten, aus der Analyse von Produktionsprozessen und Warenströmen abgeleitete allgemeine Hypothesen mit den einzelnen intensiven und praktischen Erfahrungen im Arbeitsbereich zusammenzubringen. Dabei wurden zwei Ebenen gleichzeitig angegangen: die »Massenuntersuchung« und das »Arbeiternetz«.

Massenuntersuchung bedeutet erst mal nur, unterschiedliche Erfahrungen wie z.B. bei der Arbeit, beim Verteilen von Flugblättern, auf dem Sozialamt und beim Feierabendbier systematisch auf dem Hintergrund allgemeiner Hypothesen zu untersuchen und zu verbinden. Dadurch sollte herausgefunden werden, wo sich klassenspezifische homogene Verhaltensweisen in individualistische Praktiken auflösen, wo kollektive Gegentendenzen und Kampfpotentiale entstehen, wie sich Arbeitskräfte in einem bestimmten Sektor zusammensetzen, welche Kräfte auf eine Veränderung der Situation hindrängen, wo es Korporationen oder ob es Fluchttendenzen gibt. Die Massenuntersuchung bezieht sich sowohl auf die Betriebe als auch auf soziale Bereiche und deren Funktion für den kapitalistischen Verwertungsprozeß.

Als »Arbeiternetz« formulierten Karlsruher Jobber den Aufbau eines Zusammenhangs von Menschen, mit denen in verschiedenen Betrieben – wenn auch nur punktuell oder als Verweigerungshaltung, Bummelei und Kritik – ein gemeinsamer Kampf über den einzelnen Jobbereich hinaus möglich erscheint. Mit diesen Menschen sollte über mögliche Verhaltensweisen in konkreten Situationen unter den spezifischen Bedingungen der jeweiligen Jobs diskutiert werden.

Dies bedeutete für die Jobber auch, »... das Ghetto entschlossen zu verlassen, und zwar das Ghetto der linken Scene genauso wie das Ghetto ihrer Stadtteile ... Arbeiternetz heißt in diesem Zusammenhang das Entstehen von Gruppen zu verhindern, die wieder nur ihren eigenen Bauchnabel betrachten, zu verhindern, daß die linke Scene sich nur um ein neues Thema: die Proletarisierung 'rum sammelt und wieder mal – unter sich bleibt.« (*KStZ*; a.a.O.:65)

Während die Analysen der kapitalistischen Entwicklung und der daraus resultierenden Probleme für die arbeitenden bzw. nicht arbeitenden Menschen fast deckungsgleich sind, ziehen die Jobber und die *Autonomie* vollkommen andere Schlüsse daraus. Wie ein sozialrevolutionärer Kampf in der BRD zu führen sei, wird ganz unterschiedlich eingeschätzt. Die Herangehensweise an die Bekämpfung des Kapitals ist jeweils autonom-subjetivistisch und setzt auf die Selbstkonstitution von kollektiven Identitäten.

Die Kritik der Jobber an der *Autonomie* setzte dort an, wo die *Autonomie* nach Meinung der Jobber den Ausstieg der autonomen Linken in der BRD aus den betrieblichen Klassenkämpfen im Verwertungsprozeß des Kapitals propagiert und damit den Anspruch auf Selbstbefreiung des Proletariats aufgegeben hat. Dies führe nicht nur zu einer Verankerung im hiesigen Sozialprozeß, wie von der *Autonomie* gefordert (*Autonomie NF*; 11/1982:2), sondern zur Entkoppelung und Aussichtslosigkeit des Kampfes auf dem ureigensten Terrain der Kapitalverwertung (*Wildcat* 39; Sommer 1986:37).

Ebenfalls nicht nachvollziehen konnten die Jobber den Gegensatz zwischen metropolitaner Arbeiterklasse, die nach Ansicht der *Autonomie* durch die reelle Subsumtion unter das Kapitalverhältnis als revolutionäres Subjekt ausfällt, und dem trikontinentalen Proletariat, das aus den außerhalb des Kapitalverhältnisses liegenden Räumen den Kampf gegen das Kapital führt. Nach Meinung der Jobber führe dies zur Herausbildung von elitären, avantgardistischen linken Gruppen in den Metropolen, die mit revolutionären Gewaltmitteln außerhalb des Produktionsbereichs agieren und sich damit von den Kämpfen im Kapitalverhältnis abkoppeln und selbst ghettoisieren (*Wildcat* a. a. O.:38).

Während die *Autonomie* in den Sozialbewegungen den »Lebenswert« als Orientierungspunkt bestimmt, gehen die Jobber vom »Arbeitswert« aus. Die Jobber sahen durchaus die Möglichkeit, neue kollektive Identitäten bei den Arbeitenden zu erreichen, den Angriff des Kapitals auf die Klasse zu wenden und zu einer neuen politischen Klassenzusammensetzung zu kommen (*Wildcat*; a. a. O.:39ff.).

Sowohl die *Autonomie* als auch die Jobber lehnen allerdings die Zwangsläufigkeit ab, mit der nach Marx die fortschreitende Produktivkraftentfaltung zur Revolution führt. Die Jobber blieben, unter genauer Beobachtung der neuen Klassenzusammensetzung, bei einem produktivistischen Klassenbegriff mit der Figur des Jobbers als mobiler Kern künftiger Organisation und Revolten, während die *Autonomie* auf Sozialbewegungen außerhalb der Fabrik und des (nach-)keynesianischen Reproduktionsbereichs (d. h. in Freiräumen, die erkämpft werden müssen) als sozialrevolutionären Faktor setzte (*Autonomie NF*; 11/1982:5).

»Autonomie war ein Begriff, der sozusagen über Nacht unsere Revolte auf einen Nenner brachte. Mitgebracht aus Italien und in den Autonomiethesen der Szene nahegebracht, repräsentierte er uns bald alles, was gut und heilig war oder noch ist. Vorher verstanden wir uns als Anarchisten, Spontis, Kommunisten oder hatten diffuse, individuelle Vorstellungen von befreitem Leben. Dann wurden wir alle Autonome. Das gemeinsame Wir-Gefühl überdeckte alle Unterschiede.« (*radikal* 123; 12/1983:12)

Zum anderen bezogen auf den Ansatz der Jobber: »Eine nicht unwesentliche Anzahl derer, die sich zum autonomen Spektrum rechnen, steht in keinem regulären Beschäftigungsverhältnis, sondern zählt eben zu jenen Jobbern, die für einen gewissen Zeitraum in meist unterprivilegierten Positionen in Betrieben oder im Dienstleistungsgewerbe arbeiten. ›Im Produktionsbereich sind wir Jobber, arbeitslos, Sozi-Empfänger etc., kaum eine/r hat eine feste Anstellung.‹« (Manns/Treusch; 1987:73)

# 7. Organisation, Bündnisse und Praxis

## Organisation

Die Autonomen existierten nahezu zehn Jahre ohne nennenswerte Organisation. Aus ihrem Selbstverständnis heraus wurden hierarchische parteiähnliche Strukturen und Führungspersönlichkeiten abgelehnt, die informell doch existierten.

Die Organisation oder besser die Kontakte der Autonomen stellten sich innerhalb von Städten über Flugblätter her, die auf der Straße verteilt wurden oder in Szenetreffs (Buchläden, Kneipen u. a.) auslagen. Die Autonomen waren meist über Kleingruppen organisiert, die durch persönliche Kontakte oder projekt- (z. B. Häuser) bzw. aktions- (z. B. Demonstration) bzw. themenbezogen (z. B. Antifaschismus) zustandegekommen sind.

Der Informationsaustausch unter diesen Gruppen verlief über Stadtteil- oder Autonomenplenen sowie jeweilige Stadtteil- oder Stadtzeitungen mit linksradikalem Charakter. In diesen Organen wurden oftmals eingehende und langwierige Diskussionen geführt, wobei bestimmte Artikel und Thesen wiederum in den einzelnen Kleingruppen besprochen wurden. Was zum Diskussionsgegenstand erhoben wurde, legten die Gruppen selbst fest. Allerdings waren diese Themen nicht selten von Terminen und Aktionen abhängig, gegen die Widerstand organisiert werden sollte. Nur selten stellten autonome Gruppen ihre Diskussionsprozesse öffentlich vor, und dann zumeist unter dem Deckmantel gemischt zusammengesetzter (Staddtteil-)Gruppen. Seit Mitte der 80er Jahre erschienen darüber hinaus theoretische Papiere, wie z. B. von der Lupus-Gruppe.

Die Organisation von Gruppen richtete sich in den meisten Fällen am gemeinsamen Interesse, gegen etwas Widerstand zu leisten, aus. Ein übergeordnetes Weltbild trat dahinter zurück. Eine solche Kampagnen-Politik erfolgt im allgemeinen spontan. Bei informell kurzen Wegen (Telefonkette, Mund-zu-Mund-Propaganda) und guter personeller Ausstattung waren die kurzfristige Mobilisierung und ein schnelles Reagieren auf akute Vorfälle und Mißstände leicht möglich. Erfolg oder Mißerfolg einer Aktion zeigten sich in der Regel ebenfalls sofort. Durch erfolgreiche oder auch nur aufsehenerregende Aktionen konnten neue Bewegungsmitglieder mit einem ähnlichen politischen Bewußtsein gewonnen werden.

Aus den Kleingruppen ergaben sich die jeweiligen »Ketten« des revolutionären oder Schwarzen Blocks bei Demonstrationen und die Gruppen, die in andere Städte und an Orte des Widerstands fuhren, um eine Aktion durchzuführen. Die »rege« Reisetätigkeit zu relevanten Orten oder in Hochburgen der Bewegung wie Berlin, Frankfurt am Main und Hamburg und der häufige Wechsel des Wohnorts von Autonomen ließ ein weitgespanntes Netz von Kontakten entstehen, wobei die jeweiligen »einheimischen« Autonomen Unterkunft und Know-how zur Verfügung stellten und Kontakte vermittelten.

Auf nationaler Ebene fand der Austausch in erster Linie durch überregionale Zeitungen (*radikal*, *interim*, *Wildcat*, *Agitare Bene* etc.), die in linken Info- und Buchläden erhältlich sind, statt.

Direkte Kontakte entwickelten sich auf nationalen oder internationalen Treffen von Linksradikalen, wie den Autonomentreffen in Hannover oder Lutter, den Libertären Tagen und dem antiimperialistischen Kongreß in Frankfurt am Main, den internationalen Häusertagen in Hamburg oder Venedig. Oder mensch lernte sich auf themenbezogenen Treffen in einem meist nationalen Kontext (z. B. IWF-Kongreß, Reagan-Besuch) kennen.

Die Selbstkritik der Autonomen an ihren Organisationsformen sind vielfältig. Im Zuge der Schwächung der autonomen Bewegung und des zunehmenden personellen Mangels seit Mitte der 80er Jahre wird über mögliche und effektive Formen der Selbstorganisation intensiv nachgedacht, zumal die Mobilisierungen in diesen Strukturen recht unkalkulierbar und unverbindlich bleiben (»asthmatische Kurzlebigkeit autonomer Politik«, Lupus-Papier in: Reader zu den Libertären Tagen; 1987) und die relative Oberflächlichkeit beim »Anwerben« neuer autonom-politischer Akteure den Staatsorganen mit ihren Spitzeln ein Eindringen in autonome Strukturen manchmal sehr einfach machte (vgl. *Große Freiheit* 66; 3/1984; *freiraum* 16; Winter 1986/87: 10f.; Flugblatt – Flora-Plenum 1/1991). »Schnell zeigte sich das Handeln als Nur-Praxis. Als unfähig, über sinnlich-direkte Aktionen, möglichst aus dem Zusammenhang einer Vollversammlung heraus, hinauszugehen und taktisch zu werden. Es wäre z.B. kaum möglich gewesen, ... taktisch zu werden, evtl. im Rahmen einer Strategiediskussion, die nicht stattfinden konnte, weil die vielleicht einmal vorwärtstreibende Ablehnung von Theorie längst in fast trotzig-analphabetische Theorielosigkeit oder stumpfe Litanei umgeschlagen war.« (*radikal* 113; 1/1983:9)

Die Meinungen, wie es weitergehen sollte, gingen weit auseinander: »Eine Lehre, die viele von uns Autonomen aus der 81er Zeit gezogen haben, ist, daß es ohne Organisierung pp. nicht geht, jedenfalls nicht weitergeht. Wir versuchen, Strategien zu entwickeln, Inhalte klarzukriegen, Kontinuität zu entwickeln und so weiter. Und auf dem Opferaltar unserer neuen Götter landet so langsam das, worauf wir immer so stolz hingewiesen haben, als wir noch Spontis waren ... Aus den Schwierigkeiten, die Perspektive für die Zukunft zu finden, in der uns keine breite Bewegung trägt und auch schützt ..., entstehen die neuen Religionen. Unsere Umgangsformen werden zunehmend von Politik bestimmt, von Kaderpolitik, Gruppenpolitik und Machtpolitik. Wir definieren uns nicht mehr über uns selbst, sondern über die Gruppe, ... die Gruppen könnten dann im Laufe der nächsten Zeit, wenn aus Verbindlichkeit Disziplin und aus Einschätzungen Grundsatzerklärungen geworden sind, in Kader umbenannt werden.« (*radikal* 123; 12/1983:11)

In Zeiten mangelnder Bewegung auf der Straße geraten also subjektive Ansätze, die kollektiv gelebt werden, in den Hintergrund. Das Besondere der Autonomen, eben ihre Subjektivität, die Politik der 1. Person, auch im Plural, tritt zurück hinter altbekannte Strukturen und Gruppeninteressen. Diese Art des Politikmachens mit Versatzstücken alter Ideologien bereitet vielen Autonomen Schwierigkeiten. »Unser autonomes Selbstverständnis ist vom Alltag vernichtet. Heute heißt es weniger: ›Leute, hebt eure faulen Ärsche, damit wir endlich das Ding mit der permanenten Revolte hinkriegen‹, sondern eher ›Kriegt erst mal eure Inhalte klar, bevor ihr überhaupt was macht‹. Jetzt brauchen wir straighte Organisationstrukturen und klare Inhalte. So ein diffuses Gefühl im Kopf darf nicht ausreichen. Denn die Negation der bestehenden Normen war eigentlich unser Prinzip, Zerstörung war geil, Konstruktivität uns ein Greuel. Und jetzt?! Jetzt haben wir keine Perspektive mehr und gehen also zu Veranstaltungen, Treffen und Gruppen und gucken, was andere Autonome machen. Die Themen werden umfassender, alles muß drin sein. Rotfrontkämpferbund und Klassenkampf ist angesagt. Ist mir schlecht!« (*radikal* 123; 12/1983:12)

Bei den Autonomen bildeten sich immer mehr Kleingruppen heraus, in denen nichts als diskutiert wurde – auch über Guerillakonzepte – und die einen zunehmend klandestinen Charakter bekamen, indem Wissensvorsprünge herausgearbeitet und die Abschottung gegen andere Gruppen vorangetrieben wurden. Auch »Neuzugänge« blieben aus, weil für »Suchende« der Zugang zu konspirativen Gruppen, die ein »gesundes« Mißtrauen gegen »Neue« pflegen, fast unmöglich wird. Das Prinzip von Massenaktionen und -attraktiviät wird gekippt, die eigentlich geplante Verbreiterung der Revolte hinten angestellt.

»Wer nicht in den einschlägigen Gruppen steckt, hat den Kelch für diese Szene an sich vorbeiziehen lassen.« (*radikal*; a.a.O:13)

Das Dilemma »ursprünglicher autonomer« Organisierung wurde von der *radikal* folgendermaßen beschrieben: »Unsere Strukturen sind verhärtet, vereinzelt, unverbindlich und vor allem aktionsmäßig ausgerichtet. Wir treffen uns, wenn was angesagt ist und handeln nach breitester Diskussion. Wo bei Diskussionen zu sehen ist, daß die am meisten von sich überzeugt sind, tauschen sich ab (was meist Typen sind) und bügeln grundsätzliche Fragestellungen (die oft von Frauen kommen) ab, um schnell auf ein greifbares Ergebnis zu kommen. Eine schweigende Mehrheit konsumiert und beurteilt für sich, ob sie an der Aktion teilnimmt oder nicht. Die Größe der Treffen und deren Zielsetzung verhindern es, die Strukturen (Profilierungen, Schüchternheit, Mackertum, Konsumentenhaltung) zur durchbrechen und revolutionäres Klima zu schaffen.« (*radikal* 131; 1985:19) Auch die Lupus-Gruppe aus Frankfurt am Main beklagte den Zustand der Autonomen-Organisierung: »Die immer selben Gesichter teilen zähneknirschend die viele Arbeit unter wenigen auf. Die inhaltliche Auseinandersetzung, die über den Anlaß hinaus hätte geführt werden müssen, fällt unter den Tisch, da die praktischen Vorbereitungen fast den ganzen Raum einnehmen.« (Lupus-Papier, in: Reader zu den Libertären Tagen; 1987) Die mangelnde soziale und materielle Infrastruktur drückt sich, nach Meinung der Lupus-Gruppe, in einer dreifachen Demobilisierung aus: »Diejenigen, die nicht mehr sehen, daß sie dem Druck der Ereignisse etwas entgegensetzen können und sich zurückziehen. – Diejenigen, die keine Lust haben, sich bei Aktionen, an denen sie nicht beteiligt sind, als Kulisse verheizen zu lassen. – Schließlich jene, die unbedingt ihre Aktion durchziehen müssen und damit das von Staat und Presse gezeichnete Bild des ungeteilten und unverantwortlichen Gewaltverbrechers reproduzieren.« (Lupus-Papier, in: Reader zu den Libertären Tagen; 1987)

Die Lupus-Gruppe orientiert sich an langfristigen radikalen gesellschaftlichen Veränderungen und sucht dafür eine adäquate verbindliche Struktur: »Der Aufbau und die Vernetzung militanter Kerne ist für uns eine Voraussetzung dafür, den Kreislauf sich wiederholender Bewegungsrhythmen zu durchbrechen, Bindeglied zwischen Bewegung und Alltag zu sein. Es gibt noch einen anderen Grund, warum wir uns für verbindliche Strukturen starkmachen. Wir lehnen aus gutem Grund hierarchische und autoritäre Strukturen ab, ... (aber) es gibt eine autonome Variante des kooperativen Führungsstils: Ohne jemanden sichtbar aus Entscheidungen auszuschließen, werden allzuoft Entscheidungen von wenigen getroffen und durchgepowert – von jenen, auf die es – unausgesprochen – ankommt. Für uns ist eine klare, sichtbare und offene Struktur kein Hindernis, sondern Voraussetzung für militanten Widerstand. Wenn wir militanten Widerstand nicht an Kleingruppen delegieren wollen, dann müssen wir Strukturen schaffen, in denen es möglich ist, offen darüber zu streiten und zu diskutieren. Dann müssen wir Orte und Bedingungen schaffen, wo gerade jene uns treffen können, die eben nicht durch persönliche Beziehungen oder Zufall in unsere Zusammenhänge geraten sind. ›Militanter Widerstand ist möglich‹ bedeutet gerade auch, ihm – soweit möglich – das Geheimnisvolle zu nehmen, Bedingungen zu schaffen, aus denen heraus er massenhaft möglich ist.« (Lupus-Papier, in: Reader zu den Libertären Tagen; 1987) Das Resümee der Lupus-Gruppe lautet 1987: »Unsere Strukturen entsprechen denen eines Hobbyclubs, anstatt einer revolutionären Perspektive.« (Lupus-Papier, in: Reader zu den Libertären Tagen; 1987)

Als Antwort auf das Lupus-Papier spricht sich eine Gruppe Autonomer aus Lübeck für »Hierarchien der Erfahrungen« in autonomen Gruppen aus, die eigentlich nur die tatsächlich vorhandenen Hierarchien in autonomen Gruppen auf eine überprüfbare Basis stellen würden. Sie plädieren außerdem für eine schlichte Trennung von Bewegung und autonomer Organisation: »Wir selbst aber haben meist die ersten Schritte in einer solchen Bewegung gemacht. Aber wir haben auch ihre Grenzen schmerzhaft erfahren müssen. Bewegungen sind zwar spontan und bunt, aber sie taugen nicht zur Erringung realer Gegenmacht, weil sie nicht in der Lage sind, zu lernen, ihre oft schmerzlichen Erfahrungen festzuhalten. Ihre Entwicklung ist zyklisch, Aufschwung und Niedergang wechseln sich ab. Dabei verschleißen sie das ihnen in Zeiten der Konjunktur zufließende Potential frischer Kräfte, weil sie ihm keine Kontinuität, keine wirkliche Entwicklung und Perspektive bieten können ... Um uns von der Abhängigkeit der Bewegungsabläufe zu befreien, brauchen wir eine eigene Organisation.« (*Atom* 18; 1987:19ff.)

Bei zunehmendem Eingeständnis der Selbstüberschätzung wird auch die Überbewertung von Massenmilitanz kritisiert: »Obwohl die massenmilitanten Kämpfe weiterhin notwendig sind, haben sie aber für sich allein nicht den Stellenwert, der ihnen oft zugemessen wird. Parallel dazu wollen wir die Entwicklung regionaler militanter Gruppen, in denen sich die Leute kontinuierlich treffen, über ihre politischen Positionen, militanten Strategien, über Ängste, Haß und Zorn reden, und sich regional auf ihre Bedingungen und Gruppen beziehen ... Die verknüpften autonomen Zusammenhänge können militante und politische Niederlagen besser verarbeiten und überstehen. Sie können aus eigenen Fehlern und aus Fehlern von anderen Gruppen lernen und dadurch die Dialektik der Revolutionäre und der militanten Praxis vorantreiben. Dieses wechselseitiges Verhältnis von Theorie und Praxis kann uns helfen, die Widersprüche aufzulösen, in denen wir alle stecken. Aus diesem Prozeß kommt die Kraft, um die politische Identität subjektiv und kollektiv weiterzuentwickeln und um praktisch voranzukommen. Letztlich geht es um die Entwicklung antipatriarchalen, revolutionären Bewußtseins.« (*radikal* 137; 1989:107)

Die Redakteure der *radikal* beklagten darüberhinaus ein Spezialistentum (Knastarbeit, Flüchtlingsarbeit, Repression) innerhalb der Szene von hauptsächlich »Alt-Autonomen«, die zwar in Theorie und Analyse relativ kompetent sind, ihre Erkenntnisse und Erfahrungen aber nur noch selten an »Jung-Autonome« weitergeben geschweige von denen zu lernen oder sich an deren aktuellen Kämpfen (Hausbesetzungen, Antifa-Jugend) zu beteiligen bereit sind. »Genossinnen, die seit Jahren antiimperialistische Arbeit machen, verlieren zunehmend die Erfahrungswelt, aus der sie selbst meist kamen, den spontanen, den unbedachten und politisch oft kurzsichtigen Anfang von Widerstand und Politisierung. Es bleibt kaum Kraft, um den erlernten Blick für Zusammenhänge an Jüngere weiterzuvermitteln, es fehlt auch an der Geduld und der Bereitschaft zu gleichberechtigten Diskussionen.« (*radikal* 141; 191:86) Die Schlauheit der »Alten« geht also auf Kosten der Wirksamkeit der Bewegungen. Die Erfahrungen werden nicht weitergegeben, weil fast kein Kontakt mehr besteht zwischen »Alten« und »Jungen«. Ein autonomer Generationskonflikt zeichnet sich ab. Diese Linien wieder zusammenzuführen sah die *radikal* als eine der wichtigsten Aufgaben der Zeit (*radikal* 141; 1991:85). Da es auf dem Autonomie-Kongreß 1995 eine eigene Jugendetage gab, hat sich an dem Problem wenig geändert.

In der Broschüre »Mit den überlieferten Vorstellungen radikal brechen« von den Autonomen Studis (Bolschewiki) aus Freiburg (1990:20ff.) wird kritisiert, daß die idealistische Denkweise über Moral, guten Willen und andere Lebensformen zur Veränderung reeller gesellschaftlicher Verhältnisse unbrauchbar, weil utopisch ist. Das innere geistige wie auch äußere Ghetto sind die Folge. Realität wird der eigenen Vorstellung angepaßt und in Glaubensbekenntnisse gegossen (a.a.O.:22). Die Freiburger forderten eine neue Selbstverständnisdiskussion, die auch in andere linke Kreise hineinreicht, um mögliche Bündnisse auszuloten und eine Neubewertung des Verhältnisses von Theorie und Praxis anzustellen. Angedacht wurde eine Organisationsform zwischen hierarchischer Organisation und organisiertem Chaos, vermittelt über zentrale Medien, städtische Plenen und überregionale Treffen nach dem Räteprinzip. Als Problem der Organisierung wurde das ungelöste Verhältnis von Legalität und Illegalität erkannt.

1991 geht von der Antifa/M(ittwochstreffen) aus Göttingen eine neue Runde der Organisationsdebatte aus (*radikal* 144; 1991:38ff.). Sie wollte Wege aus der mangelnden Kontinuität und Verbindlichkeit innerhalb autonomer Strukturen finden. Ziel war es, die zunehmende Isolation der Autonomen zu durchbrechen, wieder öffentlich wahrgenommen zu werden und Inhalte radikaler Politik in die gesellschaftliche Diskussion zu bringen. Die Antifa/M konstatierte, daß die – negativen – Erfahrungen mit der Staatsmacht, die Ohnmacht und die Niederlagen, zu einem teilweisen Realitätsverlust führten, da die verbalradikalen Parolen keine Basis mehr besaßen. Das »Freiraum«-Konzept hielt sie für undurchführbar und plädierte dafür, neue linksradikale Orientierungspunkte zu suchen, und zwar im Kontext der gesamtgesellschaftlichen Realität. Dadurch sollten innere Widersprüche überwunden, Handlungsfähigkeit zurückgewonnen und schließlich die Attraktivität der Autonomen wieder gesteigert werden. Im speziellen sollte der Umgang mit Medien überdacht werden, da diese Öffentlichkeit herstellen und das Bewußtsein der Menschen beeinflussen. Anstelle einer Abkopplung und Einrichtung in Nischen sollten die Intervention in alle gesellschaftlichen Bereiche und das Aufzeigen von Alternativen treten, wodurch »Kulturfähigkeit« bewiesen würde. Die Organisation sollte legal und ansprechbar sein, also eine Abkehr von der klandestinen Arbeitsweise darstellen und damit mehr Menschen erreichen und den Zugang erleichtern. Politische Bildungsarbeit, Seminare und Veranstaltungen sollten die Basis verbreitern. Persönliche Kontakte und Sympathien sollten durch politische Ziele und Notwendigkeiten ersetzt werden. Die Organisation sollte ein Statut besitzen und eine offizielle Mitgliedschaft der verschiedenen Gruppen, wobei die Akzeptanz des Statuts die Voraussetzung darstellte. Es sollte Städte-, Gemeinde-, regionale und bundesweite Treffen geben. Die jeweils Delegierten sollten mit einem imperativen Mandat ausgerüstet sein. Auf diesen Ebenen sollten die Gruppen vernetzt werden und sich austauschen. Es sollte zwischen offenen und internen Plenen getrennt werden, wobei erstere den Zugang für neue Leute ermöglichen sollten.

Eine Bewegung, die keine gesamtgesellschaftliche Perspektive und nicht die fundamentale Änderung der gesamten bestehenden Herrschaft im Auge hat, besitzt nach Ansicht der Antifa/M keine Attraktivität und revolutionäre Chance. Ein-Punkt-Bewegungen sind ihrem Wesen nach reformistisch vereinnahmbar. Ohne übergreifenden Theorieansatz und ohne Kontinuität im Kampf bleiben diese Kämpfe Strohfeuer. Zur Organisierung autonomer Gruppen wurde seit Anfang der 80er Jahre an die antifaschistische Selbsthilfe angeknüpft – und zwar Antifaschismus begriffen als Ausgangspunkt einer breiten Mobilisierung, über den weitere autonome Positionen transportiert werden könnten. Die Organisierung unter dem Vorzeichen des Antifaschismus sollte die verschiedenen antiimperialistischen Teilbereichsbewegungen in einer Organisation mit Arbeitsschwerpunkten zusammenfassen, mit Bezug auf historische Organisationen wie die »Antifaschistische Aktion« von 1932 und auf eine Imperialismusanalyse, die den Imperialismus als faschistisch charakterisiert.

Die Antifa/M erwartete darüber hinaus inhaltliche Klärung und Diskussionen in folgenden Punkten: Verhältnis zu den Befeiungsbewegungen im Trikont, Verhältnis zum BRD-Staat und Patriarchat, Verhältnis zu bewaffnetem Kampf und zu den Gefangenen.

In einer anderen Diskussion derselben *radikal*-Ausgabe stand der Spagat zwischen kadermäßig-abgehobenen und militanten Gelegenheitsaktionen bzw. -reaktionen im Mittelpunkt, d.h. die Bemühung, illegale Arbeit mit dem Leben in Einklang zu bringen. Es wurde über mehr Basisarbeit, eine größere Kontinuität der Themen und über Strategien auf Grundlage von theoretischen und praktischen Analysen nachgedacht, um auch auf der militanten Ebene eine größere Bandbreite von Reaktionsmöglichkeiten entwickeln zu können. Illegalität sollte nicht aufgebaut, aber die Notwendigkeit des Abtauchens zumindest in Betracht gezogen werden. Ziel war es, illegal in der Legalität zu leben und da das politische Leben aufzubauen. Dies bedeutete auf der persönlichen Ebene die Möglichkeit einer »Politpause« und einer Verlagerung des Lebensschwerpunkts für eine gewisse Zeit, um der Resignation und der Abkehr vom militanten Kampf vorzubeugen.

Eine dritte Gruppe behauptete in dieser Ausgabe der *radikal*, daß die Autonomen mit den Parolen von individueller Freiheit und Selbstbefreiung jahrelang einem bürgerlichen Freiheitsbegriff aufgesessen seien, den sie selbst anarchistisch wendeten. Sie halten eine Organisation der Szene aus sich selbst heraus für unmöglich und plädieren für Organisationskerne in Form einer Avantgarde unter Berücksichtigung menschlicher und kultureller Fragen, um nicht die Fehler der K-Gruppen zu wiederholen. Nur über die Organisierung erschien es ihnen möglich, die objektiv herrschenden Verhältnisse aufzubrechen und durch eigene faßbare Verhältnisse, zumindest partiell, zu ersetzen.

Konkret stellen sie sich eine politisch-militärische Organisationsform vor, die zwei Kriterien erfüllen soll: zum einen die Fähigkeit, klandestine Aktionen durchzuführen, die den Menschen eine verständliche Botschaft übermitteln und das Gewaltmonopol des Staats in Frage stellen, und zweitens sollte durch die Vorreiterrolle der Autonomen eine ideologische Hegemonie gewonnen werden, die über größere Offenheit wiederum zur politischen Mobilisierung und Organisierung von Menschen beiträgt.

Der Spagat zwischen notwendiger Konspirativität als Schutz vor Staatsschutzaktivitäten einerseits und mehr Offenheit, neuen Mitgliedern und einer Vermassung der Bewegung andererseits sollte die sonst herrschende Bewegungsdynamik durchbrechen. Ein Delegiertenprinzip zur Koordination lehnte sich an das Konzept der Antifa/M an, wobei sich die Gruppen nur über ihre Delegierten kennen. Die Gefahr der Hierarchisierung durch zentralistische Konzepte wurde zwar gesehen, aber zugunsten der Handlungsfähigkeit und des Selbstschutzes in Kauf genommen. Aus den Kleingruppen mit ihren Schwerpunktthemen sollen Mitglieder in offene Gruppen gehen und diese Schwerpunkte vertreten und neue Anhänger dafür gewinnen. Der Umgang mit anderen Positionen verhindert die Ghettoisierung der Kleingruppe und unterstützt zwischenmenschliche Kontakte. Der Aufbau einer Organisation dient der Wissensvermittlung und ersetzt die sonst in der autonomen Szene vorherrschende persönliche Entwicklung. Trotzdem wird in Abgrenzung zu Politkadern das persönliche Vertrauensverhältnis und »Menschenliebe« als Voraussetzungen der autonomen Organisierung erachtet.

In den folgenden zwei *radikal*-Ausgaben (145 und 146; 1992) kamen die Gegenpositionen zu Wort. Eine Gruppe sah in der Organisationsdiskussion der Antifa/M einen Vorgriff, der andere notwendige Themen »abbügelte«. Dazu zählen das Patriarchat, das Verhalten von linken Männern in gemischten Zusammenhängen, die Herrschaftstrukturen im eigenen Kopf, die Möglichkeit der Zusammenarbeit von weißen und schwarzen, schwulen und behinderten Menschen mit ganz unterschiedlichen Erfahrungen, die schwerlich unter einem Statut zu bündeln seien.

Außerdem wird an dem (unterstellten) Konzept kritisiert, daß Massen nur organisiert werden müßten, um eine gesellschaftliche Gegenmacht zu installieren. Unter Ausklammerung interner Differenzen und um der Einheit der Organisation willen, würden beispielsweise autonome Frauenkämpfe in den Bereich des Privaten verbannt. Die von der Antifa/M eingeforderte massenhafte »Kulturfähigkeit« würde als eine Gegenkultur der Angleichung enden, die die Grenzen der Menschengruppen untereinander negieren, in der herrschenden Kultur mit ihren Integrationsmechnismen aufge-

hen und die lebendige, vielgestaltige Widerstandskultur zu einer bloß symbolischen degradieren würde. Außerdem werden der Rückgriff auf Versatzstücke der KPD-Organisation aus den 30er Jahren kritisiert und eine Organisation um der Organisation willen, bei der nicht das Wohin und Warum im Vordergrund steht. Ein weiterer Kritikpunkt betrifft das klare Freund/Feind-Bild, da es starke Differenzen und Widersprüche unter den vom Kapital Ausgebeuteten gibt (triple-oppression-Ansatz).

Letztlich zielt die Kritik darauf, daß eine tatsächlich fehlende Gemeinsamkeit und Verbindlichkeit unter den Menschen und ihre Vereinzelung in der patriarchal-kapitalistischen Gesellschaft nicht organisatorisch vereinheitlicht werden könne. Dieser Organisationsansatz diene bloß männlicher Herrschaftssicherung.

In allen Diskussionsbeiträgen kollidiert der Autonomiebegriff – wonach das Subjekt durch politische Selbstbestimmung nicht auf die befreite Gesellschaft wartet, sondern sich selbst individuell weiterentwickelt – mit dem Ansatz zur Organisation und Vermassung, bei dem das Individuum und interne Widersprüche möglicherweise zugunsten der Organisation vernachlässigt werden, um die Interventionsmöglichkeiten zu verbessern. Den Organisationsbefürwortern wird Propaganda zulasten des selbst denkenden Menschen vergeworfen, während jene die Cliquenwirtschaft und Zersplitterung und die Zufälligkeit, mit der neue Bewegungsmitglieder erschienen, aufheben wollten, weil sie die Gefahr sahen, daß die Autonomen zu einem wirkungslosen Tummelplatz von Unzufriedenen werden. Für die Antifa/M und andere Anhänger war die Organisierung Basis effektiver Politik. Dies war eine klare Umkehr von der Politik des Nicht-Politik-Machens für andere. Für die Anhänger der Organisierung wäre die Aufgabe autonomer Dogmen und ein gewisser Pragmatismus die Grundvoraussetzung, um eine neue Gesamtperspektive zu entwickeln.

Der Antifa/M wurde grundsätzlich vorgeworfen, daß sie nicht an den Erfahrungen der autonomen Bewegung der letzten fünfzehn Jahre anschließt, sondern ein Politikmodell der 30er Jahre reaktiviert. Außerdem wäre eine Diskussion nur mit den Gruppen möglich, die sich dem Organisationsmodell der Antifa/M unterwerfen, was eine weitere Spaltung der Szene bedeutete.

Die Antifa/M konterte damit, daß überall sonst Organisierung mit Gleichgesinnten, Offenheit und Einbindung sympathisierender Menschen, effektive Arbeit durch Arbeitsteilung und Delegiertenprinzip, Geschichtsbewußtsein durch historische Bezugnahme und so weiter quasi als Rezepte erfolgreicher oppositioneller Arbeit selbstverständlich seien. Tatsächlich gelang es der Antifa/M, über die Antifaschistische Aktion Bundesweite Organisation (AA/BO) die Zusammenarbeit mit autonomen Einzelpersonen und Gruppen zu organisieren. Zwar kam es immer wieder zu regionalen Abspaltungen von der »Linie«, und auch das Programm der Antifa/M bzw. der AA/BO nivellierte sich, aber die Organisation blieb der größte autonome und über die Autonomen hinausgehende Zusammenschluß mit tatsächlich bundesweitem Charakter. Die Gefahren des Spagats zwischen Offenheit und illegaler Arbeit wurden durch die zahlreichen Verfahren gegen die Antifa und andere Autonome deutlich. Gleichzeitig gelang aber auch die Zusammenarbeit mit bisher ausgegrenzten Gruppen, z. B. Teilen der Gewerkschaften.

Ein ähnliches Basiskonzept der Organisierung versuchte in Berlin die Gruppe F.e.l.S. (Für eine linke Strömung) als Absage an Teilbereichskämpfe und kulturelle Selbstbezogenheit und mit Bezug auf die soziale Frage. F.e.l.S. war mit der Zeitschrift *Arranca* selbst eine Zeitlang Mitglied der AA/BO.

Schon im »Frühstadium« der autonomen Bewegung wurde über das Wechselspiel von Theorie und Praxis sowie über ihre Organisierung und Ausrichtung diskutiert, und zwar höchst kontrovers. »Für uns heißt das, daß wir über den rein spontanen Widerstand (Kreuzberger-Mülltonnen-Syndrom) herauskommen müssen, daß es gilt Strukturen aufzubauen, die es uns ermöglichen, unseren Widerstand zu koordinieren, unsere Erfahrungen zu diskutieren, um vor allem von der eindimensionalen Fixierung wegzukommen ... Eine einigermaßen kontinuierliche theoretische Diskussion ist notwendig und zwar öffentlich ... und eine Perspektive, die über 'gegen den Staat' oder die Selbstbestimmungsleerformel hinausgeht ... Wichtiger als Bildung autonomer, revolutionärer oder sonstwas Zellen finde ich den Aufbau umfassender Strukturen, d. h. eben auch, die in andren Gruppen was tun.« (*radikal* 100; 1/1982:15)

Während die autonome Bewegung zunächst als Teil der NSB organisiert und an diesen orientiert war, nahmen mit dem Abflachen der Bewegung separate Aktionen und klandestine Kleingruppenorganisierung zu. Dabei bekam die politische Theorie gegenüber der Subjektivität einen höheren Stellenwert, und es bildeten sich Schwerpunktgruppen zu bestimmten Themen. Die »Professionalität« der Autonomen wuchs, und ihre »Transparenz« und damit auch Verbreiterung nahmen ab. Die als notwenig erachtete Öffnung gegenüber anderen Gruppen wurde nicht oder nur punktuell praktiziert, stattdessen sind viele Autonome in politisch heterogene Gruppen quasi desertiert und bringen jetzt dort ihre Erfahrungen und Ideen ein.

Von dezidiert autonomen Organisationsstrukturen – mit ausnahme der Antifa –, die über die Kleingruppenstruktur hinausgehen und die autonome Bewegung auf eine kontinuierliche Basis stellen, kann faktisch nicht die Rede sein.

**Bündnisse**

Politik im herkömmlichen Sinne oder gar Bündnispolitik waren am Anfang bei den Autonomen nicht vorgesehen. Die Revolte von 1980/81 und ihre Protagonisten, die Autonomen, standen für die Ablehnung des Dialogs, aller Vermittlungen, die eine kapitalistische Gesellschaft zwischen die Bedürfnisse der einzelnen und deren Befriedigung setzt, kurzum der Politik. Mitmachen konnten bei den Autonomen alle, die das subjektive Bewußtsein und den Wunsch nach nicht-kapitalistischer Gesellschaftlichkeit (Kollektivität) hatten.

Das Verhältnis der Autonomen zu den NSB (Friedensbewegung, Anti-AKW-Bewegung, Startbahn-West-Bewegung) und ihre Mitarbeit bei den NSB waren von unterschiedlichem Erfolg gekrönt.

In der Friedensbewegung konnten sich die Autonomen mit ihren anti-militaristischen, Anti-Nato- und militanten Konzepten nicht durchsetzen, da sie von bürgerlichen und reformistischen Kräften in der Friedensbewegung weitgehend isoliert wurden. Zwar beteiligten sich die Autonomen in Bremen, Bremerhaven, Hamburg und Krefeld an gegen die Stationierung der Mittelstrekkenraketen gerichteten Veranstaltungen mit militanten Aktionen, wurden aber von den anderen Teilen der Friedensbewegung nicht unterstützt und teilweise sogar denunziert. Der Kontakt zwischen autonomen und antiimperialistischen Friedensgruppen blieb in der Entwicklung stecken. So sehr die Autonomen anfänglich alle Aktionsformen akzeptierten, so wenig war andersherum die Akzeptanz gegenüber ihren Aktionen vorhanden (vgl. Arbeitsmaterialien zum bundesweiten Treffen autonomer Gruppen in Lutter, 1983).

»Bei den jüngsten Ereignissen in Krefeld ist deutlich geworden, wie gering die Chancen dafür sind, daß die Friedensbewegung in ihrer Vielfalt zu einer gegenseitigen Potenzierung unterschiedlicher Aktionsformen kommen und zu einem wirklichen Faktor gegen die Raketenstationierung werden kann. Die Möglichkeiten, die in der breiten Massenmobilisierung stecken, müssen offensichtlich gegen die Taktik der organisierten Gewaltlosigkeit durchgesetzt werden.« (*Autonomie*-Redaktion in: Arbeitsmaterialien zum bundesweiten Treffen autonomer Gruppen in Lutter; 1983)

Aufgrund der Erfahrungen mit der Friedensbewegung kamen bei den Autonomen zum einen Zweifel an der »allein selig machenden« Wirkung von sozialen Bewegungen und ihrer möglichen sozialrevolutionären Funktion, zum anderen eine tendenzielle Abgrenzung autonomer Aktionen auf. Diskussionen mit anderen Gruppen wurden nicht mehr geführt, die Friedensdemonstrationen als »Latschdemos ohne Wirkung« abqualifiziert.

In der Anti-AKW-Bewegung war das Standbein der Autonomen wesentlich gefestigter. Diese Bewegung hatte eine militante Tradition seit Mitte der 70er Jahre, und viele Autonome hatten ihre ersten oppositionellen Erfahrungen in dieser Bewegung gemacht. An den Diskussionen und Aktionen der Anti-AKW-Bewegung nahmen Autonome gleichberechtigt teil: sowohl in Brokdorf, Kalkar, Gorleben als auch in Salzgitter und Wackersdorf. Insbesondere im Wendland und in Wackersdorf kam es zu einer sehr wirksamen Kombination von legalen, illegalen, friedlichen, militanten, direkten und verdeckten Widerstandsaktionen an den Bauzäunen, gegen Betreiber, Zuliefererfirmen und Versorgungswege der AKW-Betreiber (Geronimo; 1990:118f.). Mitunter mußte, wie in Gorleben, die vormals herrschende Richtung der absoluten Gewaltfreiheit revidiert werden, bevor militante Aktionen neben den anderen zugelassen wurden (Widerstandsbericht Wendland; Teil 1, 1985:83f.). Bei Erfolg allerdings, wie im Wendland und in Wackersdorf, fanden sie eine breite Resonanz und teilweise sogar die direkte Unterstützung von seiten der Bevölkerung (*Abgebrannt*; 1988). Wie stark die Verankerung der Autonomen in der Anti-AKW-Bewegung war, zeigt die Tatsache, daß deren Bundeskonferenz 1984 die Festlegung des Widerstands auf reformistisch-friedliche Protestformen ablehnte und den kriminalisierten AKW-Gegnern ihre uneingeschränkte Solidarität aussprach (Geronimo; 1990:119).

Das Engagement der Autonomen und der direkte menschliche Kontakt an den AKW-Standorten (z.B. bei Camps und Hüttendörfern und in Diskussionsrunden) ließ die Akzeptanz der Autonomen in den jeweiligen Regionen steigen. Die Reduktion auf die Gewaltfrage und das Chaotentum, das von den Herrschenden sonst propagiert wurde, griff nicht mehr. Ohne solche Bündnisse wäre die massenhafte Militanz aber auch nie zum Tragen gekommen.

Die Autonomen in der Anti-AKW-Bewegung schaufelten sich sozusagen selbst ihr Grab, als sie in Selbstüberschätzung der eigenen Kräfte und mit dem Konvoi-Modell von 1981 auf dem Weg nach Brokdorf in Kleve 1986 von Polizeikräften »zerschlagen« wurden. Für den norddeutschen Raum bedeutete dies das vorläufige Ende der breiten Anti-AKW-Bewegung. Außer in Hanau (Nukem/Alkem) und in Wackersdorf gab es keine nennenswerte Beteiligung autonomer Gruppen mehr. Sie verlegten sich v. a. auf Anschläge an Strommasten und anderen Einrichtungen von Energiebetreibern (vgl. Brokdorf – Kleve – Hamburg; 1986). Diese Beteiligung läuft seit Beginn der Castor-Transporte in das Wendland wieder an, ohne daß Autonome direkt zu erkennen sind.

Im Rhein-Main-Gebiet konzentrierten sich die Autonomen auf die Startbahn-West-Bewegung mit »Sitz« in Frankfurt am Main. Nachdem es beim ersten militanten Auftreten der Autonomen (1980) noch zu Auseinandersetzungen mit DKP-und SPD-Ordnern kam, setzte sich innerhalb eines Jahres die Auffassung in den Bürgerinitiativen durch, daß es unterschiedliche Widerstandsformen gibt (*radikal* 98; 10/1981:6f.). Bis zum 2. November 1987 gab es dann eine kontinuierliche Mitarbeit der Autonomen in verschiedenen Zusammenhängen der Startbahn-Bewegung. Sie endete, als das autonome Spektrum nach den Schüssen an der Startbahn-West durch die Repression stark paralysiert wurde.

Im Häuserkampf oder in Stadtteilkämpfen gab es eine andere Qualität von Bündnissen, weil es hier um die Unterstützung einzelner Individuen geht. Dafür bedarf es der Solidarität und praktischen Hilfe der Stadtteilbevölkerung und anderer relevanter Gruppen. Exemplarisch für diese Art der Bündnispolitik ist die Auseinandersetzung um die Hamburger Hafenstraße. Hier gelang es, über Anwohner der Hafenstraße, Jusos, DKP, Teile der SPD, Liberale, Künstler, Jugendgruppen bis hin zu den Grauen Panthern eine breite Solidarität für den Erhalt der Häuser zu schaffen (vgl. Herrmann u.a.; 1987). Gleiches gilt in Hamburg für den Konflikt um die Rote Flora, auch hier kam es zu einer breiten Zusammenarbeit von politisch sehr unterschiedlichen Gruppen und Individuen (GAL, Kleinhändler, Künstler, Anwohner u.a.) mit den Autonomen, die eine Art Führungsposition inne hatten (vgl. Rote Flora Dokumentation, Teil 1, 1988).

Für die Akzeptanz von Autonomen in Bündnissen unterschiedlicher Gruppierungen und in Stadtteilkämpfen können also folgende Kriterien ausgemacht werden:

– Gute Öffentlichkeitsarbeit, die die gefährlichen Dimensionen von staatlichen oder privatwirtschaftlichen Projekten bewußt macht.
– Die konstruktive und ambitionierte Mitarbeit in Projekten und Bündnissen.
– Der gelungene Einsatz auch von militanten Aktionen.
– Die allgemeine Akzeptanz unterschiedlicher Widerstandsformen in Bündnissen, die natürlich auch von staatlichen (Re-)Aktionen und der Medienpropaganda abhängt.

Es lassen sich drei Arten von Bündnissen, in denen Autonome mitarbeiten, herausstellen:

### Soziale Bewegungen

Hier arbeiten die Autonomen mit, um in der Diskussion mit bürgerlichen und reformerischen Kräften sowie der jeweils ansässigen Bevölkerung ihre grundsätzlich auf Gesellschaftsveränderungen zielenden Ideen und ihr Konzept der Massenmilitanz einzubringen und die Basis dafür zu verbreitern. Ob die Autonomen die dominierende Kraft in diesen Bündnissen werden, wie an der Startbahn-West, oder »untergehen«, wie in der Friedensbewegung, oder die Basis der Massenmilitanz über ihr Spektrum hinaus verbreitern können, wie in Wackersdorf, hängt von mehreren Faktoren ab. Genannt seien hier nur der eigene Kraftaufwand, den Autonome zu investieren bereit sind, die Art der Repression und die unterschiedliche Zusammensetzung der Bewegungen. Ziel der Autonomen ist stets, den Konflikt zwischen Staat und Bürgern zu polarisieren und die inhaltliche Hegemonie zu erreichen.

Zweckbündnisse
Sie kommen meistens in Kampagnen gegen Repression oder gegen neonazistische Organisationen zustande, reichen oft weit ins bürgerliche, reformistische Lager hinein und beruhen auf einem Minimalkonsens. Dies gilt insbesondere für gemeinsame Demonstrationen aus gegebenem Anlaß (Aktionen des Staatsapparats, Überfälle von Neonazis u. a.). Der Minimalkonsens besteht dann aus Bürger- und Menschenrechten, und »das liberale Spektrum wird bei seinem humanitären bzw. demokratischen Gewissen gepackt« (Autonome Studis (Bolschewiki); 1990:27).

Diese Bündnisse haben einen reinen Abwehrcharakter, neue Akteure für die Autonomen sind damit kaum zu mobilisieren, da eigenständige autonome Positionen, taktisch bedingt, kaum postuliert werden. Das Bündnis hat jeweils ein klares Ziel und verliert seine Grundlage, sobald das Ziel erreicht – oder verfehlt – wurde. Ausnahme war z. B. die Hafenstraßen-Demonstration vom 20. Dezember 1986, bei der es einen Konsens aller an der Demonstrationsvorbereitung beteiligten Gruppen darüber gab, keine einschließende Begleitung durch die Polizei zuzulassen, also eine autonome Position durchzusetzen (Herrmann u. a. 1987:206). Eine weitere Ausnahme – mit längerem Atem – stellt die AA/BO dar.

Kampagnenpolitik zu bestimmten Anlässen
Beispiele dafür sind der IWF/WB-Kongreß 1988 in West-Berlin und der Kampf um die Hafenstraße in Hamburg 1987. Ob mehr Wert auf die inhaltliche Hegemonie oder auf die Breite des Bündnisses gelegt wird, hängt von der existentiellen Bedeutung des Anlasses ab. Die Schauplätze dieser Kämpfe liegen in Städten, in denen die Autonomen am erfolgreichsten sind und am ehesten auf die Bedingungen solcher Bündnisse Einfluß nehmen können.

Beim relativ abstrakten Thema IWF/WB-Kongreß grenzten sich die Autonomen in West-Berlin, nachdem sie ihre Positionen bei den anderen Gegnern des Kongresses nicht durchsetzen konnten, von diesen ab und machten ihre eigenen Aktionen und Demonstrationen. So gab es an diesem Punkt in West-Berlin keinen Konsens zwischen Reformern (»Schuldenstreichung«) und Autonomen (»IWF-Mördertreff«), während in anderen Städten von den Autonomen durchaus eine aktive Bündnispolitik auch mit reformistischen Kräften betrieben wurde.

Bei der Hamburger Hafenstraße ging es 1986/87 sehr konkret um die Existenz der Menschen in den Häusern, und hier wurde bewußt eine flexiblere Bündnispolitik betrieben und eigene Überzeugungen zurückgestellt, um ein breites politisches Spektrum für den Erhalt der Häuser in der Stadt zu schaffen. Militanz wurde nurmehr taktisch und als Abwehr eingesetzt. Zwar stand nie die Erhaltung der Hafenstraße zum Preis der Befriedung zur Diskussion (wie es beim Minimalkonsens wäre), doch erschien die Hafenstraße zwischenzeitlich wie eine Ansammlung Jugendlicher in ihren Schmuddelhäusern, die von »Papa Staat« verfolgt wurden. Autonome außerhalb der Häuser fragten sich mitunter, ob alle über die selbe Hafenstraße sprächen. Heute sind auch die Häuser am Hafen »privatisiert« – nicht zuletzt deshalb, weil kein Widerstand wie 1986/87 mehr zu mobilisieren war.

Zugespitzt formuliert gibt es auf der einen Seite »Realo-Autonome«, meist ältere Mitglieder, die eine pragmatische Interessenpolitik, die auch Bündnisse beinhaltet, Kampfbedingungen sichert und so die Propagierung der eigenen Ziele und Neurekrutierungen ermöglicht, durchführen, und auf der anderen Seite »Fundis«, die geradezu neurotisch an der Identität festhalten und sich ohne Chance gegen den äußeren Gegner auf das Schwein unter ihnen stürzen (Autonome Studis; 1990:28).

Während sich die Autonomen innerhalb der Bündnisse oftmals isoliert und denunziert und bei Demonstrationen in Auseinandersetzung mit der Polizei allein gelassen fühlen, wird ihnen umgekehrt zum Vorwurf gemacht, Demonstrationen auf gewalttätige Weise für sich zu instrumentalisieren und damit andere Menschen zu gefährden.

Heute setzen die Autonomen, ob nun aus eigener Schwäche oder neuer politischer Einschätzung, verstärkt auf Bündnisse.

Auf zwei Beispiele von Bündnispolitik der Autonomen soll detaillierter eingegangen werden:

### 1. Die Grünen

Zwar kritisierten schon früh viele Autonome den Parlamentarismus der Grünen als Schwächung der sozialen Bewegungen und als Stellvertreterpolitik (vgl. Materialien zur Bundeskonferenz der AKW-Bewegung in Kassel; 1982), da aber viele Mitglieder der Grünen selbst aus Sozialbewegungen stammten, ausgewiesene

Linke waren (z.B. KBler) und den Parlamentarismus nur als »Spielbein« und »Bühne« verstanden, ist das Verhältnis zwischen Autonomen und Grünen sehr ambivalent. So haben autonome Bewegungen beispielsweise immer gern Geld von den Grünen angenommen, durch sie Demonstrationen anmelden oder die Gründe für ihr Auftreten erklären lassen.

Das Verhältnis zu den Grünen, vielleicht abgesehen von der damals linken GAL in Hamburg und der AL in West-Berlin, war aber schon 1983 gestört: »Am 25. 6. demonstrierten in Krefeld 30 000 Menschen gegen die deutsch-amerikanische Kriegspropaganda ... Wir fanden es in diesem Zusammenhang ungeheuerlich, daß gleichzeitig Petra Kelly ... mit den Repräsentanten dieser Kriegspolitik an einem Tisch saß und luxuriös dinierte, während draußen Gegendemonstranten verprügelt und verhaftet wurden ... Es geht darum, welche politische Bedeutung das hat, wenn Leute lieber mit den Repräsentanten der beiden wichtigsten Nato-Staaten feiern und sich anschließend von den Ansätzen politischen Widerstands distanzieren. Ex-General Bastian schloß uns nach der Krefelder Demo sofort aus der Friedensbewegung aus: 'Die, die heute gegen das Prinzip der Gewaltlosigkeit verstoßen haben, haben uns keinen Gefallen getan. Die gehören nicht zu uns.' Wie kann es angehen, daß ein einzelner Mensch festlegen kann, wer zur Friedensbewegung gehört und wer nicht? Was ist das für ein Prinzip der Gewaltfreiheit, wenn gesagt wird, der Polizeieinsatz in Krefeld gegen uns sei gerechtfertigt gewesen? ... Mit dem oben beschriebenen Prinzip der Gewaltlosigkeit kommen wir nicht klar. Wir haben den Eindruck, dieses Prinzip ist gar kein Prinzip, sondern ein politisches Mittel, um ein politisches Spektrum auszugrenzen und der staatlichen Repression zu überantworten, denn es ähnelt viel zu sehr dem staatlichen Legalitätsbegriff.« (Offener Brief Hamburger Autonomer, in: Arbeitsmaterialien zum bundesweiten Treffen autonomer Gruppen in Lutter; 1983)

Je stärker die Grünen auf Mehrheiten im Parlament setzten und sich mit ihrem Integrationskurs der SPD näherten und je weniger Geld in die Fonds für außerparlamentarische Bewegungen floß, desto schlechter wurde das Verhältnis zwischen den antistaatlichen Autonomen und den Partei-Grünen. Nachdem die Grünen heute nur noch auf Parlamentarismus setzen und so gut wie alle Linken die Partei verlassen haben, hat sich das Thema gänzlich erledigt und die Grünen werden als Bestandteil bürgerlicher Herrschaftsideologie abqualifiziert.

### 2. Die Antiimperialisten

Zwischen den Autonomen und den Antiimperialisten verlief die Entwicklung genau andersherum. Zunächst begegneten die Autonomen den Antiimperialisten auch sehr mißtrauisch. Ihr relativ unkritisches Verhältnis zur Sowjetunion, was mit der – gleichfalls unkritischen -Begeisterung einiger Autonomer für anarchistische und sozialrevolutionäre Strömungen unvereinbar war, ihre recht eindimensionale Sichtweise des imperialistischen Gesamtsystems, ihr Dogmatismus in bezug auf die RAF, die Übernahme jeglicher Verlautbarung der RAF-Gefangenen (zumindest nach außen hin), die Instrumentalisierung der Haftbedingungen der RAF-Gefangenen zu ihrem politischen Hauptkampffeld, der moralische Rigorismus, der jede andere Anschauung verurteilte, und ihr bisweilen rein militärisches Verständnis von Politik ließen Autonome und Antiimperialisten als zwei klar getrennte Blöcke erscheinen. Hinzu kam noch, daß die Antiimperialisten mit ziemlich klar durchdachten Konzepten, die von allen getragen und durchgesetzt wurden, in Diskussionen und Plenen gingen und diese dann intern »auf Linie« brachten. Die Autonomen, bei denen in der Regel keine Vordiskussionen stattfanden und keiner für mehr als fünf Menschen spricht, wurden dabei oft überrannt.

Im Zuge der politischen »Fortbildung« der Autonomen, wozu auch die Beschäftigung mit dem Imperialismus gehörte, aufgrund der Tatsache, daß immer mehr Aktivisten der Autonomen, ähnlich der RAF-Mitglieder, Haftbedingungen ausgesetzt waren und nach dem RAF-Papier vom Mai 1982, worin eine gemeinsame Front aus Guerilla (RAF) und Widerstand (Autonome) postuliert wurde, unternahmen die Antiimperialisten verstärkt Bemühungen, die Autonomen in eine engere Zusammenarbeit einzubinden. Umgekehrt schienen etliche Autonome in Zeiten der Bewegungslosigkeit eine Handlungsperspektive darin zu sehen, das imperialistische Gesamtsystem anzugreifen, was den Vorteil hatte, weiter agieren zu können. Die Annäherung an antiimperialistische Positionen bedeutete natürlich eine Hinwendung zu Avantgarde-, Stellvertreter- und quasi rein »militärischer« Politik. Dies war eine Art »Alles oder nichts«-Haltung, die politische Kleinarbeit ignorierte. Sie paßte aber in das autonome »Primat der Praxis« und zeigte einen Weg zu einer »neuen« Praxis.

Diese Annäherung trifft aber keinesfalls auf alle Autonome zu, und selbst bei den »Antiimperialistischen Tagen« 1986 in Frankfurt am Main oder bei den gemeinsamen Plenen anläßlich des Hungerstreiks politischer Gefangener 1989 traten starke Kontroversen auf. »Zwischen den Positionen der Anti-Imps mit einer Diktatur des Proletariats, das dann die Massen 'erzieht', und dem autonom(-anarchistischen) Interesse, alle Herrschaftsstrukturen zu zerschlagen und schon jetzt in Aktionen und im Zusammenleben die befreite Gesellschaft vorwegzunehmen, gibt es starke Differenzen ...« (*Aktion* 21; 2/1986:7)

Da die RAF seit 1992 den Kampf gegen Personen beendet und seit Weiterstadt 1993 keine Aktionen mehr durchgeführt hat, die letzte RAF-Generation zum Phantom wird, viele Gefangene entlassen werden und es selbst unter den Gefangenen zu Spaltungen kam, haben auch die Anti-Imps eine Krise durchzumachen und suchen, ähnlich den Autonomen, nach einer neuen Perspektive.

## Praxis

Grundsätzlich ist vorweg zu sagen, daß die im folgenden ausgeführten Beispiele autonomer Praxis keine Domänen der autonomen Bewegung sind, die sie für sich allein beanspruchen könnte, daß die Autonomen jedoch einen relevanten Teil dieser Widerstandsbewegungen ausmachten oder sogar heute noch bilden. Wir beschränken uns auf die Häuserbewegung, Demonstrationen, Startbahn-West, Stadtteilkämpfe und den Autonomie-Kongreß als Beispiele praktischen Widerstands von Autonomen.

### 1. Häuserbewegung

Die Autonomen knüpften an die Aktionen der Hausbesetzerbewegung der 70er Jahre an. Der Kampf ging um selbstbestimmte Freiräume, Aufhebung der Teilung von Lebensbereichen und die Erringung einer neuen Kollektivität und Identität. Allerdings ging das Motiv der frühen Hausbesetzer, eine Einheit zwischen Arbeitern und Studenten gegen den gemeinsamen Gegner, den Staat und das Kapital, im Wohnen herzustellen, infolge des subjektiven Ansatzes der Bewegung von 1980/81 bzw. ihrer Akteure und der veränderten gesellschaftlichen Situation verloren.

Die Hausbesetzerbewegung um die Jahreswende 1980/81 war für die bereits existierenden unterschiedlichen autonomen Zusammenhänge prägend. Das Zentrum der Hausbesetzerbewegung war Berlin mit bis zu 190 besetzten Häusern (im Jahre 1981) und »festen« Organisiationstrukturen wie Besetzerräten. Zeitgleich gab es aber in fast allen Großstädten und selbst in kleinsten Ortschaften der BRD Besetzungen von Häusern oder von Gebäuden für Kommunikationstreffs.

Die Bewegung entstand in seit den 70er Jahren angelegten alternativen Sozialmilieus, die Stadtteil-Initiativen und Mieterorganisationen umfaßten, die sich gegen Wohnungsspekulationen und Sanierungspolitik wehrten und bereits 1979 Häuser »instandbesetzten«, wie es damals hieß. Aufschwung bekam die Bewegung, als am 12. Dezember 1980 in Berlin ein Besetzungsversuch durch die Polizei brutal verhindert wurde und etliche Menschen im Gefängnis landeten. Die Folgen waren erste schwere Straßenschlachten mit der Polizei. Polizeistaatliche Repressionen und der rapide Legitimationsverfall des damaligen SPD/FDP-Senats (wegen Korruption und Bauskandalen) führten zu einer breiten Solidarisierung von Nicht-Besetzern mit der Hausbesetzerszene und einer Welle von Hausbesetzungen.

Dabei blieb die Bewegung heterogen, was natürlich auch für die Ziele galt, die mit Hausbesetzungen angestrebt wurden: »Einmal die Leute aus der Mieterarbeit, für die die Instandbesetzung radikales Mittel zur Erhaltung der Kiezstruktur war und die darauf aus waren, Mietverträge bzw. Hauskäufe abzuschließen. Ein Teil der Bewegung entwickelte sich aus den Strukturen der Anti-Fa, dem 2.-Juni-Kongreß und den Knast-Gruppen. Und ein anderer Teil stammte aus dem alternativen Spektrum, das sich seit '68 in Berlin kräftig entwickelt hatte. Völlig neu entstand die sogenannte Jugend '80 aus Marginalisierten, denen, die keinen Bock auf Eltern oder Kleinstadt hatten und denen, die sich dem Kriegsdienst entzogen.« (*radikal* 120; 9/1983:6)

Solange der Staat nur eine Form von Repression anwendete, bestanden die unterschiedlichen Gruppen mit ihren jeweiligen Aktionsformen nebeneinander, ohne daß sie sich auf eine Strategie oder Kampfform geeinigt haben oder hätten einigen müssen. Als der Staat flexibler auf Hausbesetzungen zu reagieren anfing, brachen die divergierenden Vorstellungen aber schnell auf. Dies geschah zu einem Zeitpunkt, da schätzungsweise 190 Häuser in West-Berlin besetzt waren und etwa 1400 Strafverfahren im Zusammenhang mit Hausbesetzungen im Sommer 1981, mittlerweile unter einem CDU/FDP-Senat, eingeleitet wurden (*radikal* 93; 6/1981:9). Nach einigen Rückschlägen durch massive staatliche Repression (u.a. Häuserräumungen) polarisierten sich innerhalb der Bewegung zwei Fraktionen an der Frage der Verhandlungen oder Nicht-Verhandlungen mit dem Berliner Senat. Die Position der Nicht-Verhandler wurde dabei durch die in *radikal* ab Sommer 1981 anlaufende Autonomie-Diskussion (mit-)bestimmt. Die massenhaften Haftbefehle und zum Teil hohen Gefängnisstrafen für Hausbesetzer (wegen Landfriedensbruch) waren die Hauptargumente gegen Verhandlungen mit dem Senat (*radikal* 98; 9/1981:5). Demgegenüber setzte die Fraktion der Verhandler auf die Sicherung und Legalisierung des bisher erreichten Niveaus von Instandbesetzung.

Hier eskalierten die Auseinandersetzungen innerhalb der Szene. Während ein Nicht-Verhandler-Haus nach dem anderen geräumt wurde, wurden Verhandler-Häuser legalisiert. Das Spaltungsinteresse des Staats hatte Erfolg, und die Bewegung ebbte ab. Unter den Nicht-Verhandlern wurden dann die italienischen Autonomie-Thesen, wenn auch unter Ausklammerung des Produktionsbereichs, rezipiert und es bildeten sich die Autonomen heraus. Jedoch: »Der hilfesuchende Blick auf Italiens Autonomia konnte unsere Identitätsprobleme auch nicht lösen. Also sahen wir uns gezwungen, mangels befriedigendem Angebot an importierbaren Fertigbauteilen unser autonomes Selbstverständnis selbst zu formulieren.« (*radikal* 98; 9/1981:4)

An den Kämpfen um Lebensräume, Freiräume und selbstbestimmtes Leben, die sich an den Hausbesetzungen manifestierten, war zu erkennen, daß ein anderes, kollektives Leben, also ein Kampf gegen die Reglementierungen und Gesetze dieses Staats durchaus möglich waren. Insofern dienten die Häuserkämpfe sicherlich auch als eine Art Durchlauferhitzer. Sie hatten darüber hinaus den Vorteil, sich dem Zwang zur Arbeit weitestgehend zu entziehen, Miete wurde nicht bezahlt, Essenssachen wurden geklaut und obendrein gab es Sozi oder BAföG. Erstens wurde die

Befreiung von der Arbeit als eine der Grundvoraussetzungen für die Befreiung des Individuums erachtet, und zweitens wurde die Zeit gebraucht, schließlich war die Revolte ein Ganztagsjob.

In den Häusern konnte sich eine Gegenkultur entwickeln, die den Zusammenhalt der Autonomen auch über das Ende der Hausbesetzungen hinweg gewährleistete. Persönliche und Gruppenkontakte schufen Strukturen, die überlebten. Im Rückblick heißt es dazu: »Die Häuser waren politischer Alltag bzw. unsere alltägliche Politik. Die Einheit von Privatem und Politischem. Nur so war die Umsetzung radikaler Bedürfnisse möglich. Unsere kulturellen und politischen Bedürfnisse und Interessen wollten wir untereinander austauschen und entwickeln, wir wollten experimentieren, wie weit wir mit uns selbst, mit der eigenen Befreiung von Geld, Besitz, Rollenverhalten, repressiver Sexualität, mit Kollektivität, Selbstbestimmung und politischem Bewußtsein und Handeln umgehen können. Die Forderungen aus 'hier und jetzt' lösten befreiende Stürme von Begeisterung bei uns aus. Unsere autonomen Lebenstriebe (brauchten) zu ihrer Umsetzung relative Freiräume, schrankenlose Spielplätze, beispielsweise zum Ausprobieren von Kollektivität muß erstmal eine Versammlungsörtlichkeit vorhanden sein; so benötigt auch der Versuch leben, lernen und arbeiten zu verbinden mindestens eine räumliche Nähe von Werkstatt, Bett und Baum. Die Hausbesetzungen entsprangen also mehr unmittelbarem, bewegtem Leben als Theorie und Konzepten.« (*interim*; 11/1989) Die Thematisierung der eigenen Bedürfnisse wurde zur Basis der Autonomen in der Häuserbewegung im Kampf gegen den Staat: »Wir müssen uns autonome Bereiche des Lebens erkämpfen, und wir müssen sie verteidigen. Aber wir können sie nicht verteidigen, ohne sie auszuweiten und ohne zu anderen Bereichen überzugehen. Die bürgerliche Gesellschaft ist ein Ganzes, das seinen totalitären Anspruch auf alle Teilbereiche ausdehnt.« (*radikal* 98; 9/1981:6)

Ende 1981 erreichte die Hausbesetzerbewegung in West-Berlin ihre maximale Ausdehnung mit Unterstützung der städtischen Linken und der linksliberalen Öffentlichkeit (Patenmodelle für die Häuser).

Allerdings waren zu dieser Zeit auch 5000 Menschen aus der Bewegung von Ermittlungsverfahren betroffen, was zu unterschiedlichen Reaktionsweisen – vom Rückzug bis zur Radikalisierung –

führte (vgl. Geronimo; 1990:98; *radikal* 98; 10/1981:14f.). Den autonomen Nicht-Verhandlern wurde durch weitere Räumungen die Existenzgrundlage entzogen, nachdem sie schon durch die Spaltungspolitik des Senats weitestgehend isoliert waren. Es gelang ihnen nicht mehr, die Bewegung auf den Mietkampf und andere Teile der Bevölkerung auszudehnen. Durch die Aufspaltung der Bewegung sowie die Verhinderung neuer Besetzungen traten die unterschiedlichen Interessen der Besetzer, die zu Beginn der Hausbesetzungen »übertüncht« waren, offen hervor, und die Bewegung erlahmte. Zwar wurde der »Stillstand der Bewegung« unzählige Male thematisiert (*radikal* 100; 1/1982:12f.), aufzuhalten war er aber nicht. Und 1983 war das Hausbesetzerproblem – aus Sicht des Berliner Senats – im Grunde erledigt.

Außer der Kontroverse zwischen Nicht-Verhandlern und Verhandlern gab es noch andere Momente, die den Niedergang der Bewegung bewirkten: »Der Straßen-Pogo verlor mit jedem Haftbefehl, mit jedem eingeschlagenen Schädel und einem zunehmend dazulernenden Gegner an Attraktivität.« (*radikal* 104; 1982:11) Die Verbindung mit anderen gesellschaftlichen Kämpfen war nicht gelungen. Die Auseinandersetzungen um Strategien, Taktiken und den Umgang mit Repression hatten zu keinem Ergebnis geführt. Die Zusammenhänge, die sich gebildet hatten, waren oftmals nur an das besetzte Haus gebunden – und zerbrachen mit ihm. Auf die subjektive Herangehensweise folgte, wenn sich das Bewußtsein in der Revolte nicht über die Häuser hinaus entwickelt hatte, das subjektive Scheitern und damit Frust, Drogen oder Rückzug ins »Private«. Klaus-Jürgen Rattays Tötung machte außerdem klar, daß der Senat »über Leichen geht«, und das schreckte viele ab.

Es war ein Mythos anzunehmen, das Verhalten von Menschen untereinander könne sich in den Häusern quasi über Nacht ändern. Psychos und patriarchale Strukturen, das Ausspielen von geistigen Ressourcen und vieles mehr, also Strukturen, die das bisherige Leben bestimmt haben, hätten längerfristigerer Wandlungsprozesse bedurft (*radikal* 120; 9/1983:6ff.). Viele Aktivisten waren einfach erschöpft.

Trotzdem hatte der Häuserkampf einiges bewirkt: Vielen war in der Revolte klar geworden, was für einem System sie gegenüberstanden; sie hatten sich bewußt weiterentwickelt und die Zusammenhänge zu analysieren und zu erkennen angefangen; es wurden

Einzel- und Gruppenkontakte, Plenen und Treffpunkte geschaffen, die den Autonomen das Überleben und ein Eingreifen in anderen gesellschaftlichen Bereichen ermöglichte. Auch wenn es heute nur noch sporadisch und in Ostdeutschland quasi als nachholende Bewegung Hausbesetzungen gibt und sich die Behörden genau ansehen, wer was besetzt, um dann entweder zu räumen, zu ignorieren oder zu legalisieren, auch wenn sich die meisten Wohnprojekte an der Selbstbeteiligung abarbeiten und mehr an »Schöner Wohnen« erinnern, auch wenn heutzutage eigentlich alle – schon mangels Bewegung auf der Straße – mit dem Staat verhandeln ... so waren besetzte Häuser, Fabriken und andere Gebäude Ausgangspunkt von autonomen Strukturen und Kristallisationspunkte von Widerstand in der Gesellschaft – und sind es heute noch. Ihre Bedeutung als Treffpunkt für Informationsaustausch, Diskussionen und Veranstaltungen ergibt sich auch aus der Repression gegenüber nicht-«integrierbaren« Projekten (zu §129a, Spitzel, Kündigungen u. a.), die in diesen Häusern gleichsam Zuflucht fanden.

### 2. Demonstrationen

Ein beliebtes Aktionsfeld der Autonomen waren personenbezogene Großdemonstrationen. Ob beim Besuch von Alexander Haig am 13. September 1981 in West-Berlin, von Ronald Reagan am 11. Juni 1982 und 11./12. Juni 1987 in West-Berlin oder von George Bush am 25. Juni 1983 in Krefeld – es kam jeweils zu gewalttätigen Auseinandersetzungen mit der Polizei, stundenlangen Straßenschlachten, die in West-Berliner Stadtteilen zum Ausnahmezustand und zu einem weltweiten Medienrummel führten. Unabhängig von der Selbsteinschätzung, ob die Demonstrationen erfolgreich zu bewerten seien, entbrannten jedoch immer wieder Diskussionen darüber, ob Aktionen zu Staatsbesuchen von US-Politikern nicht einen weitgehend symbolischen und/oder opportunistischen Charakter haben, da das eigentliche Ziel, die jeweilige Person, ohnehin nicht erreicht werden kann. »Wir haben nichts eiligeres zu tun, als eine Demo zu organisieren, um uns dort mit dem Feind zu messen, wo er am stärksten ist. Dies hat nix mehr mit Phantasie und List zu tun, es ist nur noch ein plumpes Kräftemessen und sture militärische Konfrontation.« (*radikal* 105; 6/1982:8)

Letztlich reduzieren sich diese Demonstrationen darauf, sich dem Wanderkessel der Polizei zu entziehen oder die ganze Demonstration gegen die Polizei und ihre Spaltungs-und Einkesselungsstrategien durchzusetzen. Die eigentlichen Ziele und Inhalte, US-Imperialismus oder Aufrüstung, kommen nicht (mehr) zum Tragen. Die Demonstrationen werden zu ritualisierten Kämpfen, deren Erfolg vom Grad der Medienberichterstattung abhängt: »Und unsere Inhalte? ... Und was ist mit Öffentlichkeit und Publikum? Ist das Publikum nicht für uns zum Spiegel geworden, durch den hindurch wir uns nur noch selbst betrachten können? Versichern wir uns der Existenz unserer Bewegung nicht durch die Schlagzeilen und TV-Berichte, die wir erzielen? Paradoxerweise richten wir Aktionen auf den Erfolg in den Massenmedien aus, denen es sowieso gelingen wird, die öffentlichen Reaktionen zu steuern.« (*radikal* 106; 7/1982:8f.) »Auch nach Jahren politischer Arbeit bringen wir noch nicht mehr auf die Beine, als eine Demo aus einem bestimmten Anlaß, ... ein Aufrufflugblatt mit allgemeinen Weisheiten und wenn wir Glück haben, eine politisch-propagandistisch erfolgreiche, jedoch isoliert dastehende Aktion ... Solche Aktionen verfehlen ihre Wirkung, wenn sie sich lediglich aneinanderreihen, das ist und bleibt Aktionismus.« (Hamburger Autonome, in: Arbeitsmaterialien zum bundesweiten Treffen autonomer Gruppen in Lutter, 1983)

Die Diskussion über selbstbestimmte Aktionen nach dem Autokonvoi von Brokdorf/Kleve und der Einkesselung am darauffolgenden Tag auf dem Heiligengeistfeld in Hamburg 1986 verliefen nicht weniger kritisch: »Wir können nicht in der offenen direkten Konfrontation mit den Bullen an sich einen Erfolg oder gar ein Ziel unseres Widerstandes sehen, wie es manche tun. Einmal wird sich auf dieser Ebene der Auseinandersetzung an unserer grundsätzlichen Unterlegenheit so schnell nichts ändern, und so müssen diese Aktionen grundsätzlich politisch bestimmt werden ... Wir sind wie die Doofen in die Falle gefahren und haben uns die Taktik von den Bullen aufzwingen lassen. Das kann wohl als der schwerste Fehler bezeichnet werden. Die gemeinsame politische Stärke, auch mit Nicht-Militanten, konnte so gar nicht in kämpferischer Stärke ausgedrückt werden ...« (*Sabot* 11; 1986:39f.)

Einige autonome Aktivisten werfen sich Selbstüberschätzung und Blauäugigkeit vor. Möglichkeiten und Chancen würden gegenüber den Risiken und Schwierigkeiten nicht genügend abgewogen, die Aktionsformen seien nicht nach regionalen Gegebenheiten differenziert, Zeitpunkt und Verlauf von Aktionen würden nicht mehr selbst bestimmt, sondern von außen oktroyiert. Das weise auf das Abflachen autonomer Unberechenbarkeit, Flexibilität und Phantasie im Widerstand hin, die an einem flexibleren und ausgebauten Polizeiapparat ihre Grenze finden. Von dem eigentlichen Ziel des Tages, einer Demonstration durch Hamburg, blieben nur der »Kessel« und Scharmützel im Schanzen- und Karolinenviertel. Die Taktik der Polizei, eine Demonstration durch die Innenstadt zu verhindern, war aufgegangen.

Viele Demonstrationen hatten nach einiger Zeit also den Charakter der Wiederholung, wobei Erfolge und Erinnerungen neu aufgelegt werden sollten. Dabei wurde deutlich unterschätzt, wie der Gegner dazulernte und aufrüstete. Spontaneität, Flexibilität und Unberechenbarkeit, lange Zeit »Markenzeichen« der Autonomen, haben sich abgeschliffen, sind zum Ritual verkommen und bedeuteten schließlich Stillstand und mangelnde Auseinandersetzung untereinander.

### 3. Startbahn-West

Die Startbahn-West ist ein Beispiel dafür, wie sich autonome Gruppen in bereits bestehende Initiativ- oder Bewegungszusammenhänge einbringen und politisch und aktionsmäßig zu radikalisieren versuchen. Die Anti-Startbahn-Bewegung wurde Anfang der 70er Jahre von den Bürgern der Umlandgemeinden, die von der Flughafenerweiterung betroffen waren, organisiert. 1978 erhielt die Bewegung einen neuen Schub, nachdem das Bundesverwaltungsgericht in Berlin die Genehmigung für den Bau der Startbahn-West erteilt hatte.

Die »Bürgerinitiative gegen Flughafenerweiterung« war eine einmalige Koalition von Ortsgruppen der SPD, CDU, FDP und DKP, der evangelischen Kirche und Teilen der Polizeigewerkschaft und stand im Kontext der bundesweiten Ökologie- und Anti-AKW-Bewegung. Ihre Forderungen waren dementsprechend systemimmanent und auf die Lebensqualität ausgerichtet. Es ging um Lärmbelästigung, Grundwasserabsenkung, Luftverschmutzung und den Erhalt von drei Millionen Bäumen des Naherholungsgebiets. Diese Bewegung erreichte aufgrund ihrer konventionellen Formen der Aufklärungsarbeit eine enorme Öffentlichkeitswirkung (ID-Archiv; 1988:41).

Am Anfang überwog die Auffassung, der Bau der Startbahn-West könne mit friedlichen Mitteln verhindert werden. Der Sofortvollzug der Rodungsmaßnahmen konnte durch eine »Waldbesetzung« verhindert werden, und die Holzarbeiter wurden nach Hause geschickt. Nach den ersten Rodungen kam es im Spätherbst 1980 zur Errichtung eines Hüttendorfs in dem für die geplante Startbahn-West vorgesehenen Waldgebiet. Es entwickelte sich eine lebhafte Gegenkultur.

Während bürgerliche Kreise auf ein Volksbegehren setzten, begannen autonome Gruppen mit der Aufklärung über wirtschaftliche und militärische Komponenten der Flughafenerweiterung und setzten der Polizei aktiven Widerstand entgegen. Die Pluralität des Widerstands wuchs. Nach der Räumung des Hüttendorfs und seiner Zerstörung am 11. Oktober 1981, dem sog. »Blutsonntag«, mit Hunderten von Verletzten infolge der Schlagstock- und Gaseinsätze, gewannen militante Widerstandsformen an Einfluß. Die Frankfurter Linke und revoltierende Jugendliche nahmen aktiv an den Startbahn-Kämpfen teil. Autonome Subjektivität und das Erkennen von politischen Zusammenhängen traten auch hier in den Vordergrund: »Für uns ist diese Auseinandersetzung um dieses Stück Wald ein tiefgreifendes Erlebnis, am eigenen Körper, unmittelbar den Moloch imperialistische Metropolenstadt, welcher sich zunehmend in den Wald, ein Sinnbild von Leben, hineinfrißt, Beton ausgießt, Mauer, Stacheldraht hochzieht. Startbahn-West = imperialistische Metropole Frankfurt = BRD. Größte Yankee-Militärdrehscheibe außerhalb der USA, NATO, US-Imperialismus. Krieg im eigenen Land. Mitzukriegen: Wut, Entsetzen, Ohnmacht; Wille, Mut, Phantasie, Kraft zu kämpfen.« (*radikal* 98; 1981:6) Die Startbahn-West muß also verstanden werden als klassischer negativer Sozialraum, an dem sich eigene Betroffenheit in politisches Erkennen und Widerstand wandelt.

Das Interesse der linken, hauptsächlich autonomen Gruppen an der Startbahn-Bewegung wurde so charakterisiert:

»– das Interesse, unter der Bevölkerung die Zusammenhänge zwischen US-Imperialismus-NATO-BRD zu vermitteln
– die eigenen Möglichkeiten, gegen die Herrschaftsapparate zu kämpfen, zu verwirklichen und weiterzuentwickeln
– Massenaktivitäten zu unterstützen, gegen Befriedungskonzepte zu kämpfen

– an den Erfahrungen der Menschen, dem Zustandekommen verschiedener spontaner und politischer Strömungen zu lernen
– zu einer radikalen, autonomen, nach außen und innen treuer und für Freiheit kämpfenden Massenbewegung zu kommen« (*radikal* 99; 1982:16).

Die Startbahn-West wurde zum Brennglas, unter dem sich quasi im Kleinformat die wirtschaftliche (Ausbeutungs-)Macht der BRD und der US-Imperialismus bündeln: »Die Startbahn ist für das Rhein-Main-Gebiet mit seinen Industrien und Banken ein wichtiger Faktor für Ex- und Importgeschäfte im Rahmen internationaler Arbeitsteilung und kostengünstiger Verlagerung in Billiglohnländer. Militärisch gesehen ist die Startbahn der Knotenpunkt des US-Imperialismus. Von dem größten Frachtflughafen der US-Army außerhalb der USA werden Waffen in die halbe Welt transportiert, und von hier aus starten im Bündnisfall 'schnelle Eingreiftruppen' (RDF) in die Krisengebiete des Nahen Ostens. Der Rhein-Main-Air-Base kommt eine herausragende Funktion im Rahmen der offensiven Air-Land-Battle Kriegsdoktrin zu. Es kann von einer NATO-Startbahn gesprochen werden.« (*Große Freiheit* 67; 1984: 13)

Nach der Hüttendorfräumung kam es zu vielschichtigen Gegen-Aktionen der Bewegung: Autobahnen wurden blockiert, der Flughafenterminal besetzt, Baufirmen angegriffen, die Rodungsarbeiten behindert, und es begann der Kampf um »jede Strebe« der neuen Flughafenmauer. In anderen Städten fanden Solidaritätskundgebungen statt (*radikal* 121; 1983:18). Nachdem mit dem Bau der eigentlichen Startbahn-West begonnen wurde, sie sogar fast fertiggestellt war, schrumpfte zwar die Bewegung -bedingt durch den Ausstieg vieler reformerischer Kräfte –, aber im Gegensatz zu anderen projektbezogenen Bewegungen hörte sie nicht zu existieren auf. Die »Sonntagsspaziergänge« an der Startbahn-West mobilisierten Tausende von Menschen. Nachdem die unterschiedlichen Widerstandskonzepte jahrelang – toleriert, aber unverbunden – nebeneinander existiert hatten, setzten sich schließlich weitgehend autonom-militante Konzepte durch, die »Abwiegler-Positionen« verschwanden, und es beteiligten sich andere unorganisierte Bevölkerungsschichten an den Aktionen.

Am 13. April 1984 kam es im Rahmen der Einweihung der Startbahn-West noch einmal zu bundesweiten Großaktionen am Bauzaun. In der Folgezeit wurde von dem Konzept Massendemonstration Abschied genommen, Kleingruppenaktionen am Bauzaun und Anschläge gegen Strommasten bestimmten den Kampf im Rhein-Main-Gebiet. Die direkte Verhinderung des Flugverkehrs war nicht mehr das Ziel.

»Selbstverständlich sind die 'Hochzeiten' der Startbahn vorbei ... Wenn uns aber klar ist, daß der Staat nicht unbesiegbar, aber ein mächtiger Gegner ist, dann ist dadurch, daß wir die Fertigstellung der Startbahn nicht verhindern konnten, kein Grund da, um zu resignieren. Eher ein Grund, uns ein realistisches Bild zu verschaffen, indem wir auch weiterkämpfen, wenn die ganz großen Ziele nicht zu erreichen sind. Die Qualität unseres Widerstandes wird sich deshalb nicht an der Durchsetzung unserer Hauptforderung messen, nicht an der Höhe des Sachschadens ..., sondern danach, inwieweit die Vorstellungen von mehr und mehr Menschen anfangen, aus ihrer Vereinzelung und Entfremdung auszubrechen und sie beginnen, ihr Leben und ihren Widerstand gemeinsam mit anderen zu gestalten. Es steht an, daß wir aufzeigen, daß Widerstand machbar und sinnvoll ist.« (*radikal* 126/127; 1984:42f.)

Mit der Zeit ritualisierte sich der Kampf um die Startbahn-West doch zusehends; zwischen Autonomen des Rhein-Main-Gebietes, die sich im Wald gut auskannten, und den Polizeieinheiten entwickelte sich eine Dynamik, die von Außenstehenden als »Indianerspiele« tituliert wurde. Außerdem gab es – aufgrund des Abflachens der Bewegung – anachronistisch wirkende »Jubiläums«-Demonstrationen.

Nach den Schüssen vom 2. November 1987 brach der Widerstand im Rhein-Main-Gebiet aufgrund der Repression und interner Differenzen über die Schüsse zusammen. Grundsätzlich war die Startbahn-Bewegung ein Beispiel für kontinuierliche Arbeit an einem »Einzelprojekt« über lange Zeit, getragen von heterogenen, sich akzeptierenden Gruppen mit unterschiedlichsten Widerstandsformen. Für autonome Gruppen war dieser Kampf jahrelang eine wichtige Erfahrung des politischen Kampfes und der Zusammenarbeit mit anderen Gruppen, im positiven wie negativen Sinne.

**4. Stadtteilkämpfe**

In den Stadtteilkämpfen, sei es in Grün in Freiburg, in Kreuzberg in Berlin oder in St. Pauli/Schanzenviertel in Hamburg, kristallisieren sich alle Zusammenhänge autonomer Politik heraus, die zuvor geschildert wurden. Für die Autonomen als Metropolenbewegung lagen ihre Zentren in innerstädtischen Altbauvierteln von Großstädten, in denen kaum Sanierungen stattgefunden haben. Hier entstand seit Ende der 60er Jahre eine alternative Infrastruktur, nachdem viele Menschen von dort in »bessere« Sozialwohnungen umgezogen und hier die Mieten auch für Wohngemeinschaften noch bezahlbar waren. Der Zuzug von politisch interessierten jungen Menschen konzentrierte sich Ende der 70er Jahre auf diese »Szene-Stadtteile«, in denen ähnlich gesinnte Menschen lebten und eine alternative Infrastruktur vorhanden war, an die sie anknüpfen konnten. Die »Szene-Stadtteile«, die durch ihre räumliche Nähe die Kommunikation erleichterten, bildeten des Rückgrat der Autonomen in den 80er Jahren. Fast alle Hausbesetzungen fanden in diesen Stadtteilen statt, fast alle Auseinandersetzungen um wirtschaftliche oder staatliche Projekte oder Eingriffe trafen hier, in der Lebenswelt der Autonomen, auf den größten Widerstand.

Exemplarisch soll hier das Hamburger Schanzenviertel/St. Pauli-Nord vorgestellt werden. Der Stadtteil ist durch Altbauten, einkommensschwache Bewohner, eine rege Alternativkultur und einen hohen Migrantenanteil geprägt; der Anteil junger Menschen zwischen 21 und 29 Jahren liegt in St. Pauli mit 25,5 Prozent der Gesamtbevölkerung rund 10 Prozent über dem Durchschnitt Hamburgs (Manos; 1989:27f.). Zwischen den alteingesessenen St. Paulianern bestand bis Ende der 60er/Anfang der 70er Jahre »... ein relativ enges Netz von Sozialbeziehungen auf Verwandtschaftsebene mit einer außerordentlich großen Kommunikationshäufigkeit innerhalb St. Paulis und in der unmittelbaren Nachbarschaft, wie auch gute Kontakte zu Freunden und Bekannten aus St. Pauli« (Manos; 1989:33).

»Den ökonomischen und Machtkonstellationen und Entscheidungsmodi unterworfen, die in den Begriffen Stadterneuerung oder Sanierung unter dem Kapitalverhältnis zum Ausdruck kommen, befanden sich diese Sozialstrukturen in Auflösung, und zwar sowohl durch direkte als auch indirekte Angriffe auf ihre Zusammensetzung und Funktion.« (Manos; a.a.O.)

Sanierungsmaßnahmen wirken da zweifach: Sie sollen »... alte Populationen aus dem Gebiet hinauswerfen und neue, nämlich kaufkräftigere, hereindrehen«, oder sie wirken, indem die »... gewohnte Umwelt bis zur Unkenntlichkeit geändert wird« (Manos; a.a.O.). Allerdings hatten diese Maßnahmen in St. Pauli nur bedingt Erfolg, da es – aus staatlicher Sicht – diverse nicht intendierte Folgen der Sanierung gab. Ein großer Anteil von Studenten und Jugendlichen gehörte zu den »Sanierungsgewinnlern« Anfang der 70er Jahre, während bei Besserverdienenden nur ein geringes Interesse an einem Rückzug in die Innenstadtbereiche bestand.

So wurde ein Teil St. Paulis/Schanzenviertel von jugendlichen Milieus, geprägt durch die 68er Zeit, mit neuen Lebensformen besetzt (wie z.B. Wohngemeinschaften, die sich als tragfähige Konstrukionen zum Aufbringen erhöhter Mieten erwiesen). Dazu brachten sie ihre politischen Ideen mit, die sie auf Stadtteilebene in diversen Initiativen umsetzten. Die ursprüngliche Intention der Herrschenden ging also nicht auf: »Bei zwangsläufig örtlich begrenztem Wohnungangebot blockieren 'untypische Citybewohner' wertvolle Wohnflächen. Aus dieser Sicht kann eine Verlagerung bisheriger Innenstadtbewohner durchaus politisch erwogen werden.« (H. E. Lindemann; Baubehörde Hamburg 1973, nach: Projekt »Wohnen im Stadtteil«; 1982:108)

So etablierte sich rund um die Straße Schulterblatt ein Sozialmilieu mit neuen Lebensentwüfen, wo eine alternative Infrastruktur mit Betrieben, Läden, Beratungsstellen und deutsch-ausländischen Begegnungsstätten entstand. Im Schanzenviertel kommen zwei weitere Faktoren zusammen, die es als Wohnort für Autonome prädestinierte: Erstens gibt es eine rege Kommunikation auf der Straße, die – trotz aller Einschränkungen – noch nicht als sozialer Raum verloren ist, und es bestehen darüber hinaus etliche Treffpunkte, wo sich Menschen austauschen und Handlungsstrategien entwickeln können. Diese Kommunikationstruktur reicht von den Grauen Panthern, über linke türkische Buchläden bis zur besetzten Roten Flora. Zweitens leben in diesem Stadtteil Menschen (Einkommensschwache, Migranten, junge und alte Menschen, Linke sowie Kleingewerbetreibende), die allesamt, wenn auch aus unterschiedlichsten Gründen, von staatlichen und wirtschaftlichen Interventionen wenig Gutes zu erwarten hatten. Es gibt von der Altkommunistin im Viertel über die Einkommensschwachen, die auf den Staat schimpfen, die von Abschiebung bedrohten Ausländer, die durch Mieterhöhungen belasteten Kleingewerbetreibenden bis zu den Linken, die sowieso antistaatlich eingestellt sind, ein diffuses und nichtsdestoweniger starkes Gemeinschaftsgefühl von »Wir hier unten – die da oben«.

»Die Eingriffe in die Reproduktionsmodi der alten Nachbarschaft (und) der Zuzug von ehemals stadtteilunspezifischen sozialen Gruppen und das Heranwachsen einer Generation auf der Suche nach Zukunft und Identität inmitten der Krise...« (Manos; 1989:75) haben dem Schanzenviertel/St. Pauli eine neue Prägung gegeben. Auch wenn das Verhältnis der unterschiedlichen Sozialgruppen im Stadtteil keineswegs spannungsfrei, aber tolerant war, bot die Einstellung der Bevölkerung beispielsweise gegenüber der Polizei, die als »störend, bedrohlich, lästig« empfunden wurde, die die »Aktivitäten behindert, Bewegungsfreiheit einschränkt (und) stets beobachtet und kontrolliert« (Manos; 1989:69), einen toleranteren Nährboden auch für militantere Aktivitäten gegen die Staatsmacht als in anderen Stadtteilen. Wenn 1982 78 Prozent der Bewohner, trotz aller Mängel und Gegensätze des Stadtteils, erklärten, daß sie gern im Stadtteil (rund um das Schulterblatt) wohnen und als Begründung das Milieu und die Atmosphäre des Stadtteils, aber auch die Gewöhnung und Vertrautheit der Umgebung anführen (Gewos-Umfrage nach: Projekt »Wohnen im Stadtteil«; 1982:111), dann steht das für eine hohe Identifikation mit dem Stadtteil und einem relativ menschlichen Verhältnis untereinander, daß mensch als »hart, aber herzlich« bezeichnen kann oder als »Zusammenhalt der Unterprivilegierten«. Obgleich es in diesem Stadtteil, wie in ganz Hamburg, aufgrund der Hamburger Linie (24-Stunden-Regelung) nie zu einer Hausbesetzerbewegung wie in Berlin kam, so haben doch fast alle versuchten und geglückten Besetzungen im Bereich St. Pauli und den angrenzenden Vierteln stattgefunden (Schröderstift, Hafenstraße, Jägerpassage, Chemnitzstraße, Große Freiheit, Schanzenstraße, Kleiner Schäferkamp, Flora).

Der autonome Kampf in Hamburg konzentriert sich auf die Herausbildung von Strukturen in »legalen« Lebenszusammenhängen (informelle Kreise auf WG-Ebene, Kneipen, Treffpunkte, Info-Läden, Stadtteilzeitungen, linke Buchläden, Kollektive wie Druckereien) und auf die Anti-AKW-Bewegung. Der Austausch läuft über Gespräche auf der Straße und Telefonketten sowie Flugblätter. Dies garantiert gerade in einem Raum, wo viele gleichgesinnte Menschen zusammen wohnen, eine schnelle Mobilisierung und den Übergang zur Aktion, so daß für die gegnerische Seite, sofern sie von geplanten Aktionen überhaupt etwas mitbekommt, nur wenig Zeit zum Reagieren bleibt. Die Autonomen haben im Stadtteil den Vorteil der Schnelligkeit und der besseren Ortskenntnis. Die übrige Bevölkerung wird in der Regel durch Flugblätter über Aktionen aufgeklärt.

Über die von Autonomen seit einigen Jahren poklamierte Parole »Den Widerstand in den Vierteln organisieren« gehen die Meinungen auseinander. Heute, in Zeiten eigener Schwäche, wird diese Praxis mitunter als Selbstghettoisierung oder Abwehrkampf eingestuft. Andere sahen aber auch Positives an der Beschäftigung mit Einzelprojekten: »Am Widerstand gegen das Musicalprojekt Flora (vgl. Rote Flora Dokumentation, Teil 1, 1988) hat sich innerhalb der Anwohnerschaft viel entwickelt. Ganz unterschiedliche Menschen mit unterschiedlichen Widerstandsformen kamen zusammen, denen die Angst um ihre Lebensperspektive im Stadtteil gemeinsam war. Es ist, glaube ich, ganz gut gelungen, unsere grundsätzlichen Anliegen und Zusammenhänge der Flora, die wir auf dem Plenum (Rote Flora-Plenum, d. Verf.) erarbeitet haben, auch ein stückweit in der Bevölkerung zu verankern. Auch wenn es etlichen Leuten weiterhin nur um Verkehr ging, haben sie doch unsere Flugblätter gelesen, unsere Aktionsformen toleriert ... Wenn du die Leute vom Einkaufen, vom Reden im Haus und auf der Straße kennst, dann kannst du ihnen viel mehr Inhalte vermitteln, sie kennen dich, sie hören dir zu und wenn sie einen menschlichen Kontakt zu dir haben, dich als Menschen begreifen, dann dringt das Bild der Herrschenden vom Chaoten nicht mehr so ohne weiteres durch, selbst wenn du Aktionen machst, die sie selbst nie machen würden. Sie kennen dich aber, kennen deine Motive und wissen, daß das auch eins für sie ist.« (Interview)

Heute passiert nur noch wenig aus der Szene des Schanzenviertels heraus. Jeder ist an der Besitzstandssicherung (Hausprojekte), an der individuellen Lebenssicherung (Mehrarbeit, Fortbildung, Qualifizierung) und an dem Erhalt seiner Wohnung im Stadtteil interessiert. Die meisten Aktivitäten im Stadtteil entzündeten sich an bestimmten Projekten (Laue-Komplex, Montblanc, Wasserturm, Sport-Dome, Erweiterung des Messegeländes, Verlagerung des Schlachthofes, Sanierungspläne, Wohnungsumwandlungen, Autofirma statt Bauspielplatz), wofür heutzutage kaum noch Menschen zu mobilisieren sind. Die sozialintegrativen Maßnahmen des Senats mit der STEG und dem Laue-Komplex waren taktisch und erfolgreich. Außerdem hat sich durch den Bau einer neuen Polizeiwache in unmittelbarer Nähe (Stresemannstraße) und die von dort ausschwärmenden Zivilfahnder und Polizeispitzel das Klima im Viertel geändert. Privatwirtschaftliche Angriffe auf den Wohnraum im Stadtteil, die staatliche Strategie und das Interesse, »... keine sozialen Problemgruppen im Stadtteil zu haben (und diese) durch einkommensstärkere mobile Gruppen in den city-nahen Stadtteilen« (Gewos-Studie nach: *Neues Schanzenleben*; 9+10/1988:20) zu ersetzen und andere »Beruhigungspillen« für die Szene bedeuten auch für die Autonomen möglicherweise die endgültige Zerstörung ihrer »Ghettos«, ihres Sozialmilieus, ihrer Lebenswelt und damit der Basis, die ein Leben in bewegungsarmen Zeiten garantiert.

Wenn die Autonomen nicht begreifen, daß »unser Viertel« nur ein Mythos ist, und wenn nicht sehr schnell wieder zu kollektiven Widerstandsformen zusammen mit anderen Menschen im Stadtteil gefunden wird, dann wird es dem Staat schleichend, subtil, aber sehr berechnend gelingen, Widerstandspotentiale in der inneren Stadt zu zerschlagen. Das sozialmoralische Milieu ist v. a. wegen der nicht vorhandenen Allgemeinideologie und der mangelnden Organisationsstrukturen unabdingbare Voraussetzung für den Fortbestand der Autonomen.

### 5. Der Autonomie-Kongreß

Auch wenn strittig ist, ob der Autonomie-Kongreß zu Ostern 1995 in Berlin der Abgesang der autonomen Szene auf breiterer Basis war, so war es zumindest nicht der Aufbruch ins 21. Jahrhundert. Dazu gab es zu viele Rückfälle hinter schon vor Jahren formulierte, gute politische Ansätze. Außerdem zeigte der Kongreß auch die szeneinternen Differenzpunkte wie Mann/Frau, Ost/West und jung/alt und das weitestgehende Fehlen von Migranten auf. Es bleibt auf die Dauer unklar, wie lange das gemeinsame Etikett »autonom« auch nur ansatzweise seine Berechtigung hat, wenn sich die Szene immer weiter separiert, abgrenzt oder gruppenweise zurückzieht. Neue Perspektiven, Bewußtheiten und Normen entstehen gewöhnlich nur in der sozialen Konfrontation, und dies Stück für Stück. Patriarchale, rassistische oder behindertenfeindliche Strukturen und Hierarchien können sich nur verändern, Subjekte in strukturellen Unterdrückungspositionen können nur dann Veränderungsabsichten bekunden, wenn sie der sozialen Auseinandersetzung ausgesetzt sind. Was nach »außen« klar ist, daß nämlich eine Diskussion unter Bankiers qua moralischer, besserer Einsicht nicht zum Verschenken ihrer Banken und damit ihrer Machtposition führt, sondern mensch sie ihnen konfrontativ abnehmen muß, scheint szeneintern nicht zu gelten. Da wird sich abgegrenzt und der Konfrontation aus dem Weg gegangen, alter Müll mitgeschleppt und in sog. Diskussionen der Erkenntnisstand der Konklave mitgeteilt. Eine tatsächliche konfrontative Diskussion findet nicht statt, und es endet bei Basisbanalitäten. Es dominiert das Vermeiden von Fettnäpfchen und der fehlende Mut zur Lücke. Auch wenn Separierungen, wie die der Frauen aufgrund ihrer jahrelangen Erfahrungen in patriarchalen Strukturen, vollständig berechtigt erscheinen, so setzt doch ein Veränderungswille Interventionsbereitschaft voraus. Ohne die zumindest partielle Kooperation beider Geschlechter und die solidarische Zusammenarbeit mit Migranten, unter Berücksichtigung der verschiedenen sozialen Realitäten der Ausgangslagen und der Machtstrukturen, die jede Zusammenarbeit bestimmen, bei kontinuierlicher Konfrontation mit Verhaltensweisen untereinander, bleibt der Fortbestand der Autonomen vage. Die beiden anderen Konflikte sind dabei höchst sekundär. Naturheilkunde für Autonome oder die versuchte Stilisierung des Tierschutzes zum 4. Hauptwiderspruch legen die Gefahren offen, die in einer Nichtbestimmung politischer Ziele liegen, und die einer gewissen Beliebigkeit oder apolitschen Haltung unter linkem Etikett Tür und Tor öffnen.

So blieb vom Kongreß immerhin der Überblick über die noch vorhandene Szene, das Auffrischen und Neuknüpfen von persönlichen Kontakten und einige gute Veranstaltungen zu Themen wie Ästhetik und Widerstand sowie zum 8. Mai.

# 8. Autonome Frauen und FrauenLesben

## Einleitung

Ein eigenes Kapitel über autonome Frauen und FrauenLesben (s. Begriffsklärung) erscheint sinnvoll, da es innerhalb der NSB eigenständige politische Ansätze und Organisationsformen von Frauen gibt, feministische FrauenLesben-Standpunkte aber nur selten Bestandteil autonomer Strukturen sind.

Der Schwerpunkt dieses Kapitels soll sowohl auf den Frauengruppen liegen, die in gemischten Strukturen verwurzelt sind, das heißt, sich auf Männer *und* Frauen beziehen, als auch auf den Frauen, die in gemischten Gruppen arbeiten. Mit einbezogen werden auch FrauenLesben-Gruppen, die in eigenen Freiräumen in gemischten Projekten oder aber separat arbeiten und sich im weitesten Sinne innerhalb des autonomen Spektrums bewegen. Autonomen FrauenLesben-Gruppen, die eine Zusammenarbeit mit Männern ablehnen, wird hier weniger Beachtung geschenkt. Desweiteren werden bestimmte FrauenLesben-Diskussionen in diesem Buch nicht berücksichtigt, da sie Männern nicht zugänglich gemacht werden sollen.

Mein Zugang zu diesem Thema ergibt sich daraus, daß ich mehrere Jahre in einer gemischten Gruppe der autonomen Szene und, zum Teil gleichzeitig, in einer Frauengruppe, die sich der autonomen Frauenbewegung zuordnete, involviert war. Daher ist mein heutiger Blickwinkel der einer »Nebenstehenden«, weder mit einem analytischen noch agitierenden Anspruch, sondern mit einem deskriptiven Ansatz.

Ein repräsentatives Bild von autonomer FrauenLesben-Politik kann in diesem kurzen Kapitel nicht erstellt werden. Autonome FrauenLesben mögen Außenstehenden homogen erscheinen, bei genauerer Betrachtung zeigt sich aber, daß es mindestens so viele Meinungen und Standpunkte wie Frauen gibt. Dennoch sind bestimmte Inhalte, politische Auffassungen, Organisations- und Aktionsformen charakteristisch für autonome FrauenLesben-Politik, von denen einige hier vorgestellt werden.

Ich sehe dieses Kapitel als einen kleinen Beitrag dazu an, die Geschichte sich als autonom begreifender Frauen und FrauenLesben, deren politischer Hintergrund in erster Linie die Autonomen sind, zusammenzutragen. Ein historisches Bewußtsein, ein kollektives Gedächtnis und in der Folge die Auswertung gemeinsamer Erfahrungen halte ich für wesentliche Voraussetzungen, politische Ideen und Aktionsformen weiterzuentwickeln.

## Begriffsklärung

### Autonomie und autonom

Der Autonomiebegriff bedeutet für die autonome Frauenbewegung und für autonome FrauenLesben, die männlichen Werten und Interessen untergeordnete Gleichstellungspolitik abzulehnen. Autonomie wird verstanden als Unabhängigkeit von männlich dominierten Organisations-, Denk- und Verhaltensformen und von Männern als konkreten Trägern und Akteuren von Diskriminierung von und Gewalt an Frauen. Autonom zu handeln bedeutet, eigene Normen und Werte zu entwickeln.

Autonome feministische FrauenLesben halten dafür die Abschaffung des Patriarchats für notwendig. Es geht dabei um die Unabhängigkeit in privaten Beziehungen, in denen männliche Dominanz am unmittelbarsten wirkt, und um die völlige Loslösung vom Staat und seinen Institutionen, die das patriarchale System verkörpern. Insofern ist der Autonomiebegriff autonomer FrauenLesben umfassender als der der autonomen Frauenbewegung und der Autonomen.

### Autonome Frauenbewegung

Schon bevor Frauen der autonomen Bewegung sich zusammenschlossen, wurde Anfang der 70er Jahre der Begriff »autonom« von der Neuen Frauenbewegung[1] verwandt, in der sich zwei Haupt-

[1] Die Neue Frauenbewegung in der BRD ging aus den Protestbewegungen der 60er Jahre hervor. Sie begann mit der Endphase der Studentenbewegung, als sich Studentinnen gegen die Dominanz der Männer innerhalb der eigenen Organisation wandten. Frauen im Sozialistischen Deutschen Studentenbund (SDS) wurden sich ihrer besonderen geschlechtsspezifischen Unterdrückung durch ihre männlichen Kommilitonen bewußt, die nach außen hin antiautoritäre Verhaltensmuster

strömungen herausbildeten: die etabliertere und die autonome. Der etabliertere Flügel plädierte für gleiche Rechte innerhalb der bestehenden Gesellschaftsordnung und befürwortete zur Verbesserung der Situation der Frau »den Gang durch die Institutionen«: Frauen sollten vemehrt in Organisationen wie Parteien, Gewerkschaften und Kirchen arbeiten (Nave-Herz; 1989:77). Im Gegensatz dazu verstanden sich diejenigen als autonome Frauengruppen, die nicht erwarteten, »daß ihre Unterdrückung durch männerbeherrschte Parteien, Gewerkschaften, Parlamente oder linke Gruppen abgeschafft würde. Sie empfanden sich als Organisation von Frauen für Frauen.« (Menschik; 1985:95) Sie postulierten eine weibliche Gegenkultur, sahen die patriarchale Gesellschaftsstruktur als primären Feind und lehnten die Zusammenarbeit mit staatlichen Institutionen zunächst ab. In der Realisierungsphase der feministischen Projekte Mitte/Ende der 70er Jahre wurden dann doch staatliche Gelder, beispielsweise für die autonomen Frauenhäuser, angenommen, da sich keine anderen Finanzierungsmöglichkeiten im nötigen Umfang anboten. Auch heute noch bewegt sich die autonome Frauenbewegung zwischen staatlicher Abhängigkeit und dem Streben nach Autonomie(erhalt).

**FrauenLesben**

Der Begriff FrauenLesben ist nur eine Möglichkeit, lesbisch, heterosexuell und/oder bisexuell lebende Frauen zu benennen. Momentan ist diese Bezeichnung trotz folgender Problematisierungen am gängigsten.

Aus der Neuen Frauenbewegung der 70er Jahre traten Lesben einerseits aus der Unsichtbarkeit hervor. In den Freiräumen, die die autonome Frauenbewegung erkämpft hatte, reflektierten Lesben über ihre sexuelle Orientierung und kamen in Kontakt und Austausch mit anderen Lesben. Andererseits unterschlugen die Bezeichnungen Frauenbewegung, Frauenfest, Frauendemonstration usw. den gerade erst begonnenen Prozeß der Sichtbarmachung von Lesben. Es kam zu jahrelangen Auseinandersetzungen und schließ-

forderten, sich innerhalb des SDS den Frauen gegenüber aber bevormundend und ignorant verhielten. Als Konsequenz spalteten sich die Frauen ab und begannen, eigene Frauengruppen zur Artikulierung ihrer Interessen zu bilden (Nave-Herz; 1989:69; Wiggershaus; 1979:7).

lich zur Trennung von autonomer Frauenbewegung und einigen Lesbenzusammenhängen. Auch in der Frauenorganisierung innerhalb der autonomen Bewegung kam es zur Aufspaltung. Ein Grund für die heftigen Unterscheidungskämpfe liegt darin, daß bei einer Schreibweise, in der Frauen und Lesben erwähnt werden, das Frausein mit heterosexuell gleichgesetzt würde und Lesben schlimmstenfalls unterstellt wird, sie wären keine Frauen. Ein weiterer Grund besteht darin, daß »Lesbe« für viele zur Identitätsstiftung und als politischer Kampfbegriff von Bedeutung ist. Das Konzept eines männerfreien Lebens und Kämpfens halten viele Lesben, die sich von autonomen FrauenLesben abspalteten, für unrealisierbar mit heterosexuell lebenden Frauen (Heteras).

**Autonome FrauenLesben**

In diesem Kapitel wird die Bezeichnung »autonome FrauenLesben« übernommen, auch wenn es sich nicht um einzelne Personen, sondern um eine Art Bewegung handelt. Mit diesem Begriff soll deutlich gemacht werden, daß es trotz vieler Gemeinsamkeiten und Überschneidungen auch Unterschiede zur autonomen Frauenbewegung und zu den Autonomen gibt (s. o.).

Obwohl die Wortwahl autonome FrauLesbe viele Eigenschaften übergeht, v. a. daß es sich überwiegend um deutsche weiße christlich-sozialisierte Frauen handelt, ist diese Bezeichnung nicht ausgrenzend gegenüber Schwarzen[2], jüdischen, Krüppel[3] - und anderen Frauen mit eigenen Identitätsbezeichnungen gemeint. Da die Differenzierungen nicht immer mitbenannt werden, wird hier der Einfachheit halber der Begriff autonome FrauenLesben verwendet als eine Sammelbezeichnung für FrauenLesben, die sich als unabhängige, linke Feministinnen verstehen, und solche, die sich als

[2] Hier wird der Begriff »Schwarz« übernommen von Menschen, die sich über ihre Hautfarbe definieren und »Schwarz« als politische Bezeichnung verwenden (Entfernte Verbindungen; 1993:13).

[3] »Krüppel« und »Krüppelfrau« werden von einigen Behinderten seit Ende der 70er Jahre positiv gegen den Begriff »Behinderte« gesetzt. Die Isolation, Diskriminierung und Aussonderung in der gesellschaftlichen Realität würden durch die Bezeichnung »Behinderte« verharmlost (Degener/Köbsell; 1992:11).

FrauenLesben bei den Autonomen organisieren (»Den Faden weiterspinnen«; 1995:15).

## I. Geschichtliche Entwicklung

Der Zusammenschluß autonomer FrauenLesben seit Anfang der 80er Jahre bis heute hat über weite Strecken den Charakter einer Sozialen Bewegung. Die eigenständige Organisierung von Frauen, wie z.B. in der Anti-AKW-Bewegung als Vorläufer der Autonomen, war kein bewußter politischer Akt. Die ehemalige Pressesprecherin der Bürgerinitiative (BI) im Wendland, Lilo Wollny, bezeichnet beispeilsweise die Gruppe der »Gorleben-Frauen« als ein »Zufallsprodukt«, da sich 1980 die Frauen aus der BI nur mal zum Klönen und Kaffeetrinken ohne Männer treffen wollten. Ansonsten war es selbstverständlich, daß Männer auch bei von Frauen organisierten Treffen teilnahmen. Erst als Frauen mit feministischer Orientierung dazustießen, traten die kontroversen Vorstellungen von Emanzipation zutage. Dabei gab es durchaus fruchtbare Auseinandersetzungen (*taz* vom 26. 9. 96). Auch 17 Jahre später organisierten FrauenLesben ein eigenes Widerstandscamp an der Castor-Transportstrecke im Wendland.

Im Häuserkampf in den frühen 80er Jahren spalteten sich Frauen bewußt von gemischten autonomen Zusammenhängen ab. Je nach Thema, Gruppenstruktur und Region verlief und verläuft die Abgrenzung unterschiedlich. Anlaß für die Bildung von FrauenLesben-Gruppen bieten jedoch durchgängig die sexistischen Strukturen innerhalb der Autonomen und die Ignoranz von autonomen Männern und mancher Frauen gegenüber feministischen Sichtweisen.

»Wir haben uns entschlossen, nicht länger Sozialarbeiterinnen der autonomen Szene zu sein, unsere Kräfte nicht pausenlos zu verschleißen, bei dem Versuch, Mackerstrukturen der Szene zu knacken. Wir haben angefangen, uns zu organisieren und treffen uns dabei mit Frauen aus der Frauenbewegung, die den Weg in den Parlamentarismus nicht mittragen, die den Kampf gegen Sexismus und Patriarchat im Zusammenhang begreifen mit den Kämpfen gegen Startbahn-West, WAA, Nato und anderen Brennpunkten des Imperialismus. Der Rückzug der Frauen aus der autonomen Bewegung ist nicht mehr zu übersehen. Was zunächst als vereinzelt, lokal begrenzte Konsequenz aus Kritik an patriarchalen Strukturen unter uns erscheinen konnte, wurde im Laufe der letzten Jahre Tendenz, und mittlerweile kristallisiert sich heraus, daß neben den Autonomen eine neue Bewegung entsteht: die autonomen Frauen.« (Arbeitsergebnisse der libertären Tage 1987; 1988:28)

Autonome FrauenLesben können an den von der autonomen Frauenbewegung erkämpften Strukturen, Freiräumen und Selbstverständlichkeiten anknüpfen. Unter diesen Selbstverständlichkeiten ist zu verstehen, daß Vorstellungen von einem Leben nur mit Frauen bereits bestehen und praktiziert werden. Es existierten Frauenläden wie Cafés, Buchhandlungen, Gesundheits-, Bildungs- und Kulturzentren, Zeitungsprojekte, Archive, Sportschulen und vieles mehr. Politisch aktive Gruppen und Selbsthilfegruppen sind weit verbreitet.

Trotz der zeitlichen Ungleichheit der Bildung eigenständiger FrauenLesben-Gruppen im autonomen Spektrum kann die Hochphase auf die Jahre 1986 bis 1989 datiert werden. In dieser Zeit fanden etliche Neuformierungen, wichtige Konsolidierungsprozesse und mannigfaltige Aktionen statt.

Die Anschläge der Roten Zora (s. Bündnisse) auf die Hauptverwaltung des Adler-Textilwerks in Haibach bei Aschaffenburg und auf verschiedene Filialen im Sommer 1987 fanden bei vielen autonomen FrauenLesben große Zustimmung. Die Anschläge waren gemeint als eine Solidaritätsbekundung mit den in Südkorea von diesem Konzern ausgebeuteten Arbeiterinnen, die damals streikten.

Andere wichtige Momente der Mobilisierung waren die Thematisierung der Bevölkerungspolitik, der Gen- und Reproduktionstechnologien (s. Themen) und die Unterstützungskampagne für die in diesem Zusammenhang festgenommenen Ingrid Strobl und Ulla Penselin.[4]

[4] Im Dezember 1987 durchsuchte das Bundeskriminalamt (BKA) unter anderem das feministische Gen-Archiv in Essen. Das Gen-Archiv ist eine Eigeninitiative von Frauen, die Informationen über Humangenetik, Gen- und Reproduktionstechnologien sammelt und eine ablehnende Position einnimmt. Das BKA beschlagnahmte allgemein zugängliches Material wie Presseausschnitte. Im Zuge der bundesweiten Razzia wurden Ingrid Strobl in Köln und Ulla Penselin in Hamburg festgenommen. Beide Frauen arbeiten und schreiben über oben genannte Themen.

Einige autonome FrauenLesben orientierten sich an und solidarisierten sich mit Befreiungsbewegungen im Trikont. Doch nach der Etablierung der sandinistischen Regierung in Nicaragua und nach der Intifada in Palästina zeigte sich erneut, daß die angeblich unverzichtbare Rolle der Frau als Kämpferin für die Revolution verzichtbar wurde. Fraueninteressen wurden in den männerdominierten Politiken immer weiter zurückgedrängt, und die Revolutionsvorbilder brachen zusammen. Außerdem erschwerte die gegenseitige Kritik von Befreiungsbewegungen und Solidaritätsgruppen eine effektive Zusammenarbeit, viele Solidaritätsgruppen in Europa zersplitterten oder lösten sich auf.

Der Zusammenbruch des sog. Ostblocks, das Ende des sozialistischen Gegengewichts und die offensichtliche, hemmungslose und alleinige Macht des Kapitalismus sowie die Durchsetzung der Neuen Weltordnung auch im arabischen Raum durch den Golfkrieg 1991 wirkten ernüchternd auf viele autonome FrauenLesben. Doch mit der Maueröffnung kam bei manchen BRD- und DDR-Frauen die Hoffnung auf, zukünftig gemeinsam an einem Strang ziehen und an Stärke gewinnen zu können. Bald stellte sich jedoch heraus, daß es in jeder Hinsicht mehr Differenzen als Übereinstimmungen gab (s. Bündnisse).

In den 90er Jahren hat sich die Bewegung scheinbar »zur Ruhe« gesetzt. Viele Frauen, die in den Anfängen dabei waren, haben sich zurückgezogen – sei es in den Beruf, ins Mutter-Dasein oder auf andere, beispielsweise spirituelle Werte. Zum Teil sind erkämpfte Freiräume -wie die Hamburger Frauenwoche/-tage – aus Mangel an Aktivistinnen zerbröckelt. Regelmäßige Treffen wie verschiedene FrauenLesben-Camps und die 8.-März-Demonstrationen finden allerdings weiterhin statt. Manche Aktivitäten beziehen sich nur noch auf den Erhalt erkämpfter Freiräume. Andere FrauenLesben arbeiten mehr oder minder kontinuierlich zu bestimmten Themen, reflektieren die bisherigen Erfahrungen, setzen sich immer wieder mit Sexismus in der Szene oder anderen internen Differen-

Ihnen wurde nach § 129a StGB »Mitgliedschaft in einer terroristischen Vereinigung«, der Roten Zora, vorgeworfen. Ulla Penselin wurde nach acht Monaten aus der Untersuchungshaft entlassen; Ingrid Strobl wude im Mai 1989 zunächst zu fünf Jahren, in einem zweiten Verfahren dann zu drei Jahren Haft verurteilt und im Mai 1990 »vorzeitig« entlassen.

zen auseinander. Die Kritik von Migrantinnen und Schwarzen Frauen an deutschen, weißen FrauenLesben, genauer an deren Rassismus und Paternalismus, hat in den letzten Jahren viel Raum eingenommen und zu Dissonanzen und Zersplitterungen geführt.

Hin und wieder zeigt sich jedoch, daß »junge« und »altbewegte« FrauenLesben aus verschiedenen Strömungen zu mobilisieren sind, wie z. B. zur FrauenLesben-Demonstration in Kassel am 22. September 1996. Über 1000 Frauen protestierten gegen die bevorstehende Übernahme der autonomen Frauenhäuser in Kassel und Homberg/Efze durch die Arbeiterwohlfahrt, die die autonomen Frauenhäuser somit kontrollieren, in deren inhaltliche und parteiliche Arbeit eingreifen und sie letzlich beenden kann, wie es in anderen Städten schon geschehen ist.

**Motivation und Politisierung**

Die Motivation, sich politisch zu engagieren, hat für einige FrauenLesben schon früh in der Jugend begonnen mit einem diffusen Gefühl, »etwas stimmt nicht«. Aufgefallen war ihnen die Diskrepanz zwischen Schein und Sein, Worten und Taten – bei Erwachsenen, die oft etwas versprachen, was sie nicht hielten, oder im Fernsehen, wo ihnen eine Welt vorgegaukelt wurde, die nicht mit der bzw. ihrer Realität übereinstimmte. Auch die Wahrnehmung des Überflusses in der BRD-Gesellschaft und des unanfechtbaren Werts des Materiellen verursachte bei manchen eine tiefe Ablehnung der bestehenden Verhältnisse.

Einige der sich als autonom bezeichnenden FrauenLesben empfanden sich schon als Kind und Jugendliche als rebellisch. Die Erfahrung, als Mädchen anders oder schlechter als Jungen behandelt worden zu sein, prägt. Infolgedessen bilden Frauen vielfach eine Sensibilität für Ungerechtigkeit, Diskriminierung und Benachteiligung aus, die in ein frühes Engagement mündet, sei es in einer kirchlichen Jugendgruppe oder in einem Jugendzentrum, wo sie erste Erfahrungen mit Gleichgesinnten sammeln. Manche haben durch das Elternhaus oder in der Schule, speziell von den ReferendarInnen, die die Studentenunruhen miterlebt hatten, oder auch an der Universität Anstöße zum kritischen Denken erhalten.

Viele FrauenLesben hatten sich schon als Jugendliche mit Freundinnen zusammengeschlossen, um »private« und »politische« Angelegenheiten zu besprechen. Die Organisierung im kleinen Kreis empfanden einige als eine gute Vorbereitung darauf, sich mit einem neu erarbeiteten Selbstbewußtsein einer größeren Gruppe oder Bewegung anzuschließen und feministische Standpunkte einzubringen

Erfahrungen mit sexualisierter[5] Gewalt, die (fast) jedes Mädchen und jede Frau in dieser Gesellschaft macht, trugen für viele FrauenLesben dazu bei, sich nicht mehr alles gefallen zu lassen, sich zu wehren. Außer in Selbsthilfegruppen schlossen sich viele FrauenLesben zusammen, um gegen Sexismus zu kämpfen (s. Themen und Aktionen). Manche FrauenLesben haben seit Anfang ihrer Politisierung gezielt in Frauengruppen gearbeitet.

Die Frauen, die sich später in FrauenLesben-Gruppen im autonomen Spektrum zusammenfanden, haben sich aus zweierlei Gründen von den gemischten Gruppen distanziert: weil sie einen anderen inhaltlichen, nämlich frauenspezifischen und feministischen Schwerpunkt setzten als die Männer (z. B. die Fantifa, s. Themen), und weil sie die sexistischen Verhaltensweisen autonomer Männer leid waren.

Die Frauen, deren politische Wurzeln in der Neuen Frauenbewegung liegen, hatten zum Teil sogar noch die Abspaltung der Frauen vom SDS miterlebt und konnten Parallelen zum Trennungsprozeß bei den Autonomen erkennen.

Einige Frauen stießen auf die Autonomen, da sie direkt betroffen waren von einem Ereignis in ihrer unmittelbaren Umgebung wie dem Bau eines Atomkraftwerks oder der Startbahn-West, wogegen sie sich zur Wehr setzen wollten. Da ihre jugendlichen oder erwachsenen Kinder in einer Bewegung aktiv waren oder aus Sorge um die Zukunft ihrer Kinder, erhielten auch bisher unpolitische Mütter Zugang zum Widerstand und schlossen sich ihm an. Sicherlich hatte ihre politische Einstellung ansonsten nicht viel gemeinsam mit derjenigen junger, spontaner, feministischer, autonomer FrauenLesben.

Andere Frauen, die ebenfalls nicht diesem Klischee entsprachen,

[5] Wenn hier von sexualisierter und nicht von sexueller Gewalt geschrieben wird, soll verdeutlicht werden, daß Männer selten aus sexuellen Motiven heraus Gewalt gegen Frauen und Kinder anwenden, sondern daß Gewaltanwendung und Vergewaltigung der sexuelle Ausdruck von Aggression und Macht sind. Somit werden u. a. Rechtfertigungen, die von »unumgänglichen männlichen sexuellen Trieben« ausgehen, bedeutungslos, und die Verantwortung trägt der Täter.

wurden dadurch politisiert, daß sie beispielsweise bei einer Demonstration beobachteten, wie TeilnehmerInnen von der Polizei zusammmengeknüppelt wurden. Die Empörung über staatlich legitimierte Gewaltanwendung kann durchaus zur Solidarität mit oder zur Aktivität bei den Autonomen bzw. autonomen FrauenLesben führen.

**Soziale und politische Herkunft**

Die Mehrheit der FrauenLesben der autonomen Bewegung kommt offenbar aus der Mittelschicht. Dafür spricht u. a. die Tatsache, daß ein gewisser Zugang zu politischer Bildung, zu Sprache und Kritikvermögen vorhanden sein muß, da diese den Umgang unter Autonomen kennzeichnen.

In den 80er Jahren lehnten es viele autonome FrauenLesben ab, sich in Form einer Ausbildung oder Lohnarbeit vom »Scheißsystem« verwerten zu lassen. Arbeit als eine Grundbedingung für ökonomische Unabhängigkeit (vom Mann) und Emanzipation spielte für sie keine Rolle, im Gegensatz etwa zu den frauenbewegten DDR-Frauen. Die Ablehnung gegenüber dem Kinderkriegen und -erziehen entsprach ihrem Bild von Unabhängigkeit. Eine (Klein-)Familie zu gründen war tabu, unter anderem deshalb, weil der private Bereich bis heute als Hort des Patriarchats gilt. Dort entstehen die größten persönlichen Abhängigkeiten und werden die meisten Gewalttaten verübt, vornehmlich von Männern an Frauen und Kindern.

Die FrauenLesben, die aus der autonomen Frauenbewegung der 70er Jahre zu den Autonomen kamen, waren älter als viele Frauen, die sich in den 80er Jahren den Autonomen zugehörig fühlten. Diese waren um die zwanzig Jahre alt und konnten die Negation individualistischer Wünsche, wie ein Kind zu bekommen, mit dem Bild der politisch aktiven, spontanen und autonomen Frau in Einklang bringen. Heute sind diese Akteurinnen älter, und dies kann auch ein Grund für veränderte Einstellungen sein, z. B. ein »bürgerliches« Leben mit Kind und Karriere führen zu wollen.

Mehr oder minder beiläufig haben dann doch viele autonome FrauenLesben an einer Hochschule studiert und schließlich Examen gemacht. Sie sind u. a. als Anwältin, Psychologin, Pädagogin oder Sozialwissenschaftlerin in ihre »Herkunftsschicht« zurückgekehrt und/oder haben sich »Nischen« gesucht. Dazu gehören auch

Projekte der autonomen Frauenbewegung wie Frauenbuchläden, Frauenberatungsstellen und Frauenbildungszentren.

Andere, die anfänglich Ausbildung und Lohnarbeit als Symbol bürgerlicher Ausbeutung begriffen hatten, haben in den 90er Jahren eine Umschulung gemacht und sind nun berufstätig. Viele (ehemalige) autonome FrauenLesben bevorzugen Berufe aus dem sozialen, medizinischen oder handwerklich-kreativen Bereich.

Autonome FrauenLesben haben nur zu einem geringen Teil ihre politischen Wurzeln in der autonomen Frauenbewegung. Die meisten stammen aus ganz unterschiedlichen politischen Zusammenhängen: aus dem Häuserkampf, aus der Anti-AKW-Bewegung, aus antiimperialistischen oder kommunistischen Gruppen. Heute sind viele der, vergleichsweise nur noch wenigen, jungen autonomen FrauenLesben in Antifa-oder Fantifa-Zusammenhängen eingebunden.

**Ziele**

Das Ziel autonomer FrauenLesben heißt – mit einem Wort – Frauenbefreiung, die keineswegs bloß als eine Nebensache oder ein sich nach der Revolution einstellender Automatismus angesehen wird (s. Theorie). Frauenbefreiung ist nur vorstellbar durch eine revolutionäre Veränderung der bestehenden Verhältnisse (Patriarchat, Kapitalismus, Imperialismus). Je nach Orientierung der Frauengruppe ist die Revolution ausschließlich mit FrauenLesben oder mit Frauen und Männern[*] denkbar. Ansonsten bleibt das Revolutionsbild recht ungenau. Um den Raum zu schaffen, um zu benennen, wie es und was besser aussehen soll, wird zunächst eine Gegenhaltung zu den herrschenden Bedingungen formuliert: antipatriarchal, anti-hierarchisch, anti-bürgerlich, anti-kapitalistisch, anti-imperialistisch, anti-faschistisch usw. Aus dieser Ablehnung heraus nähern sich autonome FrauenLesben eigenen Normen und Werten an. Es geht um die Vorstellungen von einer frauenfreundlich(er)en, human(er)en Gesellschaft, und es heißt, die Mittel und Wege dorthin zu entwickeln. Doch ein Konzept davon, wie feministisch-revolutionäre Befreiung genau aussehen soll, gibt es (noch) nicht.

Neben den theoretischen Vorstellungen versuchen viele autonome FrauenLesben unter anderem, eine eigene Kultur aufzubauen, sich die eigene Geschichte anzueignen, ein neues Körperbewußtsein auszubilden. In vielen Punkten bieten die von der autonomen Frauenbewegung erreichten Strukturen und Projekte eine gute Ausgangsbasis für autonome FrauenLesben, um ihre Ideen weiterzuentwickeln.

Für die Umsetzung der Ziele ist es notwendig, daß Frauen eine positive Identifikation mit Frauen erreichen und Konkurrenzen aufheben. Nur mit dem Bewußtsein über diese Verhaltensweisen können Frauen zueinander finden und sich solidarisieren. Das Aufbrechen der Isolation, in der viele Frauen leben, und das In-die-Hand-Nehmen der eigenen Interessen und Bedürfnisse sind wichtige Ziele. Die meisten dieser Vorstellungen werden von autonomen FrauenLesben schon praktiziert, wenn auch unter äußerst schwierigen resp. falschen, weil patriarchalen Bedingungen.

## II. Theorie

Zur theoretischen Diskussion haben autonome FrauenLesben, je nach Interessensschwerpunkt, verschiedene Zugänge. Nach der theorielosen Phase der Neuen Frauenbewegung in den frühen 70er Jahren wurden nach und nach feministische Ansätze aus dem US-amerikanischen Diskurs auch von autonomen FrauenLesben in der BRD rezipiert, diskutiert, kritisiert.

Der Anspruch an eine Theorie besteht vorwiegend darin, das Patriarchat als spezifisches gesellschaftliches Unterdrückungsverhältnis zu begreifen ( *Wildcat*; 47/1987:75). Es gibt zwar keine kollektiv erarbeitete, für alle FrauenLesben verbindliche Theorie, jedoch können sich die meisten mit der feministischen Analyse des Patriarchats identifizieren. Feminismus wird radikal gedacht, und aus einem konsequent feministischen Blickwinkel wird die Unterdrückung der Frau sowohl vom Patriarchat als auch vom Kapitalismus abgeleitet. Daher bezieht sich der theoretische Anspruch weniger auf sozialistische, kommunistische und marxistische, sondern eher auf anti-hierarchische Vorstellungen.

### Patriarchat und Kapitalismus

Das Patriarchat wird als die Herrschaftsform definiert, in der Frauen – auch bei rechtlicher Gleichstellung – von Männern psychisch, sexuell, gesellschaftlich und politisch unterdrückt werden.

Die Diskriminierung von Frauen wird quer durch alle gesellschaftlichen, sozialen und kulturellen Verschiedenheiten und in ihrer weltweiten Dimension gesehen.

In den meisten linken Organisationen – von orthodox-kommunistischen bis hin zu Gruppen der Autonomen – wird Sexismus bestenfalls als *ein* Unterdrückungsmechanismus, Frauenausbeutung als Nebenwiderspruch von mehreren begriffen, während die Klassengegensätze den Hauptwiderspruch darstellen.

Im feministischen Diskurs autonomer FrauenLesben wird davon ausgegangen, daß das Patriarchat bereits vor dem Kapitalismus in früheren Gesellschaftsformen herrschte. Während das Patriarchat unabhängig von kapitalistischen Strukturen möglich und existent ist (z. B. in realsozialistischen Ländern wie China, Kuba), bedient sich der Kapitalismus allerdings der bestehenden patriarchalen Herschaftsverhältnisse. Insofern muß das Patriarchat als eigenständige Herrschaftsform bekämpft werden. Sexismus als herrschaftssicherndes Instrument wird hier als Haupt-, und nicht als Nebenwiderspruch aufgefaßt. Autonome FrauenLesben halten daher die Frauenbefreiung nur für möglich, wenn das Patriarchat in all seinen Mechanismen zerstört und nicht nur schrittweise oder punktuell bekämpft wird.

**Arbeit und Reproduktion**

Das für den Kapitalismus verwertbare patriarchale Grundmuster, so der radikalfeministische Ansatz, war zunächst die geschlechtsspezifische Arbeitsteilung. Diese ist gesellschaftlich verankert in den Lebensformen der Ehe und Familie, in denen Frauen die reproduktiven Arbeiten wie Kochen, Waschen, Einkaufen, Kindererziehen usw. zugewiesen werden. Erst später wurde die Arbeitsteilung zugunsten des Kapitals und auf Kosten der sozial schwachen Klassen und auf andere Bevölkerungsteile ausgedehnt.

Neben der geschlechtlichen Arbeitsteilung ist die ungleiche Macht- und Ressourcenverteilung zum Vorteil der Männer und zum Nachteil der Frauen ein wesentliches Kennzeichen des kapitalistischen Patriarchats. Der Zugang zu Bildung, materiellen Gütern, sozialen Stellungen in Gesellschaft, Politik und Wirtschaft ist nach wie vor Männern vorbehalten. Ein grausamer Ausdruck dieses Machtverhältnisses ist die sexualisierte Verfügungsgewalt von Männern über Frauen, Mädchen und Jungen.

**triple-oppression**
Anfang der 90er Jahre wurde die Analyse der gegenseitigen Bedingtheit von Patriarchat und Kapitalismus im triple-oppression-Ansatz erweitert. Nach dieser Theorie stehen drei Unterdrükkungsverhältnisse nebeneinander: Kapitalismus, Patriarchat und Rassismus.[6] Die Diskussionen darum wurden von Schwarzen, insbesondere von Schwarzen Feministinnen in den USA und in England, begonnen. Nachdem weiße Feministinnen den Klassenbegriff als einzig gültigen Widerspruch hinterfragt und korrigiert haben, kritisieren nun Schwarze Feminstinnen die feministische Theorie dort, wo sie von der Gleichheit aller Frauen ausgeht. Auch Frauen können nicht unabhängig von ihrer sozialen Zugehörigkeit und Sozialisation gesehen werden. Es muß differenziert werden, wie und wo patriarchale Herrschaft wirkt. Dominanz und Ausbeutung durch weiße Männer existieren und funktionieren anders als die durch schwarze Männer. In bestimmten Verhältnissen stehen auch weiße Frauen anderen Frauen, beispielsweise Schwarzen oder Jüdinnen, in einer Machtposition gegenüber. Diese Erkenntnis hat dazu beigetragen, die Opfer-Mit/Täterin-Debatte weiterzuführen, die im folgenden Abschnitt kurz skizziert wird.

**Opfer - Mit/Täterin**
In Abgrenzung zu Männern als Herrschende und Unterdrücker und als Gegengewicht zur uneingeschränkten Opferrolle der Frau und zur Ignoranz von Frauenrealitäten entwickelte sich in der Neuen Frauenbewegung eine Diskussion, in der alle der Frau zugeordneten Eigenschaften als positiv bewertet wurden. Im Umkehrschluß zum schlechten Patriarchat wurde das Matriarchat als die wünschenswerte, friedvollere und gerechtere Gesellschaftsform glorifiziert.

Das Klischee der Frau als besserer Mensch verdrängte die Wahrnehmung anderer Verhaltensweisen von Frauen, unter anderem als Komplizin und als Mit/Täterin im Kolonialismus, im Faschismus und im Patriarchat. Die Aufdeckung der Mitschuld von Frauen an

[6] Die neueste Variante, der multi-oppression-Ansatz, geht davon aus , daß es viele Unterdrückungsverhältnisse gibt, die alle gleichberechtigt als Hauptwiderspruch nebeneinander stehen. Menschen unterdrücken Tiere, Junge unterdrücken Alte usw.

dem an anderen Menschen begangenen Unrecht soll nicht die weitgehend bestehende strukturelle Benachteiligung von Frauen in Frage stellen. Aber spätestens seit Schwarze Feministinnen kritisieren, daß weiße Mittelschichts-Feministinnen zwar die Ideologie der Befreiung aller Frauen verkünden, dabei jedoch über sämtliche Unterschiede der Lebensformen von Frauen und Unterdrückungsverhältnisse hinwegsehen, wird die Mittäterinnenschaft thematisiert und problematisiert.

Das Bild der guten Frau, das in Teilen der Neuen Frauenbewegung hochstilisiert wurde, hat für viele FrauenLesben der autonomen Szene eine andere Relevanz. Es werden die Entdeckung der eigenen Aggressivität und die Möglichkeiten der offensiven Machtposition gesucht – auch als positive Werte, doch in dem Bewußtsein des Anteils und Profits, den Frauen an Herrschaftssystemen hatten und haben. Damit ist die Ausgangsbasis, wonach allen Frauen derselbe kollektive und für den gemeinsamen Kampf gegen Unterdrückung bedeutende Opferstatus zugeschrieben wurde, aufgeweicht. Das Auseinanderdividieren der Standpunkte kann somit lähmend wirken und führt mitunter zu einer Schwächung und Entsolidarisierung bewegter und autonomer FrauenLesben.

**sex-gender-Debatte**

In der sex-gender-Debatte, die schon seit den 80er Jahren von Feministinnen in den USA geführt wird, geht es um das fundamentale Ordnungsprinzip der Zweigeschlechtlichkeit. Dies meint, daß es nur Mann und Frau gibt und darüber hinaus die Welt in weitere Gegensätze wie aktiv-passiv, öffentlich-privat, Subjekt-Objekt, Natur-Kultur eingeteilt ist. All diese Begriffspaare bestehen aus einem der Männlichkeit und einem der Weiblichkeit zugeordneten Pol.

Eine Möglichkeit, um diese Festlegungen zu durchbrechen, bietet die Unterscheidung in ein biologisches Geschlecht (sex) und eine soziale Geschlechtsidentität (gender). »Sex« bezieht sich auf die körperlichen Merkmale, durch die üblicherweise das Geschlecht definiert wird. Davon kann jedoch keine Verhaltensweise oder Geschlechtsidentität abgeleitet werden. »Gender« wird dagegen sozial und kulturell konstruiert und reproduziert. Die Tatsache, daß es in manchen Gesellschaften mehr als nur zwei Geschlechterrollen gibt, zeigt, wie willkürlich diese Dichotomie ist. Die Beliebigkeit weist darauf hin, daß ein patriarchales Herrschaftsinteresse hinter dieser Art der Aufteilung der Welt steht, die aufrechterhalten werden soll. Es besteht ein Geschlechtermißverhältnis zugunsten der Männer und zum Nachteil der Frauen. Um diese Machtbeziehung in Frage zu stellen, haben manche – auch autonome – FrauenLesben ihren zugeschriebenen Platz des weiblichen Geschlechts verlassen und damit einen emanzipatorischen Impuls gegeben (*interim*; 356/1995:17-20).

**Selbstbestimmung**

Der Begriff der Selbstbestimmung wird von den Autonomen und wurde von der Neuen Frauenbewegung in den 70er Jahren positiv besetzt. Er ist Ausdruck einer Utopie vom herrschaftsfreien Leben und diente als Kampfbegriff gegen fremde, staatliche, patriarchale Bevormundung.

Eine feministische Diskussion um die inhaltliche Klärung des Begriffs »Selbstbestimmung« begann in den 80er Jahren in der Frauenbewegung. Auslöser für die zum Teil kontrovers geführte Debatte waren die Innovationen der Gen- und Reproduktionstechnologien. In diese Diskussionen mischten sich auch autonome Frauen des FrauenLesben-Plenums der Rhein/Main-Ratten (vgl. *E.coli-bri*; 9/10/1994) ein.

Hier können nur einige Überlegungen ansatzweise wiedergegeben werden, da die Auseinandersetzung sehr differenzierte Standpunkte enthält.

Seitdem der Begriff »Selbstbestimmung« von PolitikerInnen, ÄrztInnen und auch vielen Frauen benutzt wird, um eugenische Entscheidungen beim Schwangerschaftsabbruch oder eine künstliche Befruchtung zu rechtfertigen, wurde deutlich, daß Selbstbestimmung stärker im sozialen und politischen Kontext in Frage gestellt werden muß.

Die ideengeschichtliche Geburt des selbstbestimmten, unabhängigen Individuums ist in der Aufklärung Ende des 18. Jahrhunderts zu finden. Dieser Wert durchdringt auch unsere heutige Gesellschaft und gilt unhinterfragt als erstrebenswert. Doch die Proklamierung dieses Ideals war bei genauerer Betrachtung europäischen, bürgerlichen Männern vorbehalten. Diese haben für sich das Recht formuliert, über sich selbst nach Belieben zu bestimmen. Die Entfaltung des selbstbestimmten Lebens hat sich jedoch in expansionistischer Weise gegen Frauen, Minderheiten und Menschen in anderen Ländern und Kontinenten und deren Lebensentwürfe gewendet.

Zudem basiert diese Definition von Selbstbestimmung auf der unrealistischen Behauptung, ein Mensch könne unabhängig von anderen, von den ihn umgebenden Bedingungen entscheiden. Die Entmystifizierung des Ideals vom selbstbestimmten unabhängigen Individuum hat dazu geführt, Selbstbestimmung als Befreiungsparole zu hinterfragen. Solange Frauen das männlich-bürgerliche Ideal der Selbstbestimmung für sich einfordern, bewegen sie sich innerhalb der Konstruktionen, die sie ablehnen. Dennoch beinhalten Selbstbestimmung und Autonomie für die Frauenbefreiung neben dieser zu kritisierenden auch eine positive Komponente: Die Umsetzung von Autonomie und Individualisierung hat es (europäischen und bürgerlichen) Frauen, historisch gesehen, ermöglicht, sich aus der Abhängigkeit vom (Ehe-)Mann zu befreien. Der private Raum, in dem Gewalt »unerhört« und unsichtbar bleibt, wird verlassen. Autonome FrauenLesben bringen diese Tatsache immer wieder ans öffentliche, politische Licht. Der Begriff Selbstbestimmung wird von vielen autonomen FrauenLesben weitgehend in seiner positiven Konnotation eingesetzt.

Wenn jedoch eine Utopie entworfen werden soll, in der es keine Ausgrenzung – sei es von Nicht-deutschen, Schwarzen, Krüppelfrauen u. a. – gibt, dann müßte der Begriff der Selbstbestimmung neu definiert werden.

Diese Überlegungen bilden kein in sich geschlossenes Theoriegebäude, sondern allgemeine feministische Erkenntisse und FrauenLesben-Standpunkte vermischen sich und greifen nur bedingt ineinander. Für die Praxis sind sie insofern relevant, als sie eine größere Wachsamkeit und Skepsis gegenüber patriarchalen Vereinnahmungsversuchen hervorrufen.

## III. Themen

Frauen- und FrauenLesben-Gruppen im autonomen Spektrum arbeiten teilweise zu Themen, die auch von gemischten autonomen Zusammenhängen oder anderen gesellschaftlichen Gruppen besetzt werden. In diesem Abschnitt wird nur eine kleine Auswahl an

Themen vorgestellt, die überregional von Relevanz sind oder an denen sich verschiedene Aktivitäten entzündet haben.

Bei Themenbereichen, zu denen auch gemischte Gruppen arbeiten, werden diese nicht nur um einen geschlechtsspezifischen Aspekt erweitert, sondern auch korrigiert. Ein Dauerthema ist Sexismus im allgemeinen und im speziellen innerhalb der autonomen Szene, mit dem sich FrauenLesben immer wieder auseinandersetzen müssen. Bevor anhand von drei Beispielen das Problem Sexismus aufgezeigt wird, werden andere Themenbereiche vorgestellt.

**Gen- und Reproduktionstechnologien**

Im Zuge der Innovationen in den Gen- und Reproduktionstechnologien begannen in den 80er Jahren viele Frauengruppen, auch aus dem autonomen Spektrum und aus der autonomen Frauenbewegung, bei den Grünen, in gewerkschaftlichen und kirchlichen Kreisen zu diesem Thema zu arbeiten. Ein Höhepunkt war sicherlich der erste Kongreß »Frauen gegen Gen-und Reproduktionstechnik« im Frühjahr 1985. Die 2000 Teilnehmerinnen forderten den Forschungsstopp und den Boykott der Techniken. Sie bereiteten eine breite Aufklärungs- und Protestbewegung vor. Der Hauptkritikpunkt lautete, daß mit der Einführung und Anwendung der neuen Techniken letztlich »die Vielfalt des Lebens in kalkulierbare Bahnen gepreßt wird« (*Anschlag*; 1988:10). Mit Hilfe der Reproduktionsmedizin (Leihmutterschaft und Retortenbabies) soll künftig zwischen »wertvollem« und »minderwertigem« Leben unterschieden und selektiert werden.

Während MedizinerInnen und PolitikerInnen versuchen, die technologischen Neuerungen als fortschrittlich zu verkaufen, durch die krankheitsbedingte Leiden vermindert oder verhindert werden könnten, kritisieren die GegnerInnen die eugenische Ausrichtung der Gentechnologie. Außerdem entsteht eine neue Zugriffsmöglichkeit auf und damit ein Machtpotential über die Fortpflanzungsfähigkeit der Frau. Der Fötus wird zum Subjekt, der »Frauenleib zum öffentlichen Ort« (vgl. Duden; 1991) – unter dem Deckmantel der »selbstbestimmten« Entscheidung von Frauen.

Diese gesellschaftspolitische Debatte ist geprägt von bevölkerungspolitischen Interessen. Ein Blick über europäische Grenzen hinaus zeigt, daß VertreterInnen, die hier vorbehaltlos für die Geburt gesunder Kinder eintreten, für die ärmeren Menschen im Trikont eine rigide Geburtenkontrolle propagieren, wie z. B. mit einer in der BRD unzulässigen Abtreibungsspritze (*konkret*; 3/1991).

**Flüchtlingsfrauen und Migrantinnen**

Die verschärfte Asylgesetzgebung in der BRD und der EU wird von autonomen FrauenLesben-Gruppen nicht nur dahingehend kritisiert, daß es für Menschen aus Nicht-EU-Ländern kaum noch möglich ist, legal in die Bundesrepublik einzureisen, dort einen Asylantrag zu stellen oder gar eine Aufenthaltsberechtigung zu erhalten. Es wird – auch über autonome FrauenLesben-Kreise hinaus – eingefordert, daß frauenspezifische Fluchtursachen als Asylgrund anerkannt werden.

Frauenspezifische Fluchtursachen gibt es in vielen Gesellschaften und in vielen Variationen. Die staatliche Verfolgung kann aufgrund der politisch-oppositionellen Aktivitäten der Frau oder ihrer Familienangehörigen, aufgrund der Verletzung religiöser Normen oder aufgrund der sexuellen Orientierung erfolgen. Oftmals werden Frauen zusätzlich aus der Familie ausgeschlossen oder gar verfolgt.

Vergewaltigung wird in der BRD nicht offiziell als Asylgrund anerkannt, obwohl Frauen in fast jedem Krieg systematisch vergewaltigt werden. Für viele Frauen bedeutet Vergewaltigung – nicht nur im Krieg – neben den psychischen und physischen Qualen, daß sie keine Zufluchtsmöglichkeiten im eigenen Umfeld haben.

Ein wohl einmaliges Projekt, in dem Migrantinnen und ausländische FrauenLesben Zuflucht finden können, ist das unabhängige internationale Frauenkultur- und Flüchtlingshaus »Villa Courage« in Freiburg.

Ein eigenständiges Bleiberecht für Frauen – unabhängig von der Beziehung zu einem Mann – wird auch von autonomen FrauenLesben gefordert. Bisher kann eine nachgezogene Ehefrau ihren Aufenthaltsstatus verlieren, sobald sie sich von ihrem Mann trennt. Nur wenn sie schon länger als vier Jahre in der BRD verheiratet lebt, kann sie einen eigenständigen Aufenthaltsantrag stellen. Mit dieser gesetzlichen Regelung wird Frauen die Möglichkeit verwehrt, ihren gewalttätigen Ehemann zu verlassen; es bleibt nur die Rückkehr ins Heimatland, wo sie möglicherweise nicht mehr von ihrer Familie aufgenommen wird. Auf diese Weise wird Gewalt gegen Frauen geschützt, und viele Frauen sind genötigt, in der Illegalität zu leben. Dort sind sie nicht nur von allen Versorgungsleistungen abgeschnitten, sondern unter Umständen auch neuen Ausbeutungsverhältnissen wie z.B. der Prostitution ausgesetzt. Die Diskriminierung von Flüchtlingsfrauen setzt sich fort beim erschwerten Zugang zu Arbeitserlaubnissen und sozialen Dienstleistungen.

In den letzten Jahren haben sich vermehrt autonome FrauenLesben in der Flüchtlingsarbeit engagiert. Sie unterstützen Flüchtlinge, begleiten sie zur Ausländerbehörde, vermitteln Kontakte zu RechtsanwältInnen und anderen Beratungsstellen oder betreuen sie, wenn sie in Abschiebehaft genommen werden.

**Internationalismus am Beispiel Kurdistan**

Zu internationalistischen Themenkomplexen haben schon immer etliche autonome FrauenLesben-Gruppen gearbeitet. Sie solidarisieren sich mit Frauen in und aus Süd- und Mittelamerika, Südkorea und den Philippinen, Palästina, Ex-Jugoslawien, der Westsahara und vielen anderen Ländern bzw. Bewegungen.

Mit der Befreiungsbewegung in Kurdistan solidarisieren sich bis heute viele autonome FrauenLesben; sie gilt als Vorbild oder Hoffnungsträger für revolutionäre Veränderung.

Die Unterdrückungspolitik der türkischen Regierung gegen KurdInnen und die Rolle der BRD als der wichtigste Rüstungslieferant für das Nato-Partnerland Türkei werden kritisiert. Der Krieg in der Türkei wird mit deutschen Waffen gegen die KurdenInnen geführt. Die Angriffe richten sich auf Bergregionen, in denen die Guerilla aktiv ist. Frauen sind auf besondere Weise von den Kriegsbedingungen betroffen, da sie auch das Überleben ihrer Kinder sichern müssen. Mit der Vertreibung aus ländlichen Gebieten in die Städte verlieren die Frauen ihre Infrastruktur und werden von der Unterstützung der Männer abhängiger. In den Internierungslagern, in denen viele Kurdinnen leben müssen, verschärfen sich neben Hunger, Durst, Krankheit und Kindersterben die patriarchalen Gewaltverhältnisse. Folter und Vergewaltigung bedrohen jede Frau.

Dennoch versuchen kurdische Frauen, Solidaritäts- und Widerstandsformen aufzubauen. Sie unterstützen die Gefangenen, fordern die Aufdeckung des Verschwindens ihrer Familienangehörigen und FreundInnen oder stellen sich den Militärs entgegen. Manche organisieren sich für Fraueninteressen im Freien Frauenverband Kurdistans YAJK oder schließen sich der Guerilla an, auch in der Hoffnung auf mehr Freiheit von den unterdrückenden patriarchalen Verhältnissen in Familie und Gesellschaft.

Die Solidarität autonomer FrauenLesben mit Kurdinnen wird beispielsweise in Form eines FrauenLesben-Blocks auf der bundesweiten Solidaritätsdemonstration mit dem kurdischen Befreiungskampf in Köln am 18. November 1995 oder durch die Teilnahme an der kurdischen Frauendemonstration am 9. März 1996 in Bonn bekundet.

Im Frühjahr 1996 fanden in Hamburg zwei FrauenLesben-Prozeßtage statt. Es wurde über die Situation der aus politischen Gründen inhaftierten Kurdinnen in der Türkei und in der BRD berichtet. Der Prozeß gegen zwei Kurdinnen, die nach §129a StGB in der BRD angeklagt sind, werden von autonomen FrauenLesben besucht. Ebenfalls in Hamburg informierten im Sommer und Herbst 1996 Frauen aus der BRD, der Türkei und Kurdistan an Informationsständen über die Samstags-Mütter, die in der Türkei gegen die Gefangenschaft von und Folter an Kurden protestierten. So besteht eine Kooperation zwischen in der BRD lebenden Kurdinnen und autonomen FrauenLesben.

### Fantifa: Feministische oder Frauen-Antifa

Im Antifa-Bereich, als einer Gruppierung im autonomen Spektrum, haben sich in etlichen Städten FrauenLesben-und Frauen-Gruppen zur Fantifa, der feministischen oder Frauen-Antifa, zusammengeschlossen. Sie werfen z.B. einen historischen Blick auf die Frauenpolitik im Faschismus, auf die Zerschlagung der Frauenbewegung im Dritten Reich und auf die verfolgten Frauen in Konzentrationslagern.

Die Fantifa Marburg hat einige Überlegungen zur Mittäterinschaft von FrauenLesben bei der Reproduktion rassistischer Tendenzen und faschistischen Gedankenguts von Frauen im »Braunen Netz« angestellt. Die Fantifa will mit dem Mythos der friedfertigen, von Natur aus besseren Frau aufräumen – in den eigenen Reihen und bei Neofaschistinnen. Sie organisierte eine Veranstaltungsreihe über FrauenLesben in neofaschistischen Strukturen und dokumentierte die Beiträge der einzelnen Referentinnen. Thematisiert wurden die Attraktivität faschistischer Ideologien für Frauen, die Organisation und politische Bedeutung von Faschistinnen, das

Verhältnis von faschistischen Aktivistinnen zu Belangen der Frauenbewegung und die Berührungspunkte neugermanisch-heidnischer Frauenbilder und feministischer Spiritualität (Kameradinnen; 1995).

**Sexismus und sexualisierte Gewalt**

Die Formen des Sexismus – auch unter Autonomen – sind vielschichtig: sie reichen vom subtil dominanten Redeverhalten der Männer in gemischten Zusammenhängen über das Ignorieren feministischer Standpunkte bis hin zu Vergewaltigungen.

Sexismus ist das Dauerthema in der Szene, mit dem FrauenLesben immer wieder konfrontiert werden und an dem es immer wieder zu erbitterten Auseinandersetzungen und Spaltungen kommt. Wenn FrauenLesben die Ausformungen des Sexismus nicht hinnehmen wollen, dann müssen sie sich immer wieder aufreiben, da sich am Sexismus in der autonomen Bewegung wenig geändert hat.

Auch wenn das Schlagwort Patriarchat oft in einem Atemzug mit Kapitalismus und Rassismus genannt wird, so findet eine fundierte Diskussion von Männern (mit Männern) über das Geschlechter-Machtverhältnis doch nur in Ausnahmefällen statt, oder sie führt zu reaktionären Ergebnissen. Häufig entziehen sich Männer der eigenen Verantwortung mit dem Vorwand, die anderen seien Sexisten, man(n) selbst nicht.

Das Verständnis für die reale Unterdrückungssituation von Frauen und das Reflexionsvermögen über die persönliche Rolle des Unterdrückers bleiben sehr begrenzt. Viele autonome Männer haben eine vorsichtige Rhetorik erlernt, jedoch offenbart sich erst im Zusammenleben, in engeren Beziehungen, ob den Worten Taten folgen. Die Forderung nach Politisierung des Privaten ist daher auch in der autonomen Bewegung von Brisanz.

Im folgenden soll etwas detaillierter auf die Varianten der Sexismus-Debatte und deren Kampf-Plattformen eingegangen werden.

Droste, »Heiter bis Wolkig« und »autonome Kultur«

Schon seit Jahren läßt der »linke Satiriker« Wiglaf Droste in der *taz*, in der *Titanic*, auf Veranstaltungen seinen sexistischen Einstellungen freien Lauf. Er verhöhnt die endlich beginnende Auseinandersetzung über sexualisierte Gewalt auf zynische Art und Weise und macht sich lustig über Betroffene und Frauenprojekte, die zu diesem heiklen Thema arbeiten. Er tut dies bewußt und will mit seinem »Humor« provozieren und emanzipatorisch wirken. FrauenLesben wirft er vor, sie würden Zensur ähnlich wie im Faschismus ausüben, wenn sie zum Boykott seiner Lesungen, seiner »Kunst«, aufrufen.

Ähnlich gelagert ist der Fall der Kölner Männer-Kabarett-Gruppe »Heiter bis Wolkig« (HbW). Diese Gruppe tritt schon jahrelang in autonomen Zentren und besetzten Häusern bundesweit auf. HbW kann als ein Lieblingskind der gemischten autonomen Szene bezeichnet werden. Bei einem Konzert im Februar 1994 im Hamburger autonomen Stadtteilzentrum Rote Flora brachten sie in ihrer Show sexistische Beiträge, u. a. stellten sie eine Vergewaltigungszene nach. Viele Männer im Publikum reagierten begeistert, die meisten Frauen angeekelt. Als sich Frauen und einige Männer empörten und auf der Bühne ihre Kritik äußerten, wurden sie beschimpft und beleidigt. HbW behauptete, provokantes Kabarett zu machen und daß die ProtestlerInnen die Szenen falsch verstanden hätten. HbW entzog sich einer Auseinandersetzung.

Die Diskussionen setzten sich in vielen Städten fort und gewannen an Schärfe, als bekannt wurde, daß ein HbW-Mitglied eine Frau vergewaltigt hatte. Danach distanzierte sich nur einer der Schauspieler von der Truppe; andere »Künstler« bekundeten ihre anhaltende Sympathie mit HbW. Die Konfrontationen eskalierten, da HbW weiterhin Konzerte gab, sich autonome OrganisatorInnen dafür fanden und die Vergewaltigung angezweifelt wurde.

### Vergewaltiger in der autonomen Szene

Es gibt inzwischen etliche Vergewaltiger in der autonomen Szene, die bekannt gemacht wurden. Frauen haben sie öffentlich benannt, damit andere Frauen gewarnt sind. Mit der Veröffentlichung der Namen wird Sexismus konkret und zwingt, zumindest die den Täter umgebenden Männer, Stellung zu beziehen.

Über die Jahre hinweg sind die Aufdeckungen von Vergewaltigern in der autonomen Szene nach ähnlichen Mustern verlaufen: Frauen, die vergewaltigt wurden, haben sich oft erst lange danach einer Freundin oder Freundinnen anvertraut. In der Frauengruppe wurde dann das weitere Vorgehen gemeinsam besprochen. Die Bedürfnisse und Vorstellungen der betroffenen Frau sind dabei der Maßstab für den Umgang mit dem Täter.

An den erbitterten Diskussionen über sexistische Gewalt, Vergewaltigung, Täterschutz, Degradierung der Opfer und anhand des nachfolgenden Beispiels zeigt sich, wie wenig autonome Männer Anti-Sexismus verinnerlicht haben.

*Arranca!*
Im Frühjahr 1996 erschien die achte Nummer der Zeitschrift *Arranca!* mit dem Schwerpunktthema »SEXualmoralischer Verdrängungszusammenhang«. Die Redaktion der *Arranca!* nennt sich »Für eine linke Strömung«, abgekürzt FelS.

In dieser Ausgabe wurden verschiedene frauenfeindliche Texte und Fotos abgedruckt, die eine heftige Diskussion in der autonomen Szene mehrerer Städte auslösten. Die Frauen der gemischten Gruppe und FrauenLesben im Hamburger Infoladen Schwarzmarkt weigerten sich, die Zeitschrift zu verkaufen. Sie kritisierten die männliche Sichtweise in den Texten und daß die Zurschaustellung nackter Frauenkörper in patriarchalen Verhältnissen immer die Frau zum Objekt degradiert, und sahen diese Ausgabe als Demontage feministischer Positionen und Geschichte.

Seitdem sind viele Stellungnahmen abgegeben worden zum Thema Sexualität und in bezug auf die achte *Arranca!*-Ausgabe. Als Publikationsforen dienten größtenteils die Organe der gemischten autonomen Szene wie *interim* und *Zeck*, aber auch Flug- und Faltblätter.

## IV. Organisierung

In der autonomen Bewegung organisieren sich Frauen in gemischten Gruppen und/oder FrauenLesben-Gruppen. Einige Frauen arbeiten nur in gemischten Zusammenhängen, einige arbeiten sowohl in Gruppen mit Männern als auch in Gruppen nur mit FrauenLesben. Manche Frauen-Gruppen beziehen sich wieder auf Zusammenhänge mit Männern, wie z. B. im Stadtteilzentrum. Andere FrauenLesben-Gruppen beziehen sich ausschließlich auf Frauen-Netzwerke. Die meisten Lesben organisieren sich in reinen Lesben- oder in FrauenLesben-Gruppen; die Mitarbeit in gemischten Zusammenhängen ist für Lesben eher die Ausnahme.

Die Abspaltung der Frauen von gemischten Gruppen erfolgte

häufig aus der Erfahrung heraus, daß autonome Männer ein genauso patriarchales Verhalten bewiesen wie diejenigen, die sie kritisierten. Schon 1981 planten FrauenLesben im Häuserkampf ein eigenes Treffen, nachdem auf dem bundesweiten Hausbesetzertreffen in Münster lediglich eine von 16 Arbeitsgruppen zum Thema Frauen im Häuserkampf vorgesehen war. Die vorgeschlagenen Diskussionen in der Frauen-Arbeitsgruppe über die Situation der nur von FrauenLesben besetzten Häuser, über das Rollenverhalten der Männer in gemischt besetzten Häusern und über den Umgang mit der Polizeigewalt wurden auf das Hausbesetzerinnentreffen in Bielefeld verschoben. Ein ähnliches Mißverhältnis bei der Themenwahl der Arbeitsgruppen war 14 Jahre später auf dem Autonomiekongreß in Berlin 1995 zu beobachten. Viele Frauengruppen hatten sich schon während der Vorbereitung des Kongresses distanziert oder sich gar nicht erst daran beteiligt, da Männer dominierten, feministische Themen nicht vertreten wurden oder eine Zusammenarbeit mit Männern für falsch gehalten wurde.

In Abgrenzung zu traditionellen Organisationen wie Parteien, Gewerkschaften und K-Gruppen, in denen hierarchisch und dogmatisch gearbeitet wird, entsprechen die Organisationsformen autonomer FrauenLesben-Gruppen eher anarchistischen Ansprüchen, auch wenn diese manchmal zu Mängeln in der Arbeitsstruktur führen:

Statt andere für sich kämpfen zu lassen, muß sich jede persönlich einsetzen, es wird keine Stellvertreterinnenpolitik betrieben. Alle Frauen sollen sich an den Diskussionen beteiligen. Die gruppeninternen Prozesse sollen nicht-hierarchisch und transparent ablaufen. Der Diskussionsstil und das Dominanzverhalten sollen mitbeachtet und reflektiert werden.

Anstelle eines zentralen, reglementierenden Apparats gibt es überall autonom und dezentral arbeitende Gruppen und Kleingruppen. Eine Vernetzung der Kleingruppen läuft auf regionaler Ebene und in den Städten häufig nach dem »Delegiertinnenprinzip«: Vertreterinnen der einzelnen Gruppen finden sich in einem Plenum zusammen, um sich auszutauschen und die Möglichkeiten eines gemeinsamen Vorgehens zu besprechen. Ein Plenum kann vorübergehend, aber zielgerichtet einberufen werden, z. B. um eine 8.-März-Demonstration zu planen. Es werden die inhaltliche Bestimmung, der Aufruf, die Verteilung und Vorbereitung von Redebeiträgen verschiedener Gruppen besprochen und koordiniert. Ein Plenum als wichtiges Vernetzungsforum kann aber auch regelmäßig und über einen längeren Zeitraum stattfinden, um allgemeine Informationen auszutauschen oder um an einem Thema kontinuierlich zu arbeiten. Zwischendurch treffen sich die einzelnen Gruppen, so daß eine Rückkoppelung gewährleistet ist.

Neben den regionalen Plenen kooperieren einzelne Gruppen mit Gruppen aus anderen Städten oder sogar aus anderen Ländern. Die Kontakte werden meistens informell, sei es über Freundinnen oder Bekannte, oder auf überregionalen Treffen geknüpft.

**Kommunikation**

Außer über Arbeitsgruppen, Plenen und persönliche Beziehungen findet die Kommunikation auch in einschlägigen Treffpunkten der Szene statt: In Cafés, Kneipen, an Frauentagen in Infoläden, in Frauenzentren, auf Veranstaltungen, in linken und Frauenbuchläden, über Telefonketten, in Wohngemeinschaften, im Stadtteil auf der Straße.

Diskussionsbeiträge und Informationen werden auch von und für FrauenLesben in gemischten Zeitungen oder in diversen Frauenzeitungen und -zeitschriften publiziert. Es erscheint bis heute in fast jeder Stadt mit einer FrauenLesben-Szene eine eigene Frauenzeitung. Einige haben sich auf bestimmte Themen spezialisiert, die *E.coli-bri* beispielsweise veröffentlicht Materialien gegen Bevölkerungspolitik und Gentechnologie. Viele Zeitschriften waren recht kurzlebig, vielen anderen – auch den langlebigen – mangelte es immer wieder an Geld oder Mitarbeiterinnen.

In einigen Städten gibt es Lokalradios mit eigenen Frauenredaktionen oder Frauen-Radio-Projekte auf dem offenen Kanal. Die Radiomacherinnen bringen feministische Beiträge zu verschiedenen Themen, beispielsweie zu den Gefangenen aus dem Widerstand. Sie geben aber auch Informationen, Meldungen und Veranstaltungshinweise von Frauen für Frauen weiter.

**»offen und geschlossen«**

Die »führungsfeindliche« und informelle Struktur der autonomen FrauenLesben-Zusammenhänge erscheint unübersichtlich und undurchschaubar. Dies wurde besonders deutlich, als Ende der 80er Jahre auf dem Internationalistischen Frauen-Plenum in Berlin Immigrantinnen, im Exil-lebende und deutsche Frauen tagten. Sie hatten sich anfänglich zusammengefunden, um eine Kampagne gegen den IWF-Kongreß gemeinsam durchzuführen (Den Faden weiterspinnen; 1995). Neben der scheinbaren Unorganisiertheit autonomer FrauenLesben offenbarte sich auch die politische Unklarheit und die Erkenntnis, daß Frausein allein noch kein Programm darstellt.

Die »verborgenen« Kommunikationskanäle der Szene erschweren oder verhindern sogar die Mobilisierung weiterer, sympathisierender Frauen. Auch ein bestimmter Sprachgebrauch ist wesentliches Medium autonomer FrauenLesben und kann für Außenstehende schwer verständlich sein. Die Anwendung bestimmter Szenejargons und anderer ungeschriebener und größtenteils unbewußt befolgter Verhaltens- und Kleidungsnormen verstärken die Ausschließungsmechanismen. Durch all diese Faktoren ist es schwierig für autonome FrauenLesben, Frauen zu erreichen, die an demselben Strang ziehen (wollen).

Auf der anderen Seite bieten die nicht-öffentlichen Treffen und undurchsichtigen Vernetzungen einen gewissen Schutz vor Attakken von Männern. Außerdem ist Vorsicht gerechtfertigt, da Spitzelinnen von Polizei und Verfassungsschutz auch in Frauen Lesben-Zusammenhänge eingeschleust werden, die immer wieder aufgedeckt wurden. Desweiteren wurde schon versucht, (ehemalige) Aktivistinnen für derartige Tätigkeiten anzuwerben.

**Bündnisse und Zusammenhänge**

In diesem Abschnitt erfolgt nur eine kleine – und daher nicht repräsentative – Auswahl möglicher BündnispartnerInnen. Da es unter den gegebenen patriarchalen Verhältnissen schwierig ist, eine gewisse Frauenstärke zu entwickeln, müssen autonome FrauenLesben an bestimmten Punkten Bündnisse schließen.

Eine anti-patriarchale, anti-hierarchische, anti-staatliche Haltung und die informelle Organisationsstruktur autonomer FrauenLesben schließt viele potentielle Bündnispartnerinnen von vornherein aus, besonders die Frauengruppen von Großorganisationen wie Parteien, Gewerkschaften und Kirchen.

Die vom Anspruch her rigorose Ablehnung der Autonomen, mit anderen sozialen Bewegungen, wie der Friedensbewegung oder gar Parteien, Bündnisse einzugehen, ist nicht zu vergleichen mit der Grenzziehung autonomer FrauenLesben zu unabhängigen Frauengruppen. Die Verbindungen zu Gruppen, die im weitesten Sinne der autonomen Frauenbewegung zuzurechnen sind, sind manchmal sehr eng. Aufgrund der Tatsache, daß autonome FrauenLesben an von der autonomen Frauenbewegung erkämpfte Selbstverständlichkeiten anknüpfen können, ist eine gute Ausgangsbasis zur Zusammenarbeit vorhanden.

Um sich überhaupt Gehör zu verschaffen, ist es manchmal sehr hilfreich, wenn zwischen autonomen FrauenLesben und parlamentarischer Opposition (PDS, Grüne) durch »Grenzgängerinnen« eine Verzahnung ermöglicht wird. Bestimmte Frauen in ihren gesellschaftlichen Positionen können entweder für die eigenen Anliegen oder für gemeinsame Fraueninteressen gewonnen werden. Eine oder mehrere etablierte Verbündete sind daher als Sprachrohre nicht immer und prinzipiell abgelehnt worden. So wurde beispielsweise im Frühjahr 1989 in Berlin eine Öffentlichkeits-Kampagne für 83 iranische Frauen, die im Iran zum Tode verurteilt wurden, gestartet. Autonome Frauen des Internationalen Frauenplenums hielten eine Pressekonferenz im Rathaus Schöneberg ab. Der Berliner SPD/AL-Senat wurde aufgefordert, den Frauen pauschal Asyl zu gewähren und Druck auf die Bundesregierung auszuüben, ihre Wirtschaftsbeziehungen zum Iran auf Eis zu legen. Die Vorbereitung und Durchführung dieser Aktion waren durch Kontakte zur AL ermöglicht worden. Tatsächlich schlug der damalige Bürgermeister von Berlin, Walter Momper, der Bundesregierung vor, den iranischen Frauen Asyl anzubieten.

Nach der Maueröffnung 1989 wurde auch im Westen bekannt, daß es Organisationsansätze von Autonomen im Osten gegeben hat. Es scheint, als würde es in den neuen Bundesländern noch weitaus weniger autonome FrauenLesben geben als in der alten BRD. Sehr viel stärker rückten die informell arbeitenden Frauengruppen der DDR ins öffentliche Bewußtsein. Aber es traten neben spezifischen auch grundlegende Differenzen in der Organisationsform zwischen Ost- und West-Frauen hervor. Als »organisatorisches Sammelbecken der bestehenden Frauengruppen und der autonomen Frauenbewegung der DDR« (Winkler; 1990:204), die eine von der BRD gänzlich verschiedene Geschichte hatten, wurde ein Dachverband gegründet. Für den Unabhängigen Frauenverband (UFV) waren parlamentarische Kampfformen unverzichtbar.

Der UFV stellte sich am 18. März 1990 mit der Grünen Partei bei den Volkskammerwahlen zur Wahl. Diese Art der Organisation widersprach den Vorstellungen von Selbstorganisierung autonomer FrauenLesben im Westen. Daher kam es zu keinen weiterreichenden Bündnissen.

Autonome FrauenLesben kooperieren und solidarisieren sich mit Migrantinnen und Frauengruppen im Widerstand, im Trikont, in Europa und in der BRD (s. Themen).

**Rote Zora**

Eine autonome Frauen-Widerstandsgruppe in der BRD, die schon sehr lange existiert und in der nach eigenen Angaben personelle Veränderungen stattgefunden haben (Mili's Tanz auf dem Eis; 1993), ist die Rote Zora. Sie arbeitet klandestin, also verdeckt, im geheimen, da sie auf militante Aktionen ausgerichtet ist. Die Rote Zora bezeichnet sich selbst als autonome Frauengruppe, die sich innerhalb der Revolutionären Zellen (RZ) konstituiert hat und sich später abspaltete. Ein wesentlicher Grund der Roten Zora für die eigenständige Organisierung war die immer wiederkehrende Auseinandersetzung über die Frage des Haupt- und Nebenwiderspruchs (s. Theorie). Um eine revolutionär-feministische Perspektive zu entwickeln, mußte sie sich von männlichen Normen lösen. Inhaltlich knüpfte sie an die Themen der Frauenbewegung an, trat jedoch vornehmlich durch ihre militanten Aktionen in Erscheinung. Sie verübte Anschläge auf Sexshops, Eigentum von Frauenhändlern, Pharmakonzerne, das Humangenetische Institut in Münster und andere mehr. Die Ziele werden nicht nur als Symbole für Frauenunterdrückung, sondern als Täter verstanden. Die Rote Zora will damit zeigen, daß »das Unrecht, die Gewalt nicht nur strukturell, sondern die Täter greifbar, angreifbar sind« (Mili's Tanz; 1993). Der Anschlag auf den Textilmulti Adler 1987, der Frauen in seiner Tochterfirma in Südkorea ausbeutet, war für viele Frauen der autonomen Szene die spektakulärste Tat. Diese Art der internationalen Solidarität mit den kämpfenden südkoreanischen Arbeiterinnen hatte gleichsam Vorbildcharakter für autonome FrauenLesben und löste eine Art Euphorie aus.

Die schriftlichen Erklärungen und Stellungnahmen der Roten Zora dienten vielen autonomen FrauenLesben-Gruppen in den 80er Jahren als Diskussionsgrundlage. Der Austausch fand jedoch nur sporadisch, punktuell und schriftlich statt. Die zähe Kommunikationsstruktur ist bedingt durch die Illegalität, in der die Rote Zora agiert. Dennoch ist die Rote Zora die bedeutendste und inzwischen einzige autonome Frauengruppe, die über einen längeren Zeitraum – bald 20 Jahre – militant aktiv ist.

**Gemischte Gruppen**

Eine Kooperation von autonomen Frauen- und FrauenLesben-Gruppen mit gemischten autonomen Gruppen ist insbesondere dort gegeben, wo sie sich zu demselben Thema organisieren oder wo sie in demselben Projekt leben und/oder arbeiten.

Auch wenn es in vielen gemischten Zusammenhängen zur Abspaltung von Frauen kam – z.B. bei der Vorbereitung der Anti-IWF-Kampagne –, so stand doch außer Frage, gemeinsame Demonstrationen mit einem FrauenLesben-Block zu organisieren. Bis in die 90er Jahre hinein gab es auf fast jeder Demonstration einen FrauenLesben-Block, der zeitweilig sogar den Demonstrationszug anführte, um sichtbar zu sein, und weil er eine gewisse Stärke ausdrückte. Heute gibt es kaum noch Demonstrationen, und ein FrauenLesben-Block ist keine Selbstverständlichkeit mehr.

Eine punktuelle Zusammenarbeit von autonomen Frauen und Männern gab es außerdem sogar bei Kampagnen gegen Sexismus, z.B. zur Verhinderung von weiteren Auftritten der Kabarettgruppe »Heiter bis wolkig« und des Satirikers Wiglaf Droste (s. Themen). Dennoch stellte sich bald heraus, daß die Forderungen vieler Frauen umfassender als die der meisten Männer waren und eine gemischte anti-sexistische Arbeit schnell an ihre Grenzen gerät, sobald tiefergehende Diskussionen über das Geschlechterverhältnis geführt werden.

## V. Aktionen

Die Aktionen autonomer FrauenLesben sind ausgesprochen vielseitig. Sich sichtbar zu machen als FrauLesbe, für sich Freiräume zu besetzen oder zu verteidigen, sich mit anderen zu solidarisieren, zu kritisieren, zu sabotieren und zu boykottieren wird als Widerstand, als Kampf begriffen.

Je nach inhaltlicher Ausrichtung kann eine Aktion lange geplant oder spontan durchgeführt werden. Ein feministischer Redebeitrag auf einer Knastkundgebung bedarf einer anderen Vorbereitung als eine Sprühaktion an einem Sexshop. Abgesehen davon, daß mit einer Aktion auf Mißstände aufmerksam gemacht wird, bringen viele Aktionen Spaß und vermitteln eine gewisse Stärke.

Es wurden Türschlösser zugeklebt bei Werbebüros, die sexistische Werbung machen, oder bei Spekulanten, die FrauenLesben-Zentren wegsanieren wollten. Buttersäure landete in einigen Pornoläden, oder an ganzen Häuserblocks und in Stadtvierteln wurde die Warnung »Vergewaltiger, wir kriegen Euch alle« plakatiert. FrauenLesben vertrieben Vergewaltiger der autonomen Szene, liefen nachts Patrouille in Straßen und Gegenden, in denen Frauen vergewaltigt wurden (s. u.) und nahmen öffentliche Parkanlagen für mehrere Stunden »in Frauenhand«, wobei Männern der Zutritt verwehrt wurde.

Die Ansprüche an eine eigene autonome FrauenLesben-Kultur sind umgesetzt worden in zahlreichen Projekten wie Cafés, Kneipen, Kultur- und Bildungszentren, Zeitungen, Radios, FrauenLesben-Plenen, Wohngemeinschaften, Bauwagenplätze, Selbsthilfewerkstätten und sehr vielen mehr.

Einige Treffen und Veranstaltungen finden regelmäßig und überregional statt wie die FrauenLesben-Camps oder die Demonstrationen in der Walpurgisnacht und am Internationalen Frauentag.

### Internationaler Frauentag

Die Demonstrationen zum 8. März, dem Internationalen Frauentag, haben eine lange Tradition in der Frauenbewegung und werden vermutlich alle Durststrecken der Bewegung überleben. Gegen Versuche von Männern aus Parteien, Gewerkschaften und der radikalen Linken, den 8. März zu vereinnahmen, und gegen die Umwandlung in eine Art Muttertag (wie in der DDR), bleibt dieser Tag in der alleinigen Hand von FrauenLesben. Der Internationale Frauentag wird weltweit begangen.

Anfang des Jahrhunderts haben Frauen für das Wahlrecht, für bessere Arbeitsbedingungen und für höhere Löhne gekämpft. Später kam die Forderung nach dem Recht auf Abtreibung hinzu.

In den letzten Jahren wird von autonomen FrauenLesben unter einem allgemeineren Motto wie »Internationaler Frauenlesbenkampftag« oder »Ohne Befreiung der Frau keine Revolution, ohne

Revolution keine Befreiung der Frau« zur Demonstration aufgerufen. Je nach politischer Brisanz wechselten die thematischen Schwerpunkte. In Berlin stand beispielsweise 1988 die politische Situation in verschiedenen Ländern, aus denen Frauen ins Berliner Exil kamen, im Mittelpunkt der Demonstration.

1990 wurde während der Vorbereitung der 8.-März-Demonstration in Berlin deutlich, daß es keinen inhaltlichen Konsens der Ost- und der Westfrauen gibt. Die Ost-Frauen forderten den Erhalt ihrer Arbeits- und der Kindergartenplätze und ihrer Partizipationsmöglichkeiten am öffentlichen Leben beziehungsweise Verbesserungen auf diesen Gebieten. Autonome FrauenLesben aus dem Westen Berlins machten auf die Verschärfung der Ausländergesetzgebung aufmerksam. Ebenso wurden von ihnen der Golfkrieg und die systematische Vergewaltigung der Frauen im Jugoslawien-Krieg in die Proteste miteinbezogen.

1996 wurde bundesweit zur Internationalen Frauendemonstration in Bonn aufgerufen, wobei der Krieg in Kurdistan und die Solidarität mit den Kurdinnen im Zentrum standen.

**Walpurgisnacht**

Ähnlich wie der Internationale Frauentag wird geradezu rituell seit den 70er Jahren am 30. April jeden Jahres die Walpurgisnacht begangen. Nach altem Volksglauben treffen sich die Hexen auf dem Blocksberg im Harz, um über Heil und Unheil von Mensch und Tier zu entscheiden. In Anlehnung an diesen Mythos versammeln sich in vielen Städten in der BRD Frauen, um lautstark und häufig verkleidet durch die Straßen zu ziehen. Grundsätzlich richtet sich die Demonstration gegen Männergewalt, sie ist aber oft verbunden mit phantasievollen Aktionsformen. Im Vorfeld der Walpurgisnacht 1993 haben z. B. in Hamburg Antifaschistinnen Straßen umbenannt, indem sie die Straßenschilder mit Namen berühmter Frauenpersönlichkeiten überklebten.

Nach dem Demonstrationsumzug wird in den Mai getanzt. In den 70er und 80er Jahren nahmen sehr viele Frauen an den Walpurgisnächten teil, in Berlin beteiligten sich 1982 circa 3 500 und in Hamburg 2 000 Frauen. Dabei kam es zu massiven Angriffen und Störungen von seiten der Polizei.

In den letzten Jahren läßt sich der Rückzug vieler Frauen aus dem politisch autonomen Engagement auch an der geringeren Anzahl von Walpurgisnacht-»Hexen« (50–200) ablesen. Während früher viele Frauen aus der autonomen Frauenbewegung teilnahmen, scheint heute die Walpurgisnacht zu einer Domäne der FrauenLesben aus dem autonomen Spektrum geworden zu sein.

In Berlin versuchen autonome Männer seit 1990, die Walpurgisnacht in eine gemischte Veranstaltung umzuwandeln. Diese Entwicklung erfordert, daß FrauenLesben abermals »ihre« Aktionen gegen männliche Vereinnahmung bewahren müssen. Im Zusammenhang mit der männlich dominierten Walpurgisnacht richtete sich das öffentliche Interesse primär auf die Konfrontationen zwischen den Autonomen und der Polizei, und weniger auf die Anliegen der autonomen FrauenLesben.

**1. Mai**

Wie auf vielen thematisch gebundenen und gemischten Demonstrationen gibt es auf der 1.-Mai-Demonstration zum Tag der Arbeit in vielen Städten einen eigenen FrauenLesben-Block. Der FrauenLesben-Block vertrat z. B. auf der »revolutionären« 1.-Mai-Demonstration 1996 in Berlin die feministische Sichtweise zu aktuellen Themen wie Flüchtlingspolitik, Sozialabbau und dem Einsatz der Bundeswehr. Neben der Sichtbarmachung von FrauenLesben und der Vermittlung oben genannter Inhalte können auf diese Weise auch andere Frauen, die daran interessiert sind, erreicht werden. Im besten Fall geht eine mobilisierende Wirkung vom FrauenLesben-Block aus, unter den Beteiligten ensteht ein Zusammengehörigkeitsgefühl, und das gemeinsame Demonstrieren macht Spaß.

Mitte der 90er Jahre ist es jedoch keine Selbstverständlichkeit mehr, daß auf fast jeder Demonstration ein eigener FrauenLesben-Block vertreten ist. Vermutlich ist dies ein Zeichen dafür, daß Demonstrationen im allgemeinen als Widerstandsform an Relevanz verloren haben, und zweitens lassen sich FrauenLesben nicht mehr bei männerdominierten Aktionen vereinnahmen, sondern setzen sich lieber für eigene Projekte ein.

**Hausbesetzungen**

Schon zu Beginn der 80er Jahre zeichnete sich die Notwendigkeit der Separierung von Frauen ab: Die Hausbesetzungsbewegung orientierte sich an männlichen Mustern. Die Diskussionen auf den Häuserplena und in den BesetzerInnenräten waren geprägt vom

Dominanz- und Konkurrenzverhalten der Männer. Auf vielen Demonstrationen standen nur Männer in der ersten Reihe an vorderster Front – als Ausdruck ihres Muts und ihrer Entschlossenheit.

Bei den in den besetzten Häusern anfallenden Arbeiten spiegelte sich die stereotype Rollenverteilung wider. Männer legten Stromleitungen, besserten die Gas- und Wasserleitungen aus, schleppten schwere Sachen, rissen Mauern ein und bauten neue wieder auf. Frauen übernahmen die Handlangerinnentätigkeiten: sie kochten, putzten, wuschen ab und verteilten Flugblätter, die von den männlichen Besetzern geschrieben wurden. Männer übernahmen die Öffentlichkeitsarbeit und führten Verhandlungsgespräche. Viele Frauen in der Hausbesetzungsszene registrierten, daß ihren Tätigkeiten auch dann weniger Beachtung geschenkt wurde, wenn es die gleichen waren, die die Männer ausführten. Hinzu kamen sexistische und demütigende Anmachen, oder Frauen wurden bei der Rechtfertigung der Frauenräume als »krampfige Feministinnen« etikettiert. Gleichzeitig nahmen jedoch viele bewegte Männer Frauen in Anspruch, um ihre Gefühlsprobleme zu besprechen – eine klassische Zuweisung in vorgeblich männliche und weibliche Aufgaben und Kompetenzen.

Ein weiterer Streitpunkt war der Umgang mit Gewalt und Polizei. Anläßlich einer Demonstration oder einer bevorstehenden Hausräumung zeigte sich, daß die Bereitschaft von und unter Frauen, auch über die Ängste bei derartigen Konfrontationen zu reden, sehr viel größer war als mit oder unter Männern. Es wurde besprochen, wie ein den Ängsten angemessenes, kollektives und solidarisches Verhalten aussehen könnte, das nicht im politischen Rückzug von Demonstrationen, Hausbesetzungen oder anderen Aktionen endet.

All diese Probleme, die die »Mackerstrukturen« der Szene mit sich brachten, veranlaßten Frauen, zunächst eigene Etagen und Räume in den gemeinsam besetzten Häusern einzufordern oder Frauencafés, Frauenkommunikationszentren und ähnliches einzurichten. Das Resultat der anstrengenden Auseinandersetzungen mit den Bewohnern und zum Teil auch mit den sich distanzierenden Bewohnerinnen bestand für viele Aktivistinnen darin, die Energien bei einer nächsten Besetzung nur noch auf ein Haus allein für Frauen zu konzentrieren (vgl. Broschüre: Frauenbewegung und Häuserkampf – unversöhnlich?). Seitdem besetzen FrauenLesben ihre »eigenen« Häuser oder ziehen auf »eigene« Bauwagenplätze.

Es hat allerdings auch schon 1980 z. B. in Köln Besetzungen von Frauen für Frauenprojekte gegeben. Zur Weiberfastnacht wurde das Ratsschiff »Stadt Köln«, ein alter Ausflugsdampfer, von Frauen mit ihren Kindern besetzt. Sie forderten sowohl autonome Räume für Frauenpolitik und -kultur als auch den Erhalt des von Schließung bedrohten FrauenLesben-Cafés.

Auch in den 90er Jahren besetzten Frauen Häuser. In Berlin-Zehlendorf z. B. bezogen im Januar 1993 Frauen mit Kindern, die bereits keine eigenen Wohnungen mehr hatten oder kurz vor dem Rausschmiß standen, leere Wohnungen, in denen Alliierte gelebt hatten.

**Selbstverteidigung und Kampfkunst**

Eine Praxis, die sich aus der Thematisierung von Gewalt gegen Mädchen und Frauen ergeben hat, sind die Kampfkunst- und Selbstverteidigungskurse für Frauen. In manchen Städten gibt es Frauenschulen, deren Teilnehmerinnen und auch die meisten Trainerinnen aus der autonomen Frauenbewegung und dem autonomen Spektrum kommen.

Die meisten Kampfsportarten sind von Männern für Männer entwickelt worden. Männer treiben Kampfsport, um sich zu messen. Viele Frauen hingegen erlernen Selbstverteidigung und Kampfkunst nicht nur aus sportlichen Gründen, sondern auch, um sich gegen (sexuelle) Belästigung und Gewalt zu wehren. Wen-Do ist eine auch in der BRD verbreitete Sebstverteidigungsart. Wen-Do bedeutet »Weg der Frauen«, ist in Nordamerika entwickelt worden und wird nur von Frauen an Frauen weitergegeben. Neben bestimmten Techniken erlernen Frauen bei diesem Training, auch psychisch mit bedrohlichen Situationen umzugehen. In den Kursen wird Raum und Zeit geboten, um sich über Erfahrungen auszutauschen, Selbstwahrnehmung zu reflektieren und Selbstbehauptung zu üben. Grundlage dafür ist der bewußte Umgang mit Angst und die Überwindung des passiven Verhaltens, zu dem Mädchen und Frauen in der Regel sozialisiert werden. Da nur Frauen die Lebensrealitäten anderer Frauen kennen, können auch nur Frauen diese Kurse leiten. Sie bieten die Kurse vor einem theoretischen Hintergrund, und zwar der feministischen Analyse gesellschaftlicher Machtstrukturen an und vermitteln weiterreichende, kollektive Strategien gegen sexualisierte Gewalt.

**Patrouille-Laufen und U-Bahn-Aktion**

In Berlin-Kreuzberg wurden 1988 mehrere Vergewaltigungen bekannt. Flugblätter informierten über den Täter, der maskiert und mit einer Pistole bewaffnet Frauen auf offener Straße vergewaltigte. Die Mitarbeiterinnen des »Notrufs für vergewaltigte Frauen« beriefen eine Frauen-Vollversammlung ein. Die 200 Teilnehmerinnen waren sich einig, daß sie sich nur selbst und gemeinsam schützen könnten. Sie beschlossen, daß in verschiedenen Stadtteilen und Straßen Frauengruppen nachts Patrouille laufen sollten. Eine Gruppe begann nach einer Vergewaltigung in der Lausitzer Straße auf Patrouille zu gehen, um durch ihre Präsenz Frauen Sicherheit zu geben und um eventuell den Vergewaltiger zu schnappen. Im Laufe des Herbstes schlossen sich andere FrauenLesben-Gruppen dem Patrouillekonzept an, unter anderem aus der Universität.

Die Frauenvollversammlungen fanden weiterhin regelmäßig statt, und es wurde eine »Aktionsnacht« vorbereitet. Unter dem Motto »Frauen erobern sich die Nacht« gab es eine Frauendemonstration an einem Abend. Das Datum wurde auf den bundesweiten Aktionstag »Frauen gegen Sextourismus« festgelegt. Auf der Demonstration wurden Parolen gerufen und Flugblättter in verschiedenen Sprachen verteilt, es wurde getrommelt und gesungen, so daß die Stimmung großartig war und sich ein starkes Gemeinschaftsgefühl entwickelte.

In einer der nachfolgenden Vollversammlungen wurde die Aktion »Frauen nehmen sich den ersten U-Bahn-Wagen« vorbereitet. Die U-Bahn wurde als Aktionsfeld gewählt, da viele Frauen täglich die öffentlichen Verkehrsmittel nutzen und dort häufig Belästigungen und Bedrohungen ausgesetzt sind: von breitbeinig dasitzenden Männern, die frau dazu zwingen, sich kleiner zu machen, bis hin zu körperlichen Angriffen.

Am 2. Dezember 1988 stiegen circa 500 FrauenLesben grüppchenweise an mehreren Bahnhöfen in die U-Bahn. In den ersten Waggons versuchten Gruppen von 30 bis 50 Frauen, die sich darin aufhaltenden Männer zum Verlassen zu bewegen und andere Männer nicht mehr zusteigen zu lassen. Nur wenn mann sich stur stellte oder agressiv wurde, reagierten die Frauen dementsprechend. Es durften ausschließlich Frauen zusteigen.

Ein wesentliches Anliegen war es, darauf aufmerksam zu machen, daß es für viele Frauen unangenehm ist, öffentliche Verkehrsmittel zu nutzen. Eine Unterstützung seitens öffentlicher und staatlicher Organe ist weder gegeben noch gewünscht. Die Aktion war sozusagen ein Aufruf an alle Frauen, sich gegenseitig zu helfen. Der erste U-Bahn-Wagen diente daher sowohl als Anlaufpunkt als auch als Schutzraum für einzelne Frauen.

Die Aktivistinnen machten die Beobachtung, daß die meisten Frauen positiv reagierten. Die Frauen mit männlichen Begleitern waren hin- und hergerissen zwischen Verständnis für die Aktion und dem Wunsch, mit ihrem Freund weiterzufahren. Ein paar U-Bahn-Fahrerinnen erschien das Auftreten der autonomen FrauenLesben zu massiv.

Begleitend zur Aktion verteilten die Akteurinnen Flugblätter, worin der Sinn und Zweck der Besetzung des ersten U-Bahn-Wagens erläutert wurden. Die Berliner Verkehrsgesellschaft (BVG) sollte Frauen keinen eigenen Waggon zuweisen, sondern es wurden Frauen ermuntert, sich ihre Lebensbereiche überall selbst zu nehmen, sei es auf der Straße, in der Kneipe, im Beruf, auf Veranstaltungen oder in den öffentlichen Verkehrsmitteln.

Die Aktion wurde von Polizeihundertschaften gewaltsam gestört und blockiert. Aktivistinnen wurden mit Tränengas und unter Einsatz von Schlagstöcken aus den Bahnen und von den Bahnhöfen vertrieben. Bei der ähnlich verlaufenen zweiten U-Bahn-Aktion im Februar 1989, an der sich wieder um die 500 FrauenLesben beteiligten, kam es ebenfalls zu einer von der Polizei heraufbeschworenen Konfrontation, und es wurden mehrere Frauen festgenommen und erkennungsdienstlich behandelt. Dennoch wurde diese Aktionsreihe in autonomen FrauenLesben-Kreisen als erfolgreich bewertet.

## Resümee

In dieser kurzen Bestandsaufnahme wurde dargestellt, daß es eine eigene Entstehungsgeschichte, Entwicklung und Infrastruktur autonomer Frauen- und FrauenLesben-Zusammenhänge gibt. Diese können verortet werden zwischen den Autonomen und der autonomen Frauenbewegung. Es gibt theoretische, organisatorische, thematische und aktionistische Anknüpfungen an bzw. Gemeinsamkeiten mit beiden Bewegungen. Je nach inhaltlicher Ausrichtung der jeweiligen FrauenLesben-Gruppe erfolgt die Zusammenarbeit eher mit gemischt autonomen oder mit FrauenLesben-Gruppen der autonomen Frauenbewegung. Mitte der 90er Jahre scheint es jedoch in vielen Fällen mehr Berührungspunkte mit der autonomen Frauenbewegung als mit autonomen Männern zu geben.

Die inhaltlichen Standpunkte, Forderungen und Ansprüche autonomer FrauenLesben sind größtenteils weitreichender als die der beiden anderen Bewegungen und nehmen auf diese wiederum einen gewissen Einfluß. So bringen FrauenLesben immer wieder patriarchats-kritische Standpunkte in die gemischte autonome Bewegung oder haben die Anstellung von Migrantinnen in Frauenprojekten eingefordert. Mit unglaublicher Ausdauer bringen autonome Frauen und FrauenLesben seit ihrer eigenständigen Organisierung feministische Perspektiven in verschiedene Politikfelder ein, decken sexistische Strukturen auf und arbeiten zu verschiedenen gesellschaftlich relevanten Themen. Männliche Dominanz und Gewalt in allen gesellschaftlichen Bereichen und konkret innerhalb der autonomen Bewegung waren Gründe für die Bildung separater Gruppen und bieten noch immer Anlaß zu Konfrontationen. Daran hat sich in mehr als 15 Jahre wenig geändert.

Autonome FrauenLesben definieren auch ihre Grenzen gegenüber den Autonomen und der autonomen Frauenbewegung, innerhalb derer sie den eigenen Freiraum abstecken. Darin finden sowohl die positiven Bestimmungen als auch die Umsetzung der Ansprüche, z.B. an einen dominanzfreien Umgang miteinander, statt. Die Freiräume sind an verschiedenen Orten zu finden, als Bestandteil in gemischen Strukturen wie im Stadtteilzentrum, in von der autonomen Frauenbewegung geschaffenen Einrichtungen wie Kulturzentren oder in von beiden Spektren unabhängigen »Läden«, z.B. Cafés oder Frauenwohnprojekten. All diese »Inseln« bilden eine kleine Subkultur, die eine konkrete, gelebte Alternative zur bürgerlich-patriarchalen Lebensweise darstellt. Doch angesichts der gesellschaftlichen Machtverteilung und trotz des Anspruchs, laut und sichtbar zu sein, bleibt diese »kleine Frauenbefreiung« relativ bedeutungslos. Seit Anfang der 90er Jahre, mit der allgemeinen Schwächung der Linken und mit den immer enger werdenden Handlungsspielräumen geht es häufig nur noch darum, erkämpfte Freiräume zu verteidigen. Staatliche Repression, gesamtgesellschaftliche Regression, bürgerliche und innerautonome Attacken haben ihren Anteil daran, daß Aktivistinnen sich zurückgezogen haben und so zur Ausdünnung der Bewegung beitragen. Aber auch der Wunsch nach einem Leben ohne permanente politische Auseinandersetzungen haben Frauen zum Rückzug aus ihrenm Engagement bewegt, wenn auch oft um den Preis der Anpassung.

Ein weiterer Grund für die minimale gesellschaftliche Relevanz autonomer FrauenLesben-Politik liegt sicherlich auch darin, daß autonome feministische Positionen und Aktionen bzw. deren Notwendigkeit weder gut vermittelt noch breit vermittelbar sind. Das resultiert z. T. daraus, daß diese an den Bedrüfnissen, Interessen, Lebensstilen und Organisationsstrukturen weißer, deutscher »Mittelstandstöchter« orientiert sind und zu einer Art unausgesprochenem Stellvertretungsanspruch geführt haben. So sind manche Versuche, z.B. mit Migrantinnen zusammenzuarbeiten, spätestens an der praktischen Umsetzung gescheitert.

Einigkeit unter autonomen FrauenLesben besteht, nach jahrelangen Schwankungen, derzeit wohl nur darüber, daß es keine offensive, starke Bewegung gibt; heftige Bewegungen finden eher nach innen statt. Der »Stand der Bewegung« weist m.E. zwar momentan alle Varianten und Dynamiken auf: Es gibt Rückzug in die Kleingruppe, Auflösungserscheinungen, Zersplitterung, Nebeneinander, Überwindungsversuche von Grabenkämpfen und neue Kooperationsansätze. Eine wegweisende Perspektive muß noch (weiter)entwickelt werden, und die Erkenntnis, daß in der Realität nicht alles auf einmal verändert werden kann, daß nicht »the whole bakery« zu bekommen ist, hat für viele autonome FrauenLesben dazu geführt, auch die Politik der kleinen Schritte, des »Brötchenbackens« zu akzeptieren.

# Autonome – quo vadis?

Die Autonomen wurden hier als Produkt der Entwicklung des fordistischen Gesellschaftsmodells mit seinen Marginalisierungs-, Individualisierungs- und Formierungstendenzen dargestellt. In ihrer politischen Herangehensweise knüpften die Autonomen an die neue Subjektprägung im fordistischen Modell an, dem es gelungen war, mit keynesianischen Flankierungen den ursprünglichen Klassenwiderspruch zwischen Arbeit und Kapital in die Gesamtgesellschaft zu integrieren und damit einen Geschichtsverlust für Klassenkämpfe im produktiven Bereich herbeizuführen.

Die Autonomen konstituierten sich – aus dem Gefühl, in der persönlichen Lebenssituation bedroht zu sein – selbst als militanter Teilbereich der Neuen Sozialen Bewegungen, die, hauptsächlich aus dem Reproduktionsbereich heraus, an die aus Durchstaatlichung und Durchkapitalisierung der BRD entstandenen psychischen Verelendungen, Risikolagen und Überwachungsmechanismen anknüpften. Die Autonomen blieben stets Teil der nicht-ökonomisch »ableitbaren« Sozialbewegungen, die sich im Kampf gegen das kapitalistische Primat und gegen ihre Verwertung bzw. Aneignung als Nicht-Wert konstituierten. Auf diese Weise fanden sie zu einer kollektiven Identität und einem gemeinschaftlichen Handeln.

Die massenmilitanten Aktionen der Autonomen zu Beginn der Hausbesetzerbewegung 1980/81 waren einerseits Ausdruck einer »no future«-Mentalität, die riskantes politisches Handeln erlaubte, und einer nachlassenden Staatsloyalität infolge der mangelnden Vermittelbarkeit der Interessen jugendlicher Milieus in die Entscheidungsränge der herrschenden Politik; andererseits waren sie eine Reaktion auf die weitgehend gescheiterte linke Politik der 70er Jahre in der BRD.

Unter den von der Krise des Fordismus mit seiner Massenerwerbslosigkeit und Marginalisierung betroffenen Jugendlichen und politisch interessierten Mittelstandskindern entwickelte sich der Wunsch nach anderen Lebensformen. Sie wollten aktiver werden, fanden aber weder in der »Neuen Linken« noch in den älteren, links-alternativen Milieus Anknüpfungspunkte. Die jugendlichen Milieus, die sich in der Hausbesetzerbewegung manifestierten, waren objektiv betrachtet eine Folge der neuen Klassenzusammensetzung und eine neue Form der Sozialrevolte, die in keinem Vermittlungsverhältnis zum Staat, zum Produktionsbereich und zur alten »Neuen Linken« stand.

Die Autonomen nahmen zwar Versatzstücke des SDS, der frühen Hausbesetzerbewegung Anfang der 70er Jahre und der Spontis auf, aber erst die Rezeption des Autonomie-Gedankens aus Italien bildete die Grundlage eines – wenn auch vagen – Gemeinschaftsgefühls der Autonomen. Allerdings kommt der aus Italien stammende operaistische Autonomie-Begriff – der die Dialektik von Klassenverhalten und technologischem Angriff des Kapitals als Terrain des Kampfs bestimmt und die Arbeitersubjektivität, die sich in konkreten Kämpfen der Massenarbeiter ausdrückt und erst den Zugang zur Geschichte der sozialen Bewegungen und zur Bestimmung sozialrevolutionärer Politik ermöglicht, an den Anfang stellt – in der theoretischen Rezeption und praktischen Adaption in der BRD fast völlig ohne den Produktionsbereich aus; das v. a. deshalb, weil die aktiven Träger des autonomen Widerstands in der BRD nur sehr prekär in den Produktionsbereich eingebunden waren.

Die *Autonomie* (*Neue Folge*) versuchte durch die Analyse der Teilbewegungen, in denen linksradikale Gruppen arbeiteten, theoretisches Terrain zurückzugewinnen bzw. zu erobern, um sich in Diskussionen auf ein gemeinsames gesellschaftliches Substrat beziehen zu können, das der Transformation der kapitalistischen Gesellschaft und dem aktuellen Stand des Klassenkampfs Rechnung trägt. Dadurch sollte sich ein neues sozialrevolutionäres Subjekt herauskristallisieren, das eine neue politische Klassenzusammensetzung möglich macht.

Dementsprechend versuchte die autonome Jobber-Bewegung, sich selbst als neues revolutionäres Subjekt zu konstituieren, um eine Verknüpfung von betrieblichen Kämpfen im Produktionsbereich mit sozialen Kämpfen im Reproduktionsbereich zu erreichen.

Letztlich kam es aber nicht zu einer Zusammenführung von Teilbereichsbewegungen, die zu einer neuen politischen Klassenzusammensetzung der Marginalisierten und der außerhalb des Produktionsprozesses stehenden Menschen und damit zu einem neuen

Zyklus der Klassenkämpfe hätte führen können. Es blieb bei der Selbstkonstitution der Autonomen.

Von einer Politik der ersten Person gingen die Autonomen über zu einer Politik der autonomen Gruppen. Diese beteiligten sich zwar an vielen Teilbereichskämpfen, konnten sich jedoch – trotz punktueller Erfolge – nicht wirklich verbreitern.

Die Autonomen betrachteten sich selbst als revolutionäres Subjekt und teilweise als radikale Avantgarde. Jeder konnte mitmachen und sich dazuzählen. Eine ernsthafte Auseinandersetzung mit weniger radikalen Sozialbewegungen oder auch nur eine ernstgemeinte Vermittlung der eigenen Inhalte und Perspektiven fand allerdings, entgegen des postulierten Anspruchs, kaum statt.

Viele Teilbereichsbewegungen unterlagen konjunkturellen Schwankungen und wiesen keine Kontinuität auf, ganz zu schweigen von der angestrebten Verknüpfung dieser Teilbereiche, die faktisch nie gelang. Der Produktionsbereich geriet spätestens nach dem Niedergang der Jobber-Bewegung fast vollständig aus dem Blickfeld der Autonomen. Darüber hinaus litten sie in ihren eigenen Reihen unter einer hohen Fluktuation, die eine Stabilisierung der Bewegung natürlich erschwerte.

Die Autonomen – oder besser ihre aufsehenerregenden Aktionen – beherrschten eine Zeitlang die öffentlichen Medien, was mitunter zu einer Selbstüberschätzung der eigenen (Gegen-)Macht führte, die der Realität der gesellschaftlichen Machtverhältnisse nicht entsprach.

Nach der Sozialrevolte von 1980/81 bezog sich die Radikalität der Autonomen – trotz guter Ideen und Ansätze – nur noch auf Facetten der gesellschaftlichen Wirklichkeit; sie wurde mehr zu einem Attribut, einem Lebensstil. Die Autonomen hatten die Fähigkeit zur Selbstreflexion über Teilbreiche hinaus und zu einer breiteren politischen Weiterentwicklung verloren.

Und heute? Heute ist eine Krise der autonomen Bewegung zu konstatieren.

Nach dem Abflachen der Bewegung Mitte der 80er Jahre kulminierte die Krise 1989/90. Von der Irritation der Linken, die sich 1989/90 entweder im versuchten Widerstand gegen Großdeutschland oder im Überlaufen zu einem modernisierten Nationalismus (»Nie wieder Krieg von deutschem Boden«), der im Endeffekt die Reaktion stärkte und nationale »Kulturwerte« wieder mehrheitsfähig und gegen äußere Bedrohungen verteidigungswürdig machte, niederschlug, waren die Autonomen ebenfalls betroffen. Zwar wurde dies von autonomer Seite geleugnet, tatsächlich standen sie jedoch der Wandlung von »Wir sind das Volk« über »Wir sind ein Volk« bis hin zu offen völkischen oder rassistischen Haltungen zunächst recht sprachlos gegenüber. Durch die irrige Annahme, der sog. Mauerfall hätte bloß neues Widerstandspotential freigesetzt und der Untergang der DDR würde politisch nichts verändern, gerieten die Autonomen selbst in ein populistisches und nationales Fahrwasser.

Der Blick über ihr »Ghetto« hinaus ging den Autonomen mehr und mehr verloren – ähnlich dem deformierten bürgerlichen Individuum, das über die eigene Bedürfnisbefriedigung nicht hinauskommt. Erst als sich das Feindbild, nämlich organisierte Faschisten, deutlicher abzeichnete, traten die Autonomen wieder auf den Plan. In völliger Verkennung historischer und BRD-Realitäten gaben autonome Gruppen am 8. Mai 1995 die Parole »Wir befreien uns selbst« aus – sozusagen die bessere, weil autonome Version des Deutschen.

Wenn dem größer und stärker werdenden BRD-Staat faktisch so wenig entgegengesetzt wurde, stellt sich die Frage, ob die ganzen angeblich gegen den Staat gerichteten Teilbereichskämpfe der letzten 20 Jahre nicht eine Farce waren.

Auf der persönlichen Ebene bedeutete die Krise der autonomen Bewegung den Rückzug ins Private und in den Beruf, Nischenbildung und die Beschäftigung mit persönlichen Krisensituationen. Die Autonomen um die 30 Jahre und älter verschwinden, der Kontakt zu jüngeren reißt ab.

Auf Gruppenebene, soweit noch vorhanden, brachte die Bewegungslosigkeit zunehmend interne Diskussionen und Auseinandersetzungen um Organisierung und Unterdrückungsmechanismen, letztlich um eine neue autonome Perspektive mit sich. Daraus resultierten oft resignative Selbstbesinnung oder Spaltungen aus inhaltlichen Gründen. Die praktische Arbeit, früher absolut vorrangig bei den Autonomen, entfiel fast ganz, und die Autonomen wechselten, bildlich gesprochen, von der Straße auf den Bürgersteig. So wichtig die Selbstbesinnung und Neubestimmung von Positionen unter veränderten Bedingungen in bestimmten Zeiten sein mag, so fraglich erscheint es im Moment, ob die Autonomen über eine Diskussion sozialrevolutionärer Theorien hinaus wieder zu einer praktischen Handlungsebene finden.

Arbeitsthemen sind heute ein neuer Antifaschismus, um jüngere Menschen zu gewinnen, der Kampf um die eigene sozio-ökonomische Basis in Szene-Stadtteilen und die Zusammenarbeit mit Migranten.

Das Motto der Autonomen »Den Widerstand in den Vierteln organisieren« suggeriert Stärke, ist aber der Tatsache geschuldet, daß die Autonomen in ihren eigenen »Ghettos« der Innenstädte dem Verwertungsangriff des Kapitals ausgesetzt und von ökonomischen Krisen bedroht sind und sich deshalb gegen die Vertreibung aus ihren Sozialmilieus wehren müssen. Da außerhalb der »Ghettos« keine Bewegung mehr stattfindet, ist der Rückzug auf den Stadtteil eine Defensive. Da es den Autonomen ebenfalls nicht gelingt, den Widerstand zusammen mit anderen marginalisierten Gruppen (Ausländer, Sozialhilfeempfänger etc.) in ihren Stadtteilen auf eine breitere Basis zu stellen, geraten sie unter den Zwang, immer mehr für die Aufrechterhaltung ihres Lebenszusammenhangs zu arbeiten, und sie werden auf diese Weise zunehmend in das Akkumulationsmodell eingebunden. Das heißt, der Keynesianismus trifft nun auch die Autonomen.

Als neuer Anknüpfungspunkt für autonome Praxis und neue, jüngere Kreise wird der Antifaschismus verstanden, was jedoch nur bedingt eine sozialrevolutionäre Perspektive zu bieten scheint. Es ist klar, daß dem organisierten (Neo-)Faschismus ein militanter Antifaschismus entgegengesetzt werden muß. Klar ist auch, daß dem Staat eine rechtsradikale Bewegung, die sich gegen Migranten, Linke und Schwule wendet, lieber ist als eine gegen den Staat gerichtete Sozialrevolte oder -bewegung, wie sie 1980/81 ausbrach.

Nach Ansicht des Verfassers negiert der »neue« Antifaschismus die Realität der BRD, erspart anstrengende Analysen der Gesellschaft, führt zum Schwarzweißdenken und einem Feindbild, das so gar nicht existiert.

Antifaschismus wurde inzwischen zum Staatsgut erhoben, um – anders als vor 30 Jahren – durch den Rückblick auf den Faschismus den heutigen Staat zu legitimieren. Der antifaschistische Kampf besitzt keine Sprengkraft mehr für den Staat, ganz im Gegenteil geht der Staat selbst auch gegen Rechtsradikale vor. Das bedeutet anzuerkennen, daß der Rassismus und das patriarchale Denken der Faschisten mit dem Rassismus des Staats und seinen patriarchalen Strukturen nicht deckungsgleich sind, teilweise passen sie überhaupt nicht in das perfide Staatskonzept von Veredelung deutscher Lebenskultur durch ausgewählte Ausländer, durch Abschiebepraxis, Verelendung und Völkermord im Trikont und eine teilweise kapitalistische Verwertung der Frauen.

Ein sozialrevolutionäres Konzept muß sich am Staat orientieren, um seine nationalen und internationalen Strukturen und Funktionsweisen herausarbeiten, um Anknüpfungspunkte für einen neuen Widerstand und eine neue revolutionäre Politik entwickeln zu können.

Darüber hinaus müßten die Autonomen von einer Stellvertreterpolitik gegenüber Migranten wegkommen, die häufig erst dann wahrgenommen werden, wenn sie Opfer staatlicher oder (neo-)nazistischer Willkür werden.

Nur eine gleichberechtigte Zusammenarbeit von Marginalisierten und politisch bewußten Menschen könnte – unter Berücksichtigung der kulturellen und Geschlechtsdifferenzen – das Überleben eines autonomen Widerstands ermöglichen. Nur die mühsame Analyse der Zusammenhänge der nationalen Gesellschaft und des globalen, imperialistischen Systems unter besonderer Berücksichtigung der Gewaltverhältnisse, denen Frauen – auch in linken Zusammenhängen – ausgesetzt sind, kann eine politische Perspektive eröffnen.

Es gibt heute, im Hinblick auf Rassismus, Sexismus, Sozialabbau und organisierten Faschismus weiterreichende gesellschaftliche Veränderungen als 1980/81 zur »Hochzeit« der autonomen Bewegung, auf die reagiert werden müßte. Allein, es fehlt an Aktivisten, und eine offensive Bewegung kommt heute nicht zustande.

# Literatur

## I Bücher

20 Jahre radikal (1996): Geschichte und Perspektiven autonomer Medien
Agit-Druck (Hrsg.) (1979): Das Urteil vom Agit-Prozeß; Berlin (West)
Anarchismus & Feminismus (1992): FAU/IAA Materialien Patriarchat; Moers
Anschlag auf die Schere am Gen und die Schere im Kopf. Dokumentation der Ereignisse und »anschlagsrelevante« Themen (1988): Texte zu Gentechnologie, Frauenbewegung, Faschismus und Bevölkerungspolitik. Ausgesucht von U. Penselin und I. Strobl; Hamburg
Arbeitsergebnisse der libertären Tage (1987): Reader; Frankfurt/M.
Aust, S./Rosenbladt, S. (Hrsg.) (1981): Hausbesetzer – Wofür sie kämpfen, wie sie leben und wie sie leben wollen; Hamburg
Autonome Lupus-Gruppe (1992): Geschichte, Rassismus und das Boot; Berlin
Autonomie-Kongreß (1997): Standpunkte, Provokationen, Thesen; Münster
Baumann, B. (1977): Wie alles anfing; Frankfurt/M.
Beck, U. (1986): Risikogesellschaft – Auf dem Weg in eine andere Moderne; Frankfurt/M.
Becker, H./Hafemann, H./May, M. (1984): Das hier ist unser Haus, aber ... – Raumstruktur und Raumaneignung im Jugendzentrum; Frankfurt/M.
Blankenburg, E. (Hrsg.) (1980): Politik der inneren Sicherheit; Frankfurt/M.
Bock, M./Reimitz, M./Richter, H. E./Thiel, W./Wirth, H.-J. (1989): Zwischen Resignation und Gewalt – Jugendprotest in den achtziger Jahren; Opladen
Brand, K. W. (Hrsg.) (1985): Neue soziale Bewegungen in Westeuropa und den USA – Ein internationaler Vergleich; Frankfurt/M., New York
Breyvogel, W. (Hrsg.) (1983): Autonomie und Widerstand – Zur Theorie und Geschichte des Jugendprotests; Essen
Brückner, P. (1979): Über die Gewalt – Sechs Aufsätze zur Rolle der Gewalt in der Entstehung und Zerstörung sozialer Systeme; Berlin (West)
Chiellino, C. (1983): Italien – Wirtschaft, Gesellschaft, Politik, Kultur (Band 2); München
Degener, Th./Köbsell, S. (1992): »Hauptsache, es ist gesund«? Weibliche Selbstbestimmung unter humangenetischer Kontrolle; Hamburg
Den Faden weiterspinnen (1995): Möglichkeiten der Zusammenarbeit von Immigrantinnen, im Exil-lebender und deutscher Frauen. Erfahrungen des Internationalen Frauenplenums West-Berlin 1988-1991; Berlin
Der Stand der Bewegung (1995): 18 Gespräche über linksradikale Politik. Lesebuch zum Autonomie-Kongreß 1995; Berlin
Die Früchte des Zorns (1993): Texte und Materialien zur Geschichte der Revolutionären Zellen und der Roten Zora; Berlin
Drahtzieher im braunen Netz (1996): Ein aktueller Überblick über den Neo-

nazi-Untergrund in Deutschland und Österreich. Ein Handbuch des antifaschistischen Autorenkollektivs; Hamburg
»Drei zu Eins«, Strobl, Viehmann (1993); Berlin
Duden, B. (1991): Der Frauenleib als öffentlicher Ort. Vom Mißbrauch des Begriffs Leben; Hamburg/Zürich
Eder, K. (1990): Kollektive Akteure zwischen Identitätssuche und Mobilisierungsindustrie; Hamburg
Ehring, H.-J./Kempf, E./Maeffert, U. (1982): Der Nürnberger Komm-Prozeß; Hamburg
Entfernte Verbindungen (1993): Rassismus, Antisemitismus, Klassenunterdrükkung. Hrsg. von Hügel, I./Lange, Chr./Ayim, M./Bubeck, I./Aktas, G./Schultz, D.; Berlin
Frank, A. G./Fuentes-Frank, M. (1990): Widerstand im Weltsystem – Kapitalistische Akkumulation -Staatliche Politik – Soziale Bewegung; Wien
Frauen, die kämpfen sind Frauen, die leben (1988): ansätze zum revolutionären frauen und lesbenkampf gegen imperialismus und patriarchat; Zürich
Frauenbewegung und Häuserkampf unversöhnlich? (o. J.): Frauencafé Berlin-Moabit; Berlin
Frombeloff (Hrsg.) (1993): ... und es bagann die Zeit der Autonomie; Hamburg
Geronimo (1990): Feuer und Flamme – Zur Geschichte und Gegenwart der Autonomen (4. Auflage 1995); Berlin, Amsterdam
Geronimo u.a. (1992): Kritiken, Reflexionen und Anmerkungen zur Lage der Autonomen; Berlin, Amsterdam
Gladitz, N. (Hrsg.) (1976): Lieber heute aktiv als morgen radioaktiv; Berlin (West)
Gössner, R./Herzog, U. (1982): Der Apparat -Ermittlungen in Sachen Polizei; Köln
Haasken, G./Wigbers, M. (1986): Protest in der Klemme – Soziale Bewegungen in der Bundesrepublik; Frankfurt/M.
Habermas, J. (1981): Theorie des kommunikativen Handelns (2 Bände); Frankfurt/M.
Hartmann, D. (1981): Die Alternative – Leben als Sabotage – Zur Krise der technologischen Gewalt; Tübingen
Herrmann, M./Lenger, H.-J./Reemtsma, J.-P./Roth, K.-H. (1987): Hafenstraße – Chronik und Analysen eines Konfliktes; Hamburg
Hirsch, J. (1986): Der Sicherheitsstaat – Das Modell Deutschland, seine Krise und die neuen sozialen Bewegungen (überarb. Auflage); Frankfurt/M.
Hirsch, J./Roth, R. (1986): Das neue Gesicht des Kapitalismus – Vom Fordismus zum Post-Fordismus; Hamburg
Kameradinnen: Frauen stricken am Braunen Netz (1995): Hrsg. von der Fantifa Marburg; Münster
Kassel, K.-F./Mombaur, I. (1979): Briefe aus einer belagerten Provinz; Frankfurt/M.
Koch, P./Oltmanns, R. (1978): SOS – Freiheit für Deutschland (3. Auflage); Hamburg
Kongreß der Radikalen Linken (1990): Deutschland? Nie wieder!; Frankfurt/M.

Kraushaar, W. (1990): Revolte und Reflexion – Politische Aufsätze 1976-1988; Frankfurt/M., New York
Kreile, M. (1985): Gewerkschaften und Arbeitsbeziehungen in Italien (1968-1982); Frankfurt/M.
Kursbuch 26 (1971): Die Klassenkämpfe in Italien, Berlin (West)
Kursbuch 65 (1981): Der große Bruch – Revolte '81; Berlin (West)
Langguth, G. (1983): Protestbewegung – Entwicklung, Niedergang, Renaissance – Die neue Linke seit 1968; Köln
Mamozai, M. (1990): Komplizinnen; Reinbek
Manos, H. (1989): Sankt Pauli – Soziale Lagen und soziale Fragen im Stadtteil Sankt Pauli; Hamburg
Manos, H. (1995): St. Pauli. Jugend im Stadtteil und in der Region; Hamburg
Marcuse, H. (1969): Ideen zu einer kritischen Theorie der Gesellschaft; Frankfurt/M.
Marcuse, H. (1980): Der eindimensionale Mensch (5. Auflage); Darmstadt, Neuwied
Menschik, J. (1985): Feminismus. Geschichte, Theorie, Praxis (3. Auflage); Köln
Metropolen(gedanken) & Revolution? (1991): Texte zur Patriarchats-, Rassismus-, Internationalismusdiskussion; Berlin
Meulenbelt, A. (1982): Ansätze zur Frauenbefreiung; München
Mies, M. (1989): Patriarchat und Kapital – Frauen in der internationalen Arbeitsteilung (2. Auflage); Zürich
Mili's Tanz auf dem Eis (1993)
Moretti, M. (1996): Brigate Rosse. Eine italienische Geschichte; Hamburg, Göttingen, Berlin
Moroni, P./Belestrini, N. (1994): Die Goldene Horde; Göttingen, Berlin
Nave-Herz, R. (1989): Die Geschichte der Frauenbewegung in Deutschland; Hannover
Offe, C. (1984): »Arbeitsgesellschaft« -Strukturprobleme und Zukunftsperspektiven; Frankfurt/M., New York
Pizza (1992): Odranoel. Die Linke zwischen den Welten; Hamburg
Raschke, J. (1988): Soziale Bewegungen – Ein historisch-systematischer Grundriß; Frankfurt/M., New York
Roth, K.-H./Behrens, E. (1974): Die andere Arbeiterbewegung; München
Roth, R. (1985): Rebellische Subjektivität – Herbert Marcuse und die neuen Protestbewegungen; Frankfurt/M.
Roth, R./Rucht, D. (Hrsg.) (1987): Neue soziale Bewegungen in der Bundesrepublik; Frankfurt/M., New York
Rucht, D. (Hrsg.)(1984): Flughafenprojekte als Politikum – Die Konflikte in Stuttgart, München und Frankfurt; Frankfurt/M.
Schlagfertige Frauen (1990): Erfolgreich wider die alltägliche Gewalt. Hrsg. von Caignon, D./Groves, G.; Berlin
Schwarzer Faden (2/1988): Sondernummer Feminismus Anarchismus
Sorel, G. (1981): Über die Gewalt; Frankfurt/M.
Spassguerilla (1984): Spaßguerilla; Berlin (West)
Strobl, I. (1989): Frausein allein ist kein Programm; Freiburg

Thompson, E. P. (1987): Die Entstehung der englischen Arbeiterklasse; Frankfurt/M.
Thompson, E. P. (1980): Plebeische Kultur und moralische Ökonomie; Frankfurt/M.
Tolmein, O./zum Winkel, D. (1987): Nix gerafft!; Hamburg
Wiggershaus, R. (1979): Geschichte der Frauen und der Frauenbewegung in der Bundesrepublik Deutschland und in der Deutschen Demokratischen Republik nach 1945; Wuppertal
Winkler, G. (1990): Frauenreport '90; Berlin
»Wir haben mehr Fragen als Antworten« (1995): RAF-Diskussion 1992-1994; Berlin
Wohlfahrtsausschüsse (Hrsg.) (1994): Etwas besseres als die Nation; Berlin, Amsterdam

## II Aufsätze, Buch- und Zeitschriftenartikel

Autonome/antiimperialistische Gruppe (1989): Wo ist die authentische Darstellung unserer Politik geblieben ...? Einige Überlegungen zur bundesweiten Situation nach dem Hungerstreik; Marburg
Bauer, I. (1985): Frauenarbeit und kapitalistische Reproduktion, in: Autonomie NF 14; 147-199; Hamburg
Beck, U. (1983): Jenseits von Stand und Klasse? Soziale Ungleichheiten, gesellschaftliche Individualisierungsprozesse und die Entstehung neuer sozialer Formationen, in: Soziale Welt, Sonderband 2; 35-74; Göttingen
Becker; M./Eigenbrodt, J./ May, M. (1983): Cliquen und Raum – Zur Konstituierung von Sozialräumen bei unterschiedlichen sozialen Milieus von Jugendlichen, in: KZfSS, Sonderheft 25; Köln
Habermas, J. (1986): Entgegnung, in: Honneth, A./Joas, H. (Hrsg.) Kommunikatives Handeln – Beiträge zu Jürgen Habermas' »Theorie des kommunikativen Handelns«; 327-405; Frankfurt/M.
Hegar, A. (1990): Modell Kreuzberg, in: Konkret 1/1990; 80-84; Hamburg
Homuth, K. (1987): Identität und soziale Ordnung, in: Prokla 68; 3/1987; 90-112; Berlin (West)
»Ich sag wie es ist« (1988): Papier (angeblich) autonom/antiimperialistischer Gruppen mit stark marxistisch-leninistischem Einschlag; Hamburg
Ipsen, D. (1987): Räumliche Vergesellschaftung, in: Prokla 68; 3/1987; 113-130; Berlin (West)
Karstedt-Henke, S. (1983): Soziale Bewegung und ethnische Minderheit – Sozialräumliche Bedingungen der Entstehung sozialer Bewegungen, in: Heckmann, F./Winter, P. (Hrsg.); 307-313; Opladen
Lupus-Papier (1987a): Zum Verhältnis zu RAF/Front, in: Reader zu den libertären Tagen; Frankfurt/M.
Lupus-Papier (1987b): Stand autonomer Bewegung -Langlauf oder Abfahrt im Sturz, in: Reader zu den libertären Tagen; Frankfurt/M.
Manns, H./Treusch, W. S. (1987): Hau weg die Scheiße – Autonomer Widerstand in der BRD, in: Vorgänge 85; 1/1987; 65-74; Berlin (West)

Mescalero (1979): Memoiren eines im Amt ergrauten Stadtindianers oder: Versuch, eine Karriere in Nichts aufzulösen, in: Kursbuch 58; 21-31; Berlin (West)
Narr, W.-D. (1983): Demonstranten, Politiker (Polizei) und Journalisten – Zwölf Thesen zur Gewalt, in: Faszination der Gewalt – Politische Strategie und Alltagserfahrung (Red. P. Steinweg); 30-59; Frankfurt/M.
Rucht, D. (1989): Die Analyse der neuen sozialen Bewegungen in der Bundesrepublik – Eine Zwischenbilanz, in: Forschungsjournal Neue Soziale Bewegungen, Sonderheft; 158-169; Wiesbaden
Tolmein, O. (1988): Die Rote Zora zündelt nicht, in: Konkret 1/1988; 12-14; Hamburg

## III Arbeitsmaterialien, Broschüren, Dokumentationen und Studien

Abgebrannt (1988): Eine Wiederaufarbeitung des Widerstands gegen die WAA Wackersdorf 1981-1988 aus autonomer Sicht; Berlin (West)
Anschlag (1988): Anschlag auf die Schere am Gen und auf die Schere im Kopf – Dokumentation der Ereignisse und anschlagsrelevante Themen: Hamburg
Arbeitsmaterialien zum bundesweiten Treffen autonomer Gruppen in Lutter (18. 7.-24. 7. 1983) (1983); o. O.
Autonome AtomgegnerInnen u. a. (1986): Alles wird gut (Extra), Abschalten, Katastrophe, Widerstand – Perspektiven der Bewegung; Hamburg
Autonome Knast- und Widerstandsgruppen in der BRD (1981): Sand im Getriebe der Macht – Beiträge gegen Knast, gegen soziale Kontrolle, für Widerstand; o. O.
Autonome Studis (Bolschiwiki) (1990): Mit den überlieferten Vorstellungen radikal brechen – Ein Blick über den Tellerrand autonomer Basisbanalitäten; Berlin, Freiburg
Autonomie-Kongreß (1994): Auf den Weg ins 21. Jahrhundert. Vorbereitungsreader; Berlin
Der Bauplatz muß wieder Wiese werden (1977): o. Hrsg. (Anti-AKW-Bewegung); o. O.
Bremer Anti-Nato-Gruppe (Hrsg.) (1980): Krieg dem imperialistischen Krieg; Bremen
Der Bundesminister des Inneren (Hrsg.) (1988): Verfassungsschutzbericht 1987; Bonn
BUU Hamburg (Delegiertenplenum und Plenum autonomer Gruppen, KB u. a.) (1981): Brokdorf 28. 2. 1981 – Berichte – Bilanz – Perspektiven; Hamburg
BUU Hamburg u. a. (1986): Brokdorf, Kleve, Hamburg; Hamburg
Chaos Jetzt! (Hrsg. FAU Hamburg) (1980): Dokumente anarcho-syndikalistischer Aktionen in Hamburg 10/1979-3/1980; Hamburg
Dokumentation: 1. 5. 1987 Berlin (West) (1987): Heraus zum 1. Mai; Berlin (West)
Dokumentation: Naziaktivitäten und Polizeiverhalten in Südniedersachsen (1990): Fakten – Analysen – Hintergründe (o. Hrsg.); Göttingen

Dokumentation zu den bundesweiten Durchsuchungen im Zusammenhang »radikal«, AIZ, K.O.M.I.T.E.E. am 13.6.1995
Ergebnisse der Libertären Tage (1987); Frankfurt/M.
Gössner, R. u. »Bürger kontrollieren die Polizei« (Hrsg.) (1987): Restrisiko Mensch – Volkserfassung – Staatsterrorgesetze – Widerstandsbekämpfung; Bremen, Hamburg
ID-Archiv (1988): Dokumentation 2. 11. 1987 Frankfurt; Amsterdam
ID-Archiv (1989): Schwarze Texte – Politische Zensur in der BRD 1968 bis heute; Amsterdam
ID-Archiv (1989a): radikal 1984-1989 – Ein Interview; Amsterdam
Jugendwerk der Deutschen Shell AG (Hrsg.) (1981): Jugend '81 – Lebensentwürfe, Alltagskulturen, Zukunftsbilder (Band 1); Orlach, Leverkusen, Hamburg
Knast, Widerstand, Prozesse (1982): Nr. 2; Berlin (West)
Materialien gegen Bevölkerungspolitik (1985): (3.Aufl.); Hamburg
Projektgruppe »Wohnen im Stadteil« (1982): Das Schulterblatt – Ein Viertel verändert sich; Hamburg
Prozeß-Info Nr. 1 (1982): Der Prozeß gegen die Krefelder Gefangenen ist ein Prozeß gegen Widerstand; Köln
Reader »Neue Rechte« (1988) o. Hrsg.; o. O.
Reader zu den Libertären Tagen (16. 4.-20. 4. 1987): Libertäre Tage – von sozialen Bewegungen zur sozialen Revolution; Frankfurt
Rote Flora Dokumentation (Teil 1)(1988): Den Widerstand in den Vierteln organisieren!; Hamburg
Sachschäden (1981): taz-Journal Nr. 3, Häuser und andere Kämpfe; Berlin (West)
Straßenmedizin u.a. (1986): Gummigeschosse, Wasserwerfer, CS – Schnellabschaltung der Bürger; Hamburg
Texte zur Anti-Nato-Woche (1982): o. Hrsg.; Berlin (West)
Triple oppression und bewaffneter Kampf (1994); Broschürengruppe + andere; Berlin
Widerstandsbericht Wendland (Teil I) (1994): Januar 1983–Juni 1985, Republik Freies Wendland (Hrsg.) o. O.
Wintex – Cimes (1986): Die geheimen Kriegsspiele der NATO; c/o Graswurzelwerksatt; Göttingen
Züri brennt (1981); Zürich

## IV Zeitschriften und Zeitungen

Aktion – Anarchistisches Magazin (Frankfurt/Main)
Antifaschistisches Info-Blatt (Berlin)
Anschläge (Nürnberg)
Arranca! (Berlin)
Atom (Göttingen/Lüneburg)
Atomexpress (Göttingen)
Autonomie (München/Frankfurt)

Autonomie NF (Hamburg)
Bremer Kassiber (Bremen)
E.coli-bri (Hamburg)
Große Freiheit (Hamburg)
Flora-Info (Hamburg)
Freiburger Stadtzeitung (Freiburg)
Freiraum (München/Regensburg)
Hungrige Herzen (Hamburg)
interim (Berlin)
Karlsruher Stadtzeitung (Karlsruhe)
Nachf. Wildcat (Berlin, Hamburg) (ab Nr. 37)
Konkret (Hamburg)
Materialien für einen neuen Antiimperialismus (o. O.)
radikal (Berlin, Kopenhagen, Zürich, Wien, Amsterdam)
Rechter Rand (Hannover)
Sabot (Hamburg)
Schwarze Katze (Hamburg)
Spiegel (Hamburg)
Schanzenleben, Nachf. Neues Schanzenleben (Hamburg) (ab 1988)
Schwarzer Faden (Grafenau)
die tageszeitung (Berlin, Hamburg)
tot oder lebendig (Berlin)
Unzertrennlich (Berlin)
Vollautonom (Frankfurt)
Vorgänge (Leverkusen)
Vorwarnzeit (Hamburg)

## V Flugblätter

Anti-Fa-Hamburg (Teile): Analyse zur Demonstration am 3.3.1990; Hamburg

Auszüge aus Prozeßerklärungen von Eva Haule-Frimpong im Stammheim-Prozeß, September 1988, o. O.

Autonome/antiimperialistische Gruppen: Die Zentren der Revolte sichern und ausbauen, Aufrufflugblatt zur Hafenstraßen-Demonstration am 20. 12. 1986; Hamburg

Graue Panther Hamburg e.V.: Ohne Utopie, kein Hoffen, kein Handeln – Die Hafenstraße bleibt!; 1988; Hamburg

Initiative gegen den Überwachungsstaat: Kontrollgesetze in Nazitradition, 1987; Hamburg

Initiativkreis für den Erhalt der Hafenstraße (Hrsg.): Hafenstraße muß bleiben, Dezember 1986; Hamburg

Initiativkreis für den Erhalt der Hafenstraße (Hrsg.): Hafenstraße muß bleiben! Demontrationsablauf vom 20. 12. 1986, Dezember 1986; Hamburg

Initiativkreis für den Erhalt der Hafenstraße (Hrsg.): Die Hafenstraße bleibt! Einladung zur Vorbereitung eines Widerstandstages (Tag X) Februar 1987; Hamburg

Initiativkreis für den Erhalt der Hafenstraße (Hrsg.): Friede den Hütten – Krieg den Palästen: Ablauf Tag X (Hafenstraße), Mitte 1987; Hamburg
Phantomenale Aktionstage, März 1990; Hamburg
Plenum der Hamburger Initiativen gegen Volkszählung: Alles, was du jetzt sagst, kann später gegen dich verwendet werden, 1987; Hamburg
Polizeiaktion gegen Buchhandlungen: gemeinsames Flugblatt linker Buchläden in der BRD aufgrund der Durchsuchungen (radikal, freiraum), Januar 1987; Hamburg
Prozeßgruppe Hamburg: Info 4. Zu den Durchsuchungen und Festnahmen am 18. 12. 1987, Februar 1988; Hamburg
Revolutionäre Zellen: Keine Startbahn West!, 1983; O. O.

## VI Interview

Abschrift des Interviews mit dem Hamburger Verfassungsschutzchef Christian Lochte (37 Seiten), Ausschnitte veröffentlicht in der taz vom 16. 10. 1985

Thomas Schultze und Almut Gross

Die Autonomen

Ursprünge, Entwicklung und Profil der Autonomen